U0928164

江苏省哲学社会科学重大项目（2010DXAXMO11）
江苏紫金传媒智库项目资助

民生智库丛书

彭华民 / 主编　吴英姿 / 副主编

民生为本的社会建设

SOCIAL CONSTRUCTION BASED ON THE LIVELIHOOD OF THE PEOPLE

彭华民　主　编

闫金山　副主编

社会科学文献出版社

SOCIAL SCIENCES ACADEMIC PRESS (CHINA)

前　言

立足民生建设　聚焦社会治理

“民生智库丛书”由《民生为本的社会建设》、《服务为本的国家治理》与《能力为本的社会工作》三本书组成。其立足在中国，聚焦于民生，核心在服务。作者分别从中国社会转型中的社会建设与社会治理、国家治理、社会工作服务三个侧面，阐述基于中国的概念、理论和实践。这是一套分析中国问题、研讨中国发展、讲述中国故事的丛书。

《民生为本的社会建设》的撰写者聚焦分析社会建设和社会治理的理论与政策，并针对四大特殊群体——儿童、老人、残疾人、流浪人口，在社区发展、信访改革、社会组织、志愿服务等领域突出分析了社会治理的方法。有关的社会政策分析处于本书内容结构中的首要地位。我们主要做了如下三个方面的工作。①研究了社会建设的历史，研究了20世纪30～40年代中国学者对社会建设的贡献。②研究了中国共产党对社会建设和社会政策阶段式的创新发展。十六大报告提出了社会建设，第一次明确提出了构建社会主义和谐社会。十七大报告第一次在党代会报告中提出了加快推进以改善民生为重点的社会建设。十八大报告中创新性地提出了五位一体布局的社会主义社会建设总体框架，社会建设与其他四个建设并列。十九大报告提出从现在到2020年是全面建成小康社会决胜期，要紧扣我国社会主要矛盾变化，统筹推进社会建设等五个建设。③提出了社会建设理论。在社会建设框架下不仅发展了社会管理，还推进了社会治理的方法，提出了多元社会治理的思路，为中国社会政策和社会服务的发展与研究打下了基础。

我们围绕民生为本的社会建设和社会治理体系开展了多项调研工作，在实证资料分析的基础上撰写了本书的各个章节。①分析了我国和江苏省社会政策，比较了全国和江苏省社会建设和治理体制，开展了四类人群的1200多份问卷的调查、聚焦小组座谈、社会组织个案访谈等实地调研活动。在南京、苏州、张家港采用深度访谈法以及文献资料法开展了社会组织调研，并基于此资料讨论了社区、社工和社会组织三社联动，提出了人人参与服务、人人参与建设、人人参与治理的社会治理政策，具体化了江苏社会建设和社会治理的创新点。②在南京市信访局支持下开展了重大社会危机事件研究。通过首席专家担任信访咨询专家负责疑难信访案例化解、八位研究生在信访局长达两个月的实习等活动，深入信访现场，访谈信访领导，收集信访资料，分析重大信访事件，并结合其他专家意见，提出了重大危机评估机制，提出了社会工作介入信访工作、处理信访事件的柔性社会管理建议。③基于问卷调查资料分析，发现基层社会需要和基层社会问题，呈现民众对政府责任的期望，提出了社会服务创新的各种具体建议，以推动和谐社会建设。④收集政府资料，通过问卷调查分析老人、儿童、残疾人在福利服务接受的不均衡问题，提出了改变的政策建议。从宏观层面给江苏的社会建设和社会治理提供了极具参考价值的数据资料。

本项研究提出的民生为本的社会建设框架下的社会管理和社会治理战略体系的核心是：建立人人参与服务、人人参与建设、人人参与治理的动态机制；建立政府服务、组织服务、社区服务、社工服务、志愿服务多层交叉立体化的服务体系；服务带动治理，治理提升服务；问题推动建设，建设解决问题。围绕社会建设中的重大问题，本项目组《服务流动儿童创新社会工作》得到江苏省民政厅的采纳和批示，《新时期信访工作创新研究》得到南京市信访局采纳和批示，《提升弱势儿童群体抗逆力》得到江苏省妇联采纳和批示。项目成果有较好和较大的社会影响与应用价值。

本书各章作者如下。

第一章、第二章、第八章　彭华民　南京大学社会学院社会工作与政策系教授　社会建设与社会工作研究院院长

第三章、第四章　袁同成　安徽工业大学公共管理与法学院劳动与社会保障系主任、副教授

第五章　臧其胜　南通大学管理学院社会工作系主任、副教授

第六章　闫金山　内蒙古科技大学社会学系主任、副教授

第七章　冯元　南京特殊教育师范学院管理学院讲师　台湾东海大学社会工作系博士候选人

第九章　万国威　南开大学政府管理学院社会工作与社会政策系副教授

第十章　高丽茹　南京财经大学法学院社会工作系讲师

第十一章、第十二章　许小玲　合肥工业大学马克思主义学院社会民生工程研究所所长、副教授

第十三章　闫金山、丁治轩　镇江市委组织部

感谢江苏省民政厅、江苏省妇联、南京市信访局、南京大学社会学院的大力支持。感谢江苏高校哲学社会科学研究重大项目“江苏省民生为本的社会建设与管理战略和政策研究”（项目编号：2010ZDAXM011）和紫金传媒智库的资助。感谢社会科学文献出版社童根兴、谢蕊芬和胡庆英编辑的大力支持。

彭华民

2017 年 11 月 28 日于金陵城仙林屯

目录

理论篇

社会服务篇

社会治理篇

理 论 篇

第一章
论民生为本社会建设和社会管理创新

第一节 民生为本是社会建设和管理理念创新

社会建设部分内容的实施行动可以回溯到我国古代和近代。政府和民间关于慈幼、养老、振穷、恤贫、宽疾、安富、优抚、安辑流民、邻里互助的思想和行动，代表了我国古代和近代人民关于建设美好社会的初步构想和努力，但由于当时生产力水平低下，这些朴实的社会建设思想还只能停留于浪漫主义的想象，行动还停留在对社会问题、社会疾病的补救措施，无法真正启动现代意义上的社会建设政策和制度建设进程。在 20 世纪 30 ~ 40 年代，中国社会学界一些学者开始了以社会建设为主题的研究。其中孙本文先生主编的《社会建设》月刊从 1944 年开始发行（孙本文，1944 ~ 1949），上海黄公觉主编的《社会建设》期刊（黄公觉，1933 ~ 1934），以及在福建省社会处出版的《社会建设》期刊（1942）。相关的论文专著也有一些。从文献中可以看到学者们在努力研究中国社会建设的道路。

改革开放之后的最初十年，社会学界对社会建设的研究起点高，方向新，直接关注中国经济快速发展中的社会发展问题。2011 年的中国社会学年会在南昌召开，大会主题为“新发展阶段：社会建设与生态文明”。与会 800 多位专家分别参加了若干社会建设主题论坛，形成了社会建设研究的新高潮。回顾十八大之前学界对社会建设的研究可以看到，学界对社会建设的界定有广义与狭义之分。广义的社会建设，是指对整个大社会系统的建设，即对包括政治子系统、经济子系统、思想文化子系统、社会生活子系统在内的整个社会大系统的建设。狭义的社会建设被理解为促进社会进步的行动，是社会变迁。狭义的定义将社会建设视为“为适应国家由农业、农村的传统社会向工业化、城市化的现代社会的转变，适应人们的生产方式、生活方式和人际关系发生的深刻变化，积极面对由此产生的各种社会问题，有组织、有目的、有计划进行的各种有利于改善民生，建立新的社会秩序，促进社会进步的社会行动与过程”（陆学艺，2011b）。社会建设指“在社会领域或社会发展领域不断建立和完善各种能够合理配置社会资源和社会机会的社会结构和社会机制，并相应形成各种能够良性调节社会关系的社会组织和社会力量”（郑杭生，2006）。无论是广义还是狭义的社会建设概念均突出了社会发展的意义。不足之处在于学界对社会建设的具体内容存有争议，以民生为本的事业建设为社会建设的主要内容未得到充分的认同。因为学界对社会建设的含义理解各异，所以对于社会建设应该包含哪些具体内容一直存有争议。学界的讨论是学术发展的正常现象，但要制定中国社会建设政策，就需要明确社会建设的内容和地位。

为了全面建成中国特色社会主义社会，中国共产党在十六大报告中把“社会建设”与经济建设、政治建设、文化建设相并列，第一次明确提出了“构建社会主义和谐社会”的新命题（江泽民，2003）。党的十七大报告正式确认了“四位一体”的总体布局，第一次在党代会报告中提出“加快推进以改善民生为重点的社会建设”的专题（胡锦涛，2007）。中国共产党在第十八次全国代表大会报告中创新性地提出了“五位一体”布局的小康社会建设总体框架，即经济建设、政治建设、文化建设、社会建设、生态文明建设。社会建设的地位与其他四个建设并列，与其他四个建设相辅相成（胡锦涛，2012）。十八大报告专门阐述了“在改善民生和创新管理中加强社会建设”。党的十八大报告将“四位一体”扩展为“五位一体”，是对中国特色社会主义建设事业的新诠释，是历次党代会对社会建设论述最为丰富的一次。可见，社会建设日益成为政府工作的重点、社会关注的焦点，在全局工作中的地位越来越重要。

十八大报告明确指出社会建设的具体内容是民生事业的建设，包括：

①建设人民满意的教育制度。全面实施素质教育，深化教育领域综合改革，着力提高教育质量，培养学生社会责任感、创新精神、实践能力。②建设更高质量的就业制度。引导劳动者转变就业观念，鼓励多渠道多形式就业，促进创业带动就业，完善就业服务体系，构建和谐劳动关系。③建设好收入分配和再分配制度，千方百计增加居民收入。完善按贡献参与分配的初次分配机制，加快健全以税收、社会保障、转移支付为主要手段的再分配调节机制。④建设整合型社会保障制度，改革和完善企业和机关事业单位社会保险制度，整合城乡居民基本养老保险和基本医疗保险制度，建立兼顾各类人员的社会保障待遇确定机制和正常调整机制。要完善社会救助体系，健全社会福利制度，支持发展慈善事业，建立更加便民、快捷的服务体系等。⑤建设好健康保障制度。要为群众提供安全、有效、方便、价廉的医疗服务。健全全民医保体系，促进人民身心健康，促进人口长期均衡发展。⑥建设好社会管理制度。改进政府提供公共服务方式，加强基层社会管理和服务体系建设，增强社会各个单位在社会管理和服务中的职责，引导社会组织健康有序发展（胡锦涛，2012）。

同时，加强社会建设必须加快推进社会管理体制改革。中国特色社会管理体系是多元、多层、多种力量的结合，即形成党委领导、政府负责、社会协同、公众参与、法治保障的社会管理体制。在社会管理体制下，形成政府主导、覆盖城乡、可持续的基本公共服务体系。要实现社会管理创新，就要形成政社分开、权责明确、依法自治的现代社会组织体制，加快形成源头治理、动态管理、应急处置相结合的社会管理机制（胡锦涛，2012）。

民生为本是十八大报告提出的社会建设内容的核心。社会建设是建设民生为本的事业。其包括的教育制度、就业机制、收入分配、社会保障、健康保障是五大民生领域，保障民生事业发展的社会管理制度第一次被纳入社会建设框架，为民生为本的社会建设实现提供了制度保障。为了实现社会建设以及五位一体的总体布局，十八大报告提出要充分调动各方面积极性，努力形成全体人民各尽其能、各得其所而又和谐相处的局面，因此，人是社会建设的规划者，人是社会建设的工作者，人是社会建设成果的分享者。民生为本是五位一体总体布局建立的原则；人的发展是五位一体总体布局中的核心；生产发展、生活富裕、生态良好是以人为本的五位一体总体布局实现的表现。民生为本是中国社会建设的核心理念。

民生为本理念实现的途径和保证是科学发展。科学发展是全面发展、协调发展、可持续发展。为了把全面协调可持续发展作为深入贯彻落实科学发展观的基本要求，十八大报告提出了经济、政治、文化、社会、生态文明建设五位一体总体布局。这是中央第一次提出五位一体总体布局思路，也是中央明确阐明经济、政治、文化、社会、生态建设之间的关系，强调各方面协调发展，不断开拓文明发展道路。民生为本的社会建设的创新发展与五位一体总体布局思路相辅相成。社会建设创新发展必须更加自觉地把民生为本作为深入贯彻落实科学发展观的核心立场，始终把实现好、维护好、发展好最广大人民根本利益作为社会建设的出发点和落脚点，保障人民各项权益。不断在实现发展成果由人民共享、促进人的全面发展上取得新成效。

第二节　民生为本是社会建设与管理政策创新

以人为本的社会建设和社会管理包括以民生为本的教育、就业、收入、社会保障、健康和各种社会制度和事务的管理。深刻理解十八大报告中有关社会建设和建设整体思路，可以看到报告不仅仅勾画了中国未来社会的宏图蓝景，也提出了中国社会建设和建设中政策创新发展的重要任务。

“社会政策”（social policy）概念原本来自西方，是政府实施社会福利政策的总称，是政府实施干预、解决社会问题、满足社会需要、保证人民基本生活水平的主要手段（希尔，2003）。社会政策研究者提出社会政策理念是公正平等、再分配资源、保护弱势群体、满足社会需要等。社会政策主要包括现金给付形式的社会救助、社会保险、社会津贴，以及服务形式的事后干预、扶助支持、预防发展等服务。也有的学者将社会政策划分为以提供形式为类型的社会保险、社会救助、社会津贴、社会服务政策，以及以接受者为类型的贫困者、老人、妇女、儿童、残疾人、流动人口政策等。社会政策还覆盖了卫生、健康、就业、教育、住房等内容。近十年来，中国

学者对社会政策的研究越来越多，但对社会建设和管理中的社会政策研究很少。

民生为本的社会建设和管理进一步深化就是要建立社会建设和管理政策体系。民生为本的社会建设是中国共产党在社会主义建设中提出的极具本土特色的理论概念。十八大提出的社会建设和管理战略内容也是极具中国特色的政策实施战略和未来行动过程。社会建设和管理由中国共产党领导，由国家规划管理，由全体人民实施。从国家视角分析，每一个建设和管理都对应一个政策体系。社会建设和管理是一个大系统，社会建设和管理政策就是这个系统的中心。研究国家社会建设和管理政策理念目标与实施框架，是社会建设和管理政策制定者、实施者和研究者义不容辞的责任。社会科学研究者应该抓住中国发展的大好时机，在理论上研究社会建设的创新发展，在实践上推动社会建设的创新发展，在制度上构建科学的社会建设制度安排。通过社会建设和管理政策创新发展，改善人民生活、增进人民福祉，促进社会和谐。

民生为本的社会建设政策是中国的创新。为了将民生为本的中国社会政策与西方社会政策区别开来，突出社会建设的特色，本文提出了“社会建设政策”的概念。社会建设政策是中国政府积极主动干预社会过程，化解影响社会建设的负面因素，预防影响社会发展的风险，提升人民福祉的政策制定过程和实施行动。社会建设政策既包括传统社会政策的内容，也有诸多创新，如将社会体制和社会事务管理的内容纳入政策体系中。社会建设政策具有公平性、主动性和建设性的特征。十八大之前，学界基本上以社会问题为社会政策的主要研究导向，讨论如何解决社会问题的政策方案多，讨论如何发展社会建设政策的非常少。现在我们将社会政策置于五位一体的格局中，提出社会建设导向的社会政策，这将扩大社会政策领域，创新社会政策体系，由此将形成中国对世界社会政策研究和实施的极大贡献。

民生为本的社会建设政策制定和实施也是中国的创新。中国社会建设政策制定和实施需要党委领导、政府负责、社会协同、公众参与、法治保障。社会建设政策不仅包含西方社会政策原有的内容，还有多个创新领域。社会建设政策比社会政策的内容更丰富。国家积极干预和管理社会的方式方法整体性更强、整合度更高。中国社会建设政策制定和实施的基本创新点包括：社会建设政策的基础创新，社会建设政策的理念创新，社会建设政策嵌入的基本制度框架创新，社会建设政策的实施框架创新。创新与发展是社会建设政策的一体两面，创新与发展是中国社会建设政策的鲜明特色。

第三节　整合是社会建设与管理治理机制创新

中国具有独特的社会经济背景。要进行社会建设，就要按照中国特色搞好社会管理。在改善民生和创新管理中加强社会建设，要围绕构建中国特色社会主义社会管理体系，加快形成“两个体制”，即党委领导、政府负责、社会协同、公众参与、法治保障的社会管理体制，政社分开、权责明确、依法自治的现代社会组织体制；“一个体系”即政府主导、覆盖城乡、可持续的基本公共服务体系；“一个机制”即源头治理、动态管理、应急处置相结合的社会管理机制。基于中国国情，建立两个体制、一个体系、一个机制，这个建设和管理思路是中国特色的创新。

无论是体制还是体系抑或机制，社会建设与社会管理是互相依托的有机体的两个方面。社会建设事业需要进行社会管理，社会管理是为了更好地开展社会建设。在政府推进社会建设和社会管理事业时，要创新治理机制，必须做到以下几点。

第一，公平正义作为社会建设和社会管理的价值。社会建设包括多方面的内容，诸如教育、就业、收入分配、社会保障和医疗卫生等社会事业都是社会建设的重要领域，这些社会事业领域具有公共性特征，它们是每一个社会成员生存和发展、获得人生幸福的基础条件和保障。加强社会建设，就是要建立权利公平、机会公平、规则公平的社会再分配体系，公平合理地配置社会资源、社会机会，不断完善保障就业权、健康权、教育权、居住权等公民基本权利的社会政策，处理好效率与公平的关系。公平正义不仅通过社会再分配体系来实现，还需要社会管理来保障再分配体系的运行。社会管理是实现高效、有序的社会再分配、实现公平正义的保证。

第二，民生事业作为社会建设和社会管理的重点。中国改革开放已经有近四十年历程，但发展的成果还没有让全体人民公平分享。让发展成果体现在促进人的全面发展上，实现富民、惠民、安民，民生事业就是重点和核心。民生事业有以货币形式出现的社会保险、社会救助、社会补贴，目的是增加居民特别是中低收入者收入；有以服务形式出现的针对特殊群体的服务，包括贫困群体服务、养老服务、儿童服务、残疾人服务、流动人口服务等，目的是以民为本、为民解困、为民服务，快速提高基本公共服务能力和水平；有以能力提升和机会提供形式出现的服务，如求职介绍、就业培训、老年大学，目的在于授之以渔等。民生事业突出的是在学有所教、劳有所得、病有所医、老有所养、住有所居五大方面取得新的进步，建设幸福中国。

第三，整合资源建立政府与社会组织的合作关系。在推动社会建设过程中，政府和非政府组织要建立伙伴关系，我国创新是把“政社互动”作为社会建设和社会管理的重要方法。在风险日益加大的今天，市场力量和自发秩序的市场出现失灵，公共权力集中在政府手中会出现政府失灵。将建设的责任寄托于单一主体，必然会加大社会过程中的社会风险。社会建设和社会管理不单是政府的责任，也是社会的责任。因此，国家积极介入和干预，社会也积极介入和干预，形成合力，形成互动，才能管理和建设兼顾。我国的实践是建立社区、社会组织、社会工作专业人才“三社联动”机制，只有政府购买服务，让社会各方力量积极参与到社会建设中来，让政府与社会组织共同为建设服务，才能真正提高社会建设和管理的水平。

第四节　社会工作者是社会建设和管理的重要力量

社会工作者是民生为本的社会建设的重要力量。社会工作者以社会公平、助人自助等价值为服务导向，服务社会弱势群体，致力于提升全体人民的福祉，成为教育发展、就业促进、收入分配、社会保障、健康保障、社会管理领域中的主力军之一。社会工作者积极发展公益机构，发展本土化的社会工作模式，在实践中实现社会工作、社区工作、社会组织的三社联动，优化社会建设的环境和条件，推动中国社会向更美好的目标迈进。

社会工作人才队伍建设是社会建设体系不可分割的内容。为了满足不断增长的社会建设与社会管理事业要求，2006年，人事部与民政部出台了《助理社会工作师、社会工作师职业水平考试实施办法》。民政部出台了《社会工作者职业水平评价暂行规定》。2009年民政部发出了《关于促进民办社会工作机构发展的通知》。2011年，中央组织部、民政部等18个部门和组织联合发布了《关于加强社会工作专业人才队伍建设的意见》。中央组织部、民政部等19个部委联合印发了《社会工作专业人才队伍建设中长期规划（2011~2020年)》，提出了“大规模开发社会工作服务人才、大力培养社会工作管理人才、加快培养社会工作教育与研究人才”的任务，提出了为社会管理培养人才的人才战略、指出培养造就一支高素质的社会工作专业人才队伍，是加强和创新社会管理、构建社会主义和谐社会以及巩固党的执政基础的人才支撑（中央组织部、民政部等19个部委，2010）。民政部和财政部还在2012年联合颁布了《关于政府购买社会工作服务的指导意见》，为推动政社互动，建立长期、有效的服务机制，提供了资金和制度保证。

社会工作教育为社会建设提供优秀人才。改革开放以来，社会工作教育先行，社会工作教育者在社会建设领域起到了引领、推动、实施的作用。社会工作教育也取得了长足的发展。以社会工作大学教育为例，中国现在已有380所大学建立了社会工作本科专业，2009年教育部批准建立了社会工作硕士点，现在全国已经有105所大学培养高级社会工作实务人才。与此同时，南京大学等大学自主设立社会工作博士点得到教育部批准，建立了社会工作本科、社会工作硕士、社会工作博士一体化的人才培养体系。江苏有30多所大学设立了社会工作专业，有9所大学设立了社会工作硕士点，建立了一支专业化、职业化、本土化整合的社会工作教育队伍，为社会建设输送了大批优秀人才。社会工作者是社会建设和社会管理的人才，社会工作人才队伍建设也是社会建设的一个部分，是当前一项重大而紧迫的战略任务。我们要制定好社会工作者的培训制度，制定好社会工作者的激励制度，制定好社会工作者的保障制度，以社会建设和社会管理为工作方向，整合资源，建好社会工作者团队，为建设一个经济发达、人民幸福、生态文明的中国而奋斗。

第二章
制度主义视角下民生为本的社会服务

民生为本的社会建设的核心是建立解决社会问题、提升人民福祉的社会制度，社会管理是管理好资源以实现民生为本、满足民生需要的目标。社会建设和社会管理的内容十分丰富，对其进行研究必须有一个基本的视角。本章以提升人民福祉（well-being）的社会服务制度为核心进行论述，由此提出社会建设和社会管理的核心原则。通过本部分的讨论，为江苏省民生为本的社会建设和社会管理提供一个制度分析框架。

社会服务制度的核心是：通过人为努力去建立一系列规则，[①] 这些规则构成的制度可以化解、分担、防范社会成员在生活中的风险。社会制度发展的终极目标是满足人类需要、提升人类福祉，它包含着人类对美好、幸福、平等、公正的向往，是人类追求理想的产物。由此，制度是社会建设和社会管理的支撑体系，制度是社会建设与社会管理的运行体系。社会建设和社会管理的研究的实质是对社会制度的研究。

第一节　制度视角下满足民生需要的规则和阶段

要厘清和讨论社会建设和社会管理中基本制度规则的内涵，首先需要

---

① 社会制度部分是基于自然发展建立的，如亲属制度，部分是基于社会发展建立的，如社会服务制度。本章中的“社会服务制度”是一个大概念，既基于福利服务，又基于社会服务。主导思想是社会建设是服务社会行为，特别是服务弱势群体的行为，社会管理是通过服务来进行管理的行为。本章的社会服务与大社会福利概念有相通之处。

讨论的议题就是制度的含义。制度分析起源于18、19世纪的德国历史学派。在历史学派与经济学边际学派的争论中，历史学派发展了制度分析方法。制度分析方法将制度作为发展的要素并且强调它的重要性，还在20世纪成了经济学制度分析学派的理论核心。20世纪，制度分析理论演变出了经济学的新制度经济学（new institutional economics）、社会学的制度主义理论（sociological institutionalism）和以对历史进行制度分析的历史制度主义（historical institutionalism）（Aoki，2001：4－9）。经过多年的研究发展，制度主义有了比较成熟的理论。比较著名的是诺思的制度定义：制度是一个社会中的博弈规则（rules of game），它被用来约束人类的行为。它包括了人类在什么情况下可以做和什么情况下不能做的限制。制度的基本成分有规范（norms）、规则（rules）、惯例（conventions）、价值、习惯和它们的实践（North，1990：1－10）。制度的功能是在一个社会中建立人类生活中稳定的结构。帕森斯也认为规则是制度的内容，规则构成社会对于个人的社会角色的期望（Parsons，1982：117－118）。帕森斯还认为，人们的社会角色、社会地位、社会群体和社会组织是规范和规则的集合和表现（Parsons，1951：39－40）。虽然在社会建设和社会管理领域中没有人自称是制度主义学者，但仍然不能否认其研究领域中存在制度主义分析。一些学者使用制度分析方法分析贫穷问题（Islam，1995；Jordan，1996；Townsend，1993；Wong，2003）。

一　满足民生需要的基本规则

满足民生需要必须通过制度来保证。其基本制度规则有以下几个方面。

再分配资源解决社会问题的规则。社会制度建立了人类行为的新规则。这个规则的最基本内容可以表述为：再分配资源，解决社会问题，减少社会不公，提高社会福祉，满足社会需要，特别是弱势群体的需要。米吉利（Midgley，2000）指出，该领域中制度主义最基本的观点是：社会服务、社会福利等的提供通过国家机制可以最大限度地加强和扩大。制度主义者相信：社会需要满足的目标应该通过一系列法定干预去达到，即国家通过建成社会制度去提供社会福利。因此社会福利项目有下列特性：法定权威、公共拨款、科层化和广覆盖性，例如德国的社会保险制度、英国的国民健

康服务体系等。社会政策就是制度的一部分，因为它是国家制定的关于社会服务生产、传输、接受、评估行动的规则。

发现社会需要满足民生需要的规则。社会制度的本质是用一种社会认可的制度安排方式去满足社会群体成员的需要（Smith，1990；Bradshaw，1977；Taylor，1977；Doyal & Gough，1991）。如果从需要的最本质的、可以操作的角度研究，社会中的需要是社会中生活的人在其生命过程中的一种缺乏状态，人的基本需要如果不能满足，这种缺乏状态将损害人的生命意义（Edwards，1987：70－72）。例如，如果不能提供足够的健康照顾给老人和其他需要的社会成员，他们的生命意义将被损害。社会建立社会制度来满足人类需要，已经具体化为多个不同领域的具体社会制度，如满足社会成员健康照顾需要的医疗卫生制度，满足儿童需要的儿童福利制度提供儿童安全成长环境，满足社会成员稳定收入需要的社会保险和救济制度保障个人的生活水平不下降到一个不可以接受的程度等。

实现利他主义和社会成员公民权利的规则。在满足民生需要的领域中，制度主义理论因为更多的学者的努力而得到发展。蒂特马斯（Titmuss，1974）提出了社会制度（社会福利）是利他主义实现的一种方式的观点，他引入了社会福利应是公民集体道德责任的讨论。国家代表公民，所以国家应该承担集体责任。国家将利他主义制度化，建立社会福利制度。社会制度还体现了公民权利思想。马歇尔（Marshall，1965）提出了公民权利的理论。他认为国家提供社会服务（福利）是公民权利历史演化的顶峰。国家必须保证公民能获得足够的收入、住房和教育等方面的福利。国家立法并承诺实现公民的权利。[①] 国家提供社会福利通过立法和政策而制度化。

社会服务制度的补缺与制度类型规则。学者在对社会服务制度进行研究时发现社会服务制度因存在不同的特点而形成不同的类型。维伦斯基和利比克斯（Wilensky & Lebeaux，1965）提出了制度型社会服务与补缺型社会服务。补缺型社会服务制度认为社会福利只在市场和家庭制度失效时发挥作用。而制度型社会服务制度认为社会福利是现代工业社会必需的、具

① 马歇尔的公民权利理论因为福利国家危机而受到批评，因为他的理论成为过分慷慨福利提供的依据。现在的观点是，社会福利制度既建立在公民权利基础上，也建立在公民责任的基础上。

有福利提供功能的部分，它不带有任何施舍或慈善性质的污名，它被认为是个人、家庭和社区满足其社会需要的主要方式。维伦斯基和利比克斯还认为政府介入个人需要满足的社会服务制度是社会工业化的结果。因为工业化破坏了传统的家庭结构和家族制度，如家庭照顾、亲属支持网等。同时，工业化使得社会成员生活风险加大，如失业、工伤、疾病都会导致收入中断而引起贫困。这些问题单靠个人或家庭是难以解决的。于是政府通过社会服务制度来承担解决社会问题的责任。①

社会服务制度的选择和普惠类型规则。对于社会服务制度类型化的研究和描述除了制度型社会服务与补缺型社会服务制度模式外，制度主义者还提出了另外一对社会福利制度类型化的概念：具有普遍性的普惠型社会服务制度和具有选择性的选择型社会服务制度。普惠型社会服务制度是全体社会成员需要满足原则实现的体现，它涉及的社会服务的接受者没有限制，即福利服务项目要面对所有公民（或居民）。制度主义者坚持普遍主义原则，他们坚持社会服务是公民的权利，认为普惠型福利服务项目可以有效消除福利污名化（stigma）给接受者带来的侮辱和伤害。此外，选择型社会服务通过家计审查提供福利服务，这样的福利服务项目将数量庞大的经费用于管理、筛选福利接受对象，被一些社会服务中的研究者认为是不经济的行为。英国的国民健康服务和儿童津贴就是普惠型社会项目的范例。医疗服务的提供不受公民的收入、身份、职业、信仰、阶层等因素的影响。对于儿童津贴，尽管社会成员有不同阶层和不同收入，但儿童津贴一样支付给他们，因为这是他们的社会权利。

二　社会服务制度的演进阶段

社会服务制度是否存在相同的演进规则，是一个具有挑战性的议题。一般的理论研究认为社会服务制度发展依附于政治制度和经济制度的发展，政治、经济和社会服务制度之间有密切的互动关系。纵观英国、美国、德

① 这种社会福利分类至今都在对社会福利的发展产生影响。例如，民政部相关部门举办的研讨会就以社会福利理论和政策研究为题，研究的中心是中国社会福利制度如何迈向适度制度化的社会福利。学术界存在两种观点，一种观点认为中国建立了残补型的社会福利制度，而另一种观点认为中国社会福利的部分内容已经具有制度化的特点。

国等西方国家近百年来社会服务制度历史，其建立和发展走过了四个相似性的发展阶段，形成了社会服务制度演进规则，即政治发展、经济发展与社会服务发展密切互动，形成相关的发展关系。①社会服务发端阶段：传统济贫法让位于新兴的社会保障制度，1886年德国采用健康保险；1911年英国颁布国家保险法案；1921年奥地利采纳第一个家庭津贴计划。②社会服务发展阶段：1941年英国大主教坦普尔创造了“福利国家”的词语；1943年贝弗里奇计划规划了二战后英国福利国家的蓝图。基本社会保障、健康护理、公共援助计划和家庭津贴覆盖范围扩大。③福利国家成熟阶段：1966年英国成立新的社会保障部，提供更丰富的社会服务；1971年部分国家为慢性病患者提供新的福利援助；部分国家收入、健康护理和社会服务计划范围拓宽；到20世纪70年代中期公共开支占GDP的平均比重，欧洲达到25%，美国为20%。④福利国家收缩阶段：1979年撒切尔夫人当选英国首相后，英国公共房屋私有化，养老金水平降低；各个国家基本无新社会服务计划；社会救助安全网作用减退；部分国家社会保障计划适度缩减；社会服务开支水平稳定（吉尔伯特、特里尔，2003：42）。

与社会服务制度演进阶段相对应的是这些国家政治和经济制度发展，可以看到政治与经济制度是社会服务发展的依赖路径。①社会服务发端阶段的政治发展，表现为民主的发展、普选制的推行、工会运动发展、社会民主思潮被接受、现代自由主义的发展。经济发展表现为自由主义的市场经济发展、形成自由主义经济的黄金时代、伴随着经济发展的社会问题、社会保险和社会救济发展。②在社会服务发展阶段，政治发展表现为政府支持和扩大社会开支（用于社会服务）的做法被广泛认同；经济发展表现为经济大萧条之后，失业率降低，经济强劲增长；经济发展对社会服务发展是极大的推动。③在社会服务成熟阶段，政治发展表现为新政治选举提升了少数民族、妇女、残障人等的公民权利，经济发展表现为20世纪70年代中期经济持续繁荣，人民生活水平稳步提高；社会成员对社会服务需要水平提高。④在社会服务收缩阶段，政治表现为保守主义复兴；反对提高税收；工会和社会民主党实力削弱；福利国家危机前后，福利国家不断受到挑战，合理性丧失；经济增长由于1973年石油危机而被削弱，个人收入停滞，失业率上升，不平等状况加剧；人口老化对社会服务的需要增强，对社会服务开支的削减限制加强。

综上所述，社会建设和社会管理的核心是对制度的研究，而制度的核心是规则。从相对静态的制度分析角度来看，满足民生需要的社会服务制度建立的基本规则是：通过制度再分配资源来解决社会问题；通过制度满足社会需要；通过制度实现利他主义；通过制度实现公民权利。从动态的制度分析角度来看，社会服务制度是不断变迁和发展的，其中的规则是，社会服务制度发展与政治发展、经济发展联动，形成互动的关系。如果将静态分析和动态分析结合，就能获得满足民生需要的社会服务制度主义的完整画面。①

第二节　民生为本的社会服务制度转型与特征

一　民生为本社会服务从狭义转向广义

社会建设和社会管理都是为了满足民生需要（社会需要）。满足民生需要的社会制度种类很多，我们认为直接服务社会弱势群体的制度（如我国的社会福利制度）、直接服务一般社会群体的制度（如我国的社区服务制度）等是社会建设发展的首要任务。由于这类制度以服务提供为主要内容（其中包括少量津贴提供内容），本项研究将围绕着社会服务制度进行讨论。因为满足民生需要的社会服务具有福利性质，有时我们也以社会福利制度作为社会服务制度的代名词。

社会服务制度是社会服务的制度主义分析不仅体现在西方学者的著作中，中国和东亚学者也开始分析本土社会服务制度，在某种程度上形成了重视东亚社会服务制度分析的群体。如王卓祺和沃克等学者对亚洲国家福利体制的比较分析（Walker & Wong，2005），陈根锦对中国香港的自由主义经济体系和劳工职业健康及安全政策的制度主义分析（陈根锦，2004），金渊明对韩国“生产主义福利体制”论的批评（金渊明，2006），等等，他们

① 笔者认为，社会福利中制度主义理论还包括艾斯平－安德森（Gosta Esping-Andersen）的福利体制理论（welfare regime），新马克思主义者例如 Ian Gough 等关于阶级冲突作为社会福利制度建立动力之一的福利国家理论等，这些内容限于篇幅将不在此讨论。

关于亚洲国家在后发社会背景下社会服务制度发展道路的探索中有许多值得我们深思的内容。

根据西方国家和亚洲新兴工业国家、地区的实践经验，以及国际社会服务制度的比较研究经验，中国把社会服务和社会福利定义为社会保障制度安排的一个部分是不恰当的，这容易造成比较研究的困难（尚晓援，2001）。[①] 中国政府使用的社会服务和社会保障概念与西方大多数国家的概念内容有所不同。中国社会保障制度主要包括六个方面：社会保险、社会救助、社会福利、优抚保障、个人储蓄保障和社会互助（全国人民代表大会，1995）。这是一个重视经济保障忽视社会服务的体系。本书为了保持比较研究和演进阶段分析逻辑的一致性，以及开展研究的可行性，主要围绕民生为本的社会建设和社会管理开展对社会服务的深入研究。

学者们也提出了建立普惠全社会公民的福利社会的构想：提出了中国社会福利需要从小福利发展到大福利的理念（景天魁、毕天云，2009）；提出了适度普惠型社会福利制度是面向全体国民又涵盖社会生活基本领域的社会制度（王思斌，2009）；提出了中国社会福利必须从社会问题取向转向社会需要满足取向；提出了建立需要为本的社会福利目标定位，以推进适度普惠型社会福利制度的建立（彭华民，2010）；等等。这些都为中国社会福利制度转型提供了理论依据。当然，学界的理论研究并不能完全满足适度普惠型社会福利制度建设的需要，中国社会福利转型还需要学界提出理论体系更完整、逻辑性更强的本土理论来支持中国普惠型社会福利制度的构建。

二 民生为本社会服务制度目标与特征

在近十年的社会建设和社会管理过程中，中国在社会服务制度方面的发展有以下几个突出特征。

中国确立三类弱势群体社会服务（福利）提供制度重大转型目标。

---

① 关于社会福利和社会保障的定义和就此引发的讨论一直存在。从国际经验来看，中国政府的社会福利定义只包括儿童（包括收养）、老人、残疾人的社会福利服务（三大困难群体的社会福利服务），以及殡葬服务、城市流浪人群服务等，不能表现伴随改革开放出现的新的社会福利内容，也难以满足社会成员对社会福利的需要。

在中国社会主义市场经济快速发展的背景下，中国政府提出了建立和谐社会、追求幸福生活的社会发展目标。2007 年是中国社会福利发展的关键一年。民政部提出了中国社会福利转型的目标：中国社会福利由补缺型向适度普惠型转型。政府界定的转型目标是由提供给特定的老年人、残疾人、孤儿的补缺型福利向提供给全体老年人、残疾人和处于困境中的儿童的普惠型福利转变；在服务项目和产品的供给上，要满足全体老年人、残疾人和困境儿童需要。尽管这是一个狭义的民政社会福利转型目标，但它带来的影响却是极大的。这意味着中国放弃了坚守近 60 年的补缺型社会福利提供规则，接受了普惠型社会福利理念，将社会福利提供从特殊弱势群体转到一般人群，并结合中国本土实际提出了适度普惠的愿景。社会福利的转型需要经济的支持。在社会和经济都较发达的省份如江苏、广东等提出了在“十二五”期间建立普惠型社会福利的战略，比适度普惠目标更向前迈出了一步。中国社会福利从补缺型转到适度普惠型，是一次革命性的变革，是意义重大的转型。

中国社会服务提供机制由政府主导向多元主体发展。中国政府将社会服务确定为重要的具有社会福利性的服务行业，社会服务包括多样化的服务类型，能动员多种社会资源投入到社会服务中，满足了社区居民一些基本的福利需要。中国政府认识到社会福利服务单纯依靠政府是不能满足社会需要的，必须广泛动员社会力量，形成政府和社会互动、互补的社会福利提供规则（窦玉沛，2007）。①政府主导和社会参与相结合，单纯依靠政府提供有限的社会服务是满足不了社会需要的。②居家、社区和社会福利机构相结合；居家是基础，社区是依托，社会福利机构是服务重要提供者和补充者。③法治化、专业化和标准化相结合，积极推动社会服务相关法律法规的建设，用法律保障社会服务接受者的权益。

中国社会服务发展与管理的规范化与制度化。改革相关法律法规，建立新的社会服务法律法规，中国社会服务改革走上了法治化、专业化和标准化相结合的道路。政府相继出台了老年人保障法、残疾人保障法，未成年人保护法等，并围绕这些法律制定了一系列的实施办法来保障社会福利服务对象的权益。同时，建立了社会福利机构管理规范、社会福利院评定标准、福利企业资格认定、老年人建筑设计规范、城市道路和建筑物无障

碍设计规范、特殊教育学校建筑设计规范等行业规范。另外，建立了社会福利服务领域中主要职业标准，包括社会工作职业水平评价标准、养老护理员职业标准、保育员职业标准、育婴员职业标准、心理咨询师职业标准、健康管理员职业标准、公共营养师职业标准等。

中国社会服务人才培养体系建设与制度化。社会工作者是社会服务人才的中坚力量。2007 年中国建立社会工作师考试制度。社会工作教育和职业制度建立，为社会服务培养了人才。在改革开放之后，社会工作教育首先在社会学的教学体系中恢复。1984 年费孝通先生主编的《社会学概论》中包含了社会工作的内容（费孝通，1984）。20 世纪 80 年代末，民政部委托北京大学社会学系办社会工作研究生班，正式的大学社会工作教育恢复。2009 年教育部批准大学建立社会工作专业硕士，培养高级社会工作人才。现在中国有 300 多所大学有社会工作专业，江苏有社会工作专业的大学有 26 所，为社会服务行业培养输送专业人才。中组部、民政部联合 18 个部委于 2011 年发布《关于加强社会工作专业人才队伍建设的意见》，积极推动了社会工作人才队伍建设工作。民政部 2013 年在全国建立了 36 家国家级社会工作专业人才培训基地，其中有两家基地落户江苏省。这为江苏省社会工作人才培养提供了更便利的条件。

第三节　民生为本社会服务制度与其他制度的互动

从中国社会建设和社会管理的分析中可以得出这样的结论：尽管民生为本的中国社会服务制度发展存在各种问题，但当对中国社会服务制度从发展期（1949 ~ 1982 年）、快速发展期（1983 ~ 2006 年）、重大转型期（2007 至今）的发展轨迹进行研究后，[①] 可以从宏观层面发现中国社会服务发展存在政治制度、经济制度和社会服务制度联动并行的局面（见表 2.1）。

在对社会服务制度主要规则和发展逻辑进行简单回顾后，以制度主义分析视角下的社会服务制度依赖的政治经济制度、社会服务类型、社会服

① 由于关于中国社会福利发轫期的资料非常少，本书暂时不将此内容放入表 2.1 进行分析。

务责任、社会服务对象等，分析比较中国社会服务制度发展的过程，可以发现如下几点。

表 2.1　中国民生为本社会服务制度与多元制度的互动

制度	发展期的制度特征	快速发展期的制度特征	重大转型期的制度特征
政治制度建设	社会主义政治制度建设，城乡分割的社会服务是急需解决社会问题、保障政权稳定的需要	社会主义改革开放，建设小康社会。社会服务制度发展是特殊群体基本需要满足、维稳的需要	建设社会主义和谐社会，人民有尊严和幸福地生活，满足全体人民基本生活需要。社会服务制度是稳定发展的保障
经济制度建设	社会主义计划经济，城乡分割	向社会主义市场经济转型，经济改革与发展，部分人先富起来	社会主义市场经济，GDP快速增长，收入差距扩大
社会服务制度建设（利他主义规则的实现）	补缺型社会服务，单位制，公社制。城乡分割	补缺型为主，兼有小部分普惠的内容。城乡分割	补缺型向适度普惠型社会服务转型，部分地区向普惠型迈进。逐步实现一体化
社会服务制度建设（国家责任与再分配资源规则的实现）	有限社会服务提供责任，依附于政治和经济发展	有限社会服务提供，政府责任扩大，依附于政治和经济发展	责任混合型：部分以公民权利为基础，部分以政府需要为基础。社会建设与经济建设并重
社会服务制度建设：服务对象（社会需要满足规则的实现）	“三无”人员、孤儿、老人、残疾人为主，灾民等弱势群体、员工单位福利制度、社员的公社制度等。特殊群体基本需要满足	建立与经济发展相适应的社会保险制度、社会救助中的低保制度，福利服务对象扩大等。扩大了的基本需要满足	社会保险打破城乡壁垒，福利服务对象再扩大，从特殊群体到一般人群等。一般群体的需要满足

1. 中国社会服务制度和西方社会服务的发展轨迹有一定的相似之处。政治发展和经济发展不论是在西方还是在中国，都是和社会服务制度发展联动的。政治发展为经济发展提供意识形态支持条件，政治发展和经济发展提出社会服务发展的要求。早期的社会服务发展都是以解决社会问题、维护社会稳定为目标的，重点在解决特殊弱势群体需要满足问题；之后社会服务是为了更好地推动经济发展而发展的，保障社会成员基本生活需要满足成为重要目标；当政治和经济发展到更高阶段时，经济发展为社会服务水平提高奠定了物质基础，政治成为公民权利实现的制度保障，社会服务成为公民权利实现的手段。

2. 社会服务制度的基本规则无论是在西方国家还是在中国都在社会服务发展过程中得到实现。社会服务提供的资源均属于社会再分配范畴，来源于政府。部分西方国家的社会开支占 GDP 的 20% 以上。中国的民政社会服务归入民政社会事业开支，后者占国家财政开支的 2.43%，比例很小，这是中国实现适度普惠型社会服务制度转型目标的最大障碍。社会服务制度建立的主要目标是解决社会问题，满足社会需要。在社会服务制度发展中，从满足特殊群体的需要发展为满足全体社会成员的需要，补缺型社会服务制度慢慢地在一定程度上被普惠型社会服务制度替代，社会成员的公民权利实现得到社会服务制度的保障。

3. 中国社会服务制度发展与其他国家有共性也有自己的独特轨迹。支撑中国社会服务制度发展的政治制度是中国特色的社会主义制度，支持中国社会服务制度转型的是社会主义市场制度。在近 40 年的改革开放过程中，中国政府承担的社会服务责任虽然有所扩大但仍然是有限的，政府主导、多元部门参与社会服务提供是福利提供的规则。中国不是要建成与西方福利国家一样的制度，而是要建设具有中国特色的适度普惠型社会服务制度。

沿着制度主义分析逻辑，演绎中国社会服务发展和转型过程，深深感到限于一章篇幅难以具体深刻地描绘制度发展的丰富画卷，但这个领域中存在极富挑战和理论意义的研究课题：什么是支持、引领中国民生为本的社会建设和社会管理的理论；中国民生为本的社会服务制度包含什么内容；中国社会服务研究制度主义观点是否能够成立，如果能够成立，应该向什么方向发展。本书后几章将对这些问题展开认真讨论。

第三章
中外社会建设理论传承与政策发展研究

第一节　国内外社会建设思想的贡献

一　社会建设的基本内涵

社会建设有广义与狭义之分：广义的社会建设是指对整个社会系统的建设，即对包括政治子系统、经济子系统、思想文化子系统、社会生活子系统在内的整个社会大系统的建设；狭义的社会建设则是指对与经济、政治、文化、生态相并行的社会子系统的建设（郑杭生，2006；青连斌，2011）。改革开放以来，从广义来论述社会建设的研究并不多，学者多从对社会子系统建设的狭义概念入手进行分析。而从狭义的定义来看，陆学艺（2011b）认为，社会建设是“为适应国家由农业、农村的传统社会向工业化、城市化的现代社会的转变，适应人们的生产方式、生活方式和人际关系发生的深刻变化，积极面对由此产生的各种社会问题，有组织、有目的、有计划进行的各种有利于改善民生，建立新的社会秩序，促进社会进步的社会行动与过程”。郑杭生（2006）则认为社会建设是指“在社会领域或社会发展领域不断建立和完善各种能够合理配置社会资源和社会机会的社会结构和社会机制，并相应形成各种能够良性调节社会关系的社会组织和社会力量”。因为对社会建设的含义理解各异，对于社会建设应该包含哪些具体内容，不同学者的看法也不同，有学者认为社会建设应该包括：社会结

构调整、社会流动机制建设、社会组织建设、社会阶层利益关系协调机制建设、社会事业建设、社会保障制度建设、社区建设、社会安全体制建设、社会管理机制建设等（陆学艺，2008）。还有学者认为社会建设主要涵括教育、就业、收入分配、社会保障、医疗公共卫生、社会管理六个方面（李强，2007）。严书翰（2009）则认为社会建设主要包括八个方面的内容：社会结构的变动和建构、社会有序流动、社会组织建设、社会利益关系的协调和机制保障、社会事业的发展、社会保障制度的建设、社区建设、社会管理体制的建设和完善。梁树发（2005）则将社会建设的内容归纳为社会价值整合、社会制度（体制）建设、社会组织建设和社会事业发展等。景天魁（2008）认为社会建设的范畴包括调整社会结构、健全社会组织、改善社会关系、加强社会治理、提高人民生活水平等方面。龚维斌（2009）认为社会建设实际上包括实体建设和制度建设两大方面。

总之，社会建设就是为了应对社会转型带来的各种社会问题而采取的社会重建行动，这种重建行动既包括社会结构的调整和社会利益机制的重构，也包括社会共同体意识的重建，其根本目标是建立一个和谐共赢的现代社会，社会建设包括针对社会价值、社会组织、社会制度等方面的建设。

二　中国现代社会建设思想萌芽与发展

我国古代文献中很早就有大量关于慈幼、养老、振穷、恤贫、宽疾，安富、优抚、安辑流民、邻里互助、大同等方面的论述，这些论述代表了我国古代关于建设美好社会的初步构想（张新华、王文涛，1993）。但由于当时生产力水平低下，这些朴素的社会建设思想还只能停留于浪漫主义的理想，无法真正启动社会现代化的浪潮。

真正的社会建设实则肇始于从传统农业社会向现代工业社会的转型，社会建设的宗旨其实就是为了解决社会转型带来的社会失范和社会问题，重建社会秩序，改善人们的生活，要言之，社会建设的实质就是建设现代化（陆学艺，2010）。从鸦片战争开始，帝国主义的坚船利炮打开了我国的大门，我国的社会转型也开始在屈辱中艰难起步，从19世纪中叶至20世纪初，我国的思想家们开始从中西社会的比较研究入手，将批判和借鉴结合，掀起了近代中国思想史上第一次社会建设思想的研究高潮（田毅鹏，

2001）。如严复在将斯宾塞的《社会学研究》译为《群学肄言》时，就将社会学定位为探查治乱盛衰之由，建设现代社会的学问（郑杭生，2003）；康有为在接触西方社会建设思想后将之与中国古代大同思想结合，设计了公养、公教、公恤的大同社会构想（康有为，2002）；1917 年，孙中山在《建国方略》之三《民权初步·社会建设》的序言中也论述了其地方自治、革命程序、均权主义等社会建设思路（赵立彬，2008），他提出的民族主义、民权主义和民生主义的“三民主义”思想，旨在建立一个增进人民福祉的现代中国社会，对中国现代化社会的建设有着深远的影响。

20 世纪 30 年代初步形成的中国社会学界也就如何在战乱频仍的中国重建社会秩序、改进民生进行了广泛的研究。在内忧外患中，学者们对我国未来的经济建设、社会建设、政治建设等进行了一揽子全方位的思考。他们主要从“重建乡土”和“工业化”两条路径，探讨了中国的社会建设问题。其中晏阳初、梁漱溟、杨开道、李景汉、许仕廉、言心哲、乔启明等学者从我国农业人口比重大、农村经济落后、农村社会发展缓慢等现实出发，“深入民间”与地方政府合作，开展了形形色色的“乡村建设”运动，他们希望通过平民教育、合作运动等形式，发展农村经济，开启民智，实现社会组织和社会风气的全面复兴，从而完成“民族再造”和“民族自救”（宣朝庆、王铂辉，2009；阎明，2010：76）。而志在富民的费孝通、张之毅等则在江苏吴江、云南昆明等地开展了多项深入的田野调查，在《江村经济》《乡土重建》《禄村农田》《易村手工业》《玉村农业和商业》等著作中，他们分析了我国农村现代化建设中工业化与传统文化之间的勾连，希望找到一条符合乡土中国实际的社会建设之路。游走于国民政府与学术研究领域之间的学者吴景超则就我国的工业化道路进行了深入思考，与乡村建设与田野调查学派钟情农村现代化的路径不同，他力主集中资源发展工商业，但他也认为我国的社会建设应博采中西文化之长，“不但要保存中国的优美文化，采纳西洋的优美文化，还要创造一种新的文化，来适应新的环境，或满足新的要求”，他提出了“利用资源，改良技术，公平分配，节制人口”的策略，以解决我国“第四种国家”现代化面临的困境，他主张运用所得税、遗产税等财税制度，将富人的财富转移到政府手中，用以兴办教育、卫生、娱乐等各种社会事业，将“自由经济”与“计划经济”有

机结合起来，采取一种“有计划的干涉主义”（阎明，2010：129～139），提高大众的生活水平，缩小贫富差别，减少社会动荡。这些社会建设思想代表了中国国民党和中国共产党社会建设思路之外的第三种声音。

民国时期社会建设研究的集大成者当数孙本文。在其1935年出版的《社会学原理》中，他对社会建设的内涵、对象、范围、目的、途径和标准等进行了深入的研究，与这一时期的社会建设思想一致，他认为社会建设就是为了解决剧烈社会变迁造成的社会失调问题，依社会环境的需要与人民的愿望而从事的各种社会事业（郑杭生，2011a）。在1937年的《关于社会建设的几个基本问题》一文中，他进一步详细论述了社会建设的具体步骤，认为社会建设应以社会调查为基础，通过计划、组织、人才、资源四方面的互相配合，从法律、教育、宣传三方面推进（宣朝庆、王铂辉，2009）。20世纪40年代，随着二战进入尾声，如何收拾战争残局，重建中国社会，设计中国现代化的方案，自然就成为中国社会建设研究关注的焦点。1941年国民政府的社会部与中国社会学社联合主办了《社会建设》月刊，刊发系列文章，以集思广益，探讨战后的社会重建问题。在1943年2月召开的中国社会学社第七届年会上，社会建设还成为大会的讨论主题，社会学界对此进行了广泛深入的探讨。

三　马克思主义社会建设思想的本土化

社会主义社会建设思想具有深远的历史渊源，马克思、恩格斯、列宁等都对如何打破旧世界、建设新社会进行过深入的探讨。面对从封建社会向资本主义社会转型过程中的社会不平等加剧和资本对劳动的残酷剥削，以及由此带来的人的异化现象，马克思、恩格斯的社会建设理论以追求人的彻底解放为根本目标（袁琳，2011），他们认为无产阶级应该通过革命建立无产阶级专政，最终消灭阶级而进入无阶级社会，以实现人的自由与全面发展。列宁则结合俄国的具体国情，对社会主义建设的根本任务、社会资源、主要力量、组织机关等进行了阐述，他认为无产阶级执政后必须学会管理国家，人民群众就是社会主义社会的建设者与管理者，共产党应成为社会主义社会建设的领导核心，另外，也应动员一切社会力量进行社会建设，社会主义社会建设还必须弘扬民主精神，反对官僚主义（袁方，

2005）。

在马列主义社会建设思想的基础上，新中国成立以后，中国共产党的五代领导集体也积累了大量的社会建设经验，毛泽东在《论十大关系》《关于正确处理人民内部矛盾的问题》等文章中集中阐发了其社会建设思想，即调动一切积极因素为社会主义建设服务；正确处理人民内部矛盾；统筹兼顾；妥善处理汉族与少数民族的关系；正确处理重工业、轻工业和农业的关系；实现妇女解放，男女平等；厉行节约，反对官僚主义（严书翰，2009；张永光，2011）。邓小平的社会建设思想则为改革开放奠定了理论基础，主要包括：社会主义的本质是解放生产力，发展生产力，消灭剥削，消除两极分化，最终达到共同富裕；社会主义现代化建设不能单打一，应该注意综合平衡；必须树立与保持良好的社会风气；维护社会稳定是社会建设的根本前提（严书翰，2009；陈成文、孙淇庭，2009）。

以江泽民为核心的党的第三代中央领导集体总结出来的"三个代表"思想中也凝结了新的社会建设思想，包括：可持续发展的战略；和谐的新理念；正确处理改革、发展、稳定的关系。以胡锦涛为总书记的第四代中央领导集体对社会建设理论做出了进一步的发展，胡锦涛总书记正式提出了社会建设的概念，并明确提出，应该将社会建设与经济建设、政治建设、文化建设、生态建设放到同等重要的地位，他详细论述了社会建设的地位和作用、基本内容、实施与保障（张永光、刘云华，2012）。以习近平为总书记的第五代中央领导集体进一步推进了社会建设的理论探讨，其思想则集中体现在实现中华民族复兴伟大"中国梦"的思想体系中。概言之，在马克思主义社会建设思想中国化的过程中，中国共产党提出了许多具有自身特色的社会建设思想，包括：社会建设应该同中国具体国情相结合；必须坚持统筹兼顾的原则；要坚持以经济发展为中心；在社会建设中要坚持中国共产党的领导；社会建设要坚持以人为本的取向等（杨小军，2011）。

四　西方社会理论中的社会建设思想

在西方，并没有社会建设一说，但是也有类似的"社会整合"（social integration）的说法。关于西方的社会建设理论，目前学界主要有三种观点：第一种观点认为西方社会建设思想与社会学的理论是一脉相承的，社会学

的实证传统、解释传统与批判传统或强调社会秩序，或重视改良，或主张道德重建，但殊途同归，都以追求秩序、重建社会为己任，因此社会学理论实质上就是社会建设理论（刘少杰、王建民，2006）；第二种观点认为，社会建设理论在西方主要对应三种理论，即国家－社会理论、治理理论和风险社会理论（应星，2005）；第三种观点则认为西方社会建设理论包括社会秩序理论、福利国家“第三条道路”理论与“社会投资型国家”等（李培林，2007）。本书认为西方社会建设理论主要应该包括以下几种。

1. 社会整合理论

社会整合理论以追求社会和谐与社会均衡为旨归，前后有孔德、涂尔干、滕尼斯、帕森斯等理论家对此进行了研究。孔德认为社会是一个整体，社会有机体各要素之间有着一种“普遍的和谐”，人类应该运用自己的理性，重建秩序。涂尔干的社会团结理论认为传统社会主要建立在以人们的同质性为基础的机械团结的基础上，依靠强大的集体意识来维持，而现代社会则建立在以社会分工为基础的有机团结的基础上，整个社会只能依靠抽象的价值来维系。涂尔干强调职业共同体对于维护社会整合的重要性。滕尼斯关于共同体与社区的两分法则与涂尔干社会团结研究的视角恰恰相反，他认为在传统社会，人们之间的联系是有机的，而现代社会人们之间的联系只是“想象的和机械的”，因而他提出应该重建社区团结，以改变现代社会的疏离和冷漠。帕森斯的功能主义认为社会的各个组成部分都发挥着不同的功能，他将行动系统分为社会、人格、文化、行为有机体系统，分别承担着适应、目标获取、整合和目标获取功能，他认为社会化过程可以使文化内化为行动者的自觉，从而发挥社会整合的作用。

2. 社会冲突理论

代表人物是达伦多夫与科塞。达伦多夫认为任何组织都是一个强制协作联合体，占有较多权力和资源的统治阶级和拥有较少权力与资源的被统治阶级围绕权力和权威展开争斗。科塞则看到社会冲突不仅具有负功能，也具有正功能，建立社会安全阀制度，有利于维护社会的稳定。

3. 风险社会理论

贝克与吉登斯各从不同的侧面论述了后现代社会是一个充满着弥散性风险的社会，需要加以应对，他们认为由于现代风险的影响已经超出了国界，传统的以民族国家为单位的风险治理机制已不能适应世界风险社会对风险治理的要求，建立风险治理的国际合作机制已是一个刻不容缓的紧迫任务（应星，2005）。

4. 社会福利理论

为了应对从农业社会向工业社会转型所带来的种种社会风险，英国颁布了伊丽莎白《济贫法》。其后，德国的铁血宰相俾斯麦建立了社会保险制度，标志着国家对社会福利领域干预的开始，美国为了应对1929～1933年的世界经济危机，也颁布了《社会保障法案》。二战以后，英国在《贝弗里奇报告》的基础上建立起了从摇篮到坟墓的福利国家，此后西方各国纷纷效仿，西方社会福利制度逐步健全。艾斯平－安德森认为资本主义的福利体制可分为三种不同的类型，即社会民主主义体制、自由主义体制和保守主义体制（Esping-Andesen，1990）。福利国家制度有利于减少社会不平等，增进社会团结，提高人民福祉，但是，由于1973年石油危机造成的经济萎缩、人口老龄化，加之福利国家带来的财政负担逐步加大，西方各国也开始对社会福利制度进行改革，寻找福利国家制度的替代性模式，于是学者们相继提出了发展性福利（Midgley，1995）、福利多元主义、第三条道路（吉登斯，2000）、新福利国家（new welfare state）、新混合福利经济（new mixed economy of welfare）、志愿福利国家（voluntary welfare state）、新工业福利国家（neo-industrial welfare state）、助人自助国家（enabling state）、福利国家私有化（privatization of the welfare state）、公私部门合作（public-private sector partnerships）、福利社会（welfare society）、组合主义的福利国家（corporatist welfare state）、市场社会主义（market socialism）、社会公民权、需要为本等理论（林万亿，1994；彭华民，2010）。

五　社会建设研究中的四个主要议题

2004年，中国共产党十六届四中全会通过了《中共中央关于加强党的执政能力建设的决定》，第一次提出了“社会主义和谐社会”和“社会建设”的概念。2005年2月19日，胡锦涛在省部级主要领导干部专题研讨班上，将“三位一体”发展为包括经济、政治、文化和社会建设的“四位一体”，此后我国的思想政治教育、社会学、政治学、行政管理学、法学等专

业的学者对社会建设理论进行了广泛而深入的研究，主要集中在以下几个方面。

（1）社会建设的目标与任务。丁元竹认为“十二五”时期我国社会建设的三项主要任务是：完善社会保障体系、发展社会事业和完善社会管理体制（丁元竹，2010）。宋林飞（2009）则提出社会建设的目标是追求社会和谐与社会进步，包括满足民生需要的收入分配、社会救助、就业保障、教育保障、社会保险、卫生保健、住房保障、灾害应对处理等；邹农俭（2007）认为社会建设的任务是：社会体制建设、社会事业建设、社会保障建设、社会公平建设、社会秩序建设、社会福利建设。陆学艺（2012）认为社会建设的目标是实现社会和谐与社会进步，因此相应的，社会建设主要有四个任务：社会事业建设、社会体制和社会规范建设、社会管理和社会安全体制建设、社会结构调整。

（2）国外社会建设的经验研究。朱涛（2012）考察了美国在20世纪中后期为了解决经济危机和社会不平等而实施的罗斯福新政、进步运动、伟大社会三次社会建设运动，发现这些社会建设运动通过反垄断、保福利、扩民权等措施推动了美国的社会和谐。曾鹏、陈剩勇（2011）则发现新加坡作为一个多种族、多文化的国家，通过培育社会组织、调整社会政策等方式促进了家庭团结、邻里团结、族群团结与官民团结。

（3）公共性在社会建设中的重要意义研究。许多学者都看到了公共性对于社会建设的重要意义，如刘京希（2012）认为从政治发展来看，社会建设的目标就在于培育具有公民意识的公民，维护公民权利，建设公民社会；李友梅（2012）等则认为公共性是目前社会建设的瓶颈问题，推进公权力与民众之间的信任，追求社会共识依然是社会建设的重要任务；王小章（2011）认为当前社会建设所要面对和解决的根本问题，就是广大公民不断觉醒、提升的权利意识和诉求与政府在社会满足、保护公民正当权利上之意识、机制、能力的欠缺之间的矛盾；郑杭生（2011a）也强调社会共同体的建设，他认为社会公共性的建设和构建以及合理配置和培育以文化力量为主的无形的软实力，与合理配置物质资源的硬实力同样重要；成伯清（2011）主张复兴共同体，重建共同情感，增强人们生活的共同感和意义感；夏禹龙和周罗庚（2011）则认为加强社会建设需要政府与公民社会之间的良性互动，以实现管理与自我管理的功能互补。

（4）我国社会建设中面临的瓶颈问题。王小章（2011）认为我国目前的社会建设主要受到以下三方面的束缚：政治改革滞后、社会参与不足和全球化背景下资本权力的扩张。郑杭生（2011a）认为当前社会建设要迎接的挑战是：在市场经济陌生人的世界，建立社会共同体的挑战；在价值观开放多元的时代，促进意义共同性的挑战；在社会分化加剧的情势下落实公平正义的挑战；在社会重心下移的情况下，大力改善民生的挑战；在生态环境恶化的情况下，环境友好、资源节约的挑战；在发展主体总体布局上，理顺三大部门关系的挑战。魏礼群（2007）认为以民生为重点的社会建设要处理好四个关系，即正确认识和处理经济建设与社会建设的关系；正确认识和处理尽力而为和量力而行的关系；正确认识和处理政府主导和社会参与的关系；正确认识和处理增加投入和深化改革的关系；要提高社会管理科学化水平。

第二节　新时期中国社会建设政策分析

一　社会建设政策发展的指导思想

2004 年以后，以胡锦涛为总书记的党中央不断丰富和发展关于社会建设与社会管理的思想，明确了加强社会建设与实现社会管理创新的意义、内容、目标和手段，为制定详细的社会建设与社会管理政策奠定了理论与思想上的基础。2004 年 9 月，在中国共产党第十六届四中全会通过的《中共中央关于加强党的执政能力建设的决定》中，中国共产党首次提出了“加强社会建设和管理，推进社会管理体制创新”的思想。2005 年 10 月，在中国共产党十六届五中全会的决议中，胡锦涛总书记进一步提出了社会主义经济建设、政治建设、文化建设和社会建设四位一体的论述。2006 年 10 月，中国共产党第十六届六中全会通过的《中共中央关于构建社会主义和谐社会若干重大问题的决定》进一步阐述了包括社会建设在内的中国特色社会主义事业的总体布局。

2007 年 10 月的中国共产党十七大报告更是专章阐述了“社会建设”问

题，提出必须在经济建设的基础上，注重社会建设，完善社会管理，推动和谐社会建设。2011 年 7 月 1 日，胡锦涛在纪念建党 90 周年重要讲话中进一步强调，“必须从维护最广大人民群众根本利益和实现国家长治久安的战略高度抓好社会建设，推动社会建设与经济建设、政治建设、文化建设的协调发展”。

在 2012 年 11 月 8 日召开的党的十八大上，胡锦涛在报告中专门总结回顾了过去五年我国社会建设取得的成就，同时指出了社会建设存在的不足，并提出了加强政治建设、经济建设、文化建设、社会建设和生态建设五位一体发展的新构想，还指出下一步社会建设应该以保障和改善民生为重点，要多谋民生之利，多解民生之忧，解决好人民最关心、最直接、最现实的利益问题，在学有所教、劳有所得、病有所医、老有所养、住有所居上持续取得新进展，努力让人民过上更好生活。

2012 年 11 月 15 日，习近平在当选中共中央总书记后也指出，“我们的人民热爱生活，期盼有更好的教育、更稳定的工作、更满意的收入、更可靠的社会保障、更高水平的医疗卫生服务、更舒适的居住条件、更优美的环境，期盼孩子们能成长得更好、工作得更好、生活得更好。人民对美好生活的向往，就是我们的奋斗目标”（习近平，2014：4）。这也清晰地展现出新一届中央领导集体对社会建设一如既往的重视。新一届政府的社会建设政策思路在十八大报告的“五位一体”建设体系中，得到了全面的展示，是新时期社会建设的指导原则。

二　社会建设的社会政策体系建设

2004 年以来，国家着力加强“以民生为重点的社会建设”，并加大社会资源的再分配力度，重建社会秩序，颁布了一系列的公共政策。下面从社会分配政策体系、社会福利政策体系、公共服务政策体系三方面加以分析。

1. 社会分配政策体系

建立与基本国情、发展阶段相适应的收入分配制度，促进社会公平与社会和谐，一直是社会建设的重要内容。十八大以来，新的中央领导集体更是加快了收入分配制度改革的进程。2013 年 2 月 3 日，国务院下发了《国务院批转发展改革委等部门关于深化收入分配制度改革若干意见的通知》，制定了包括促进就业机会公平、提高劳动者职业技能、促进中低收入职工工资合理增长、加强国有企业高管薪酬管理、完善机关事业单位工资制度、健全技术要素参与分配机制、多渠道增加居民财产性收入、建立健全国有资本收益分享机制、完善公共资源占用及其收益分配机制、集中更多财力用于保障和改善民生、加大促进教育公平力度、加强个人所得税调节、改革完善房地产税、完善基本养老保险制度、加快健全全民医保体系、加大保障性住房供给、加强对困难群体救助和帮扶、发展社会慈善事业、增加农民家庭经营收入、健全农业补贴制度、合理分享土地增值收益、加大扶贫开发投入、有序推进农业转移人口市民化、加快收入分配相关领域立法、维护劳动者合法权益、清理规范工资外收入、加强领导干部收入管理、严格规范非税收入、打击和取缔非法收入、健全现代支付和收入监测体系等详尽的政策体系，其目标是实现城乡居民收入倍增，逐步缩小收入分配差距，明显改善收入分配秩序，使收入分配格局趋于合理。

2. 社会福利政策体系

2004 年以来，国家先后制定了关于老人、儿童、残疾人、失地农民、低收入家庭、就业、住房、劳动权益保障、教育、医疗卫生、社会保险等领域的社会福利政策，以提升人民的福祉水平。社会福利对象开始从偏重特殊对象转向全体国民，社会福利从补缺型向适度普惠型转型，笔者分门别类梳理如下。

儿童、青少年福利方面：有关孤儿、受艾滋病影响的儿童、流浪儿童的救助政策陆续出台，加强了对困境儿童的社会保护力度，同时加大了对未成年人保护的立法建设。在孤儿救助方面，2006 年 3 月，民政部等部委联合下发《关于加强孤儿救助工作的意见》，要求采取多种形式妥善安置孤儿，并保障孤儿基本生活和合法权益，在发挥民政部门职能的同时，广泛动员社会力量关心和帮助孤儿。2010 年 10 月，民政部、财政部又下发了《民政部财政部关于发放孤儿基本生活费的通知》，决定从 2010 年 1 月起为全国孤儿发放基本生活费。2010 年 11 月，国务院办公厅再次下发的《国务院办公厅关于加强孤儿保障工作的意见》则将孤儿救助的内容从基本生活扩展至教育、医疗、住房、就业等各个方面，从而实现了孤儿救助政策从简单生存型向发展型的演化。2006 年 12 月，全国人大常委会通过修订的

《中华人民共和国未成年人保护法》则进一步加强了少年儿童社会保护的法制化建设，使得我国少年儿童保护有法可依。2009 年 3 月，民政部印发《民政部关于进一步加强受艾滋病影响儿童福利保障工作的意见》，推动建立政府领导、民政牵头、部门配合、社会参与的受艾滋病影响的儿童福利保障工作机制。2012 年 10 月，民政部、财政部又制定了《民政部财政部关于发放艾滋病病毒感染儿童基本生活费的通知》，决定在全国范围内自 2012 年 1 月起开始为携带艾滋病病毒及患有艾滋病的儿童发放基本生活费，从而正式将受艾滋困扰的儿童纳入了社会救助的范围，保障了其应享有的社会权利。2011 年 8 月，国务院办公厅颁发《国务院办公厅关于加强和改进流浪未成年人救助保护工作的意见》，进一步规范了对流浪儿童的救助。2013 年 5 月，民政部、国家发展和改革委员会、公安部、司法部、财政部、国家卫生和计划生育委员会、国家宗教事务局等联合下发《关于进一步做好弃婴相关工作的通知》，以健全弃婴安置和救治保障体系。2013 年 6 月，民政部制定的《民政部关于开展适度普惠型儿童福利制度建设试点工作的通知》，决定在江苏省昆山市、浙江省海宁市、河南省洛宁县、广东省深圳市等地开展适度普惠型儿童福利制度建设试点工作，要求本着“适度普惠、分层次、分类型、分标准、分区域”的理念，按照“分层推进、分类立标、分地立制、分标施保”的原则和要求，立足当地经济社会发展状况、儿童生存与发展需要和社会福利制度的发展，全面安排和设计儿童福利制度，进一步提高儿童福利水平，标志着国家儿童社会政策从残缺型向适度普惠型的转轨。

妇女权益保护方面：妇女权益保护的法制化和制度化建设进一步加快。2005 年 8 月，全国人民代表大会常务委员会通过了修改《中华人民共和国妇女权益保障法》的决定，进一步加强了妇女权益保护的法制化建设力度。2011 年 7 月，国务院下发的《国务院关于印发中国妇女发展纲要和中国儿童发展纲要的通知》则成为妇女权益保护工作的指导性政策之一。2012 年 5 月，国务院通过了《女职工劳动保护特别规定》，针对女职工的生理特殊性实施特别的劳动保护，使我国妇女权益保障体系进一步健全。

老年人社会福利政策方面：在农村税费改革后乡镇财政收入下降，村组集体经济基础薄弱的背景下，2006 年 1 月，国务院通过的《农村五保供养工作条例》，将农村五保对象纳入了国家财政供给的范围，加强财政转移支付力度，保障了农村弱势老人群体的正常生活。2012 年 12 月 28 日，《中华人民共和国老年人权益保障法》也由中华人民共和国第十一届全国人民代表大会常务委员会第三十次会议修订通过，自 2013 年 7 月 1 日起施行，此法从多个方面保障了老年人的合法权利，强调国家、企业、社会组织、家庭等在老年人赡养中的多元责任分担。

残疾人福利方面：在残疾人立法的基础上，就残疾人的就业、教育、社会保障、服务体系以及扶贫等做出了安排。国务院 2007 年 2 月通过了《残疾人就业条例》，以促进残疾人就业，保障残疾人的劳动权利。2009 年 5 月，国务院办公厅颁发了《国务院办公厅转发教育部等部门关于进一步加快特殊教育事业发展意见的通知》，内容包括全面提高残疾儿童少年义务教育普及水平，不断完善残疾人教育体系、完善特殊教育经费保障机制，提高特殊教育保障水平、加强特殊教育的针对性、提高残疾学生的综合素质、加强特殊教育师资队伍建设、提高教师专业化水平、强化政府职能、全社会共同推进特殊教育事业发展等方面。2010 年 3 月，国务院办公厅印发了《国务院办公厅转发中国残联等部门和单位关于加快推进残疾人社会保障体系和服务体系建设指导意见的通知》，旨在健全残疾人社会保障制度，加强残疾人服务体系建设，缩小残疾人生活水平与社会平均生活水平的差距，实现残疾人事业与经济社会协调发展。2012 年 1 月，国务院办公厅下发了《国务院办公厅关于印发农村残疾人扶贫开发纲要（2011 ~ 2020 年）的通知》，目标是保障和改善民生、缩小残疾人生活水平与社会平均生活水平的差距、促进残疾人与全体人民共享改革发展成果，该纲要已经成为农村残疾人扶贫开发工作的纲领性文件。这一系列助残政策也体现了国家在残疾人社会政策中对“社会投资”型国家的重视，强调残疾人的康复、教育、社会保障、扶贫等政策措施的联动，以为残疾人“赋能”，提高残疾人自身改变现状的能力，使其能应对困境并增加“效能感”。

教育政策：在免除农村义务教育阶段学杂费的基础上进一步免除了城市义务教育阶段的学杂费，并制定了农村义务教育阶段的营养餐、学前教育、义务教育均衡化等政策，以促进教育的公平。2008 年 8 月国务院颁发的《国务院关于做好免除城市义务教育阶段学生学杂费工作的通知》，规定

从2008年秋学期开始全部免除城市义务教育阶段公办学校学生的学杂费，从而真正实现了城乡学龄少年儿童享受普惠型免费义务教育的目标。2010年9月，财政部、教育部联合颁发《关于建立普通高中家庭经济困难学生国家资助制度的意见》，要求建立以政府为主导、国家助学金为主体、学校减免学费等为补充、社会力量积极参与的普通高中家庭经济困难学生资助政策体系。2013年6月，人力资源和社会保障部等共同签发了《人力资源和社会保障部、教育部、财政部关于做好高校毕业生求职补贴发放工作的通知》，决定从2013年起，对享受城乡居民最低生活保障家庭的毕业年度内高校毕业生给予一次性求职补贴。2013年5月，人力资源和社会保障部下发的《人力资源和社会保障部关于实施离校未就业高校毕业生就业促进计划的通知》，将有就业意愿的离校未就业高校毕业生全部纳入公共就业人才服务范围，向其提供就业公共服务。至此，在落实义务教育政策的基础上，国家建成了涵盖研究生、本科生、专科生、中职生和高中生在内的非义务教育阶段一体化教育救助与就业服务体系，保障了困难家庭学生同样可以接受中高等教育，并实现自主就业，有利于有效阻止贫困的代际传递。2010年11月，国务院又下发了《国务院关于当前发展学前教育的若干意见》，以解决群众普遍关心的入园难、入托难问题，夯实学前教育的基础。2011年11月，国务院办公厅颁发《国务院办公厅关于实施农村义务教育学生营养改善计划的意见》，规定从2011年秋学期起在集中连片特殊困难地区农村试点义务教育学生营养餐计划。2012年12月，教育部、财政部下发《关于进一步加强和规范农村义务教育学生营养改善计划学校食堂建设工作的通知》，落实了营养餐的相关配套政策。2012年8月，国务院办公厅下发了《国务院办公厅转发教育部等部门关于做好进城务工人员随迁子女接受义务教育后在当地参加升学考试工作意见的通知》，加大了政府投入，以保证流动少年儿童的受教育权。2012年9月，国务院颁发了《国务院关于深入推进义务教育均衡发展的意见》，同期，国务院办公厅颁布了《国务院办公厅关于规范农村义务教育学校布局调整的意见》，这两项政策都旨在深入推进义务教育的均衡发展，保障农村儿童接受教育的公平性。2013年2月，教育部等部委还联合下发了《教育部、国家发展改革委、财政部关于印发〈中西部高等教育振兴计划（2012～2020年）〉的通知》，以振兴中西部高等教育，服务国家西部大开发战略、东北地区等老工业基地振兴战略和中部崛起战略，推动高等教育的区域平衡发展。

社会救助及慈善事业方面：进一步健全了最低生活保障、慈善、扶贫等项制度。2007 年 7 月，在 1997 年建立城市居民最低生活保障制度的基础上，国务院下发了《国务院关于在全国建立农村最低生活保障制度的通知》，从而实现了低保制度的城乡区域全覆盖。2012 年 9 月，国务院下发了《国务院关于进一步加强和改进最低生活保障工作的意见》，要求继续夯实社会安全网的网底。2010 年 5 月，国务院办公厅下发了《国务院办公厅转发扶贫办等部门关于做好农村最低生活保障制度和扶贫开发政策有效衔接扩大试点工作意见的通知》，以促进低保人员与边缘人群扶持救助的政策衔接，并加强对低保对象的动态管理。2010 年 7 月，民政部颁布了《自然灾害救助条例》，使灾害救助管理进一步规范化和法制化。2012 年 2 月，国家宗教事务局颁发了《关于鼓励和规范宗教界从事公益慈善活动的意见》，鼓励宗教界开展有序慈善救助活动。这些政策有利于进一步健全我国的社会救助体系，促进社会的和谐与稳定。

社会保险方面：完成了《社会保险法》的制定工作，社会保险制度体系进一步健全。2007 年 4 月，劳动与社会保障部颁布了《关于切实做好被征地农民社会保障工作有关问题的通知》，进一步明确被征地农民社会保障工作责任，严格对征地农民社会保障落实情况的审查，规范被征地农民社会保障资金管理。2009 年 9 月，国务院颁发了《国务院关于开展新型农村社会养老保险试点的指导意见》，开始在农村试行新型农村社会养老保险制度。2011 年 6 月，国务院下发了《国务院关于开展城镇居民社会养老保险试点的指导意见》，开始在全国试点城镇居民养老保险。至此，实现了社会养老保障制度的人群全覆盖。2011 年 11 月，人力资源和社会保障部印发了《关于做好在我国境内就业的外国人参加社会保险工作有关问题的通知》，2012 年 4 月，全国人大常委会通过了《中华人民共和国军人保险法》，进一步规范和完善了特殊人群的社会保障体系。2012 年 6 月，国务院颁发了《国务院关于批转社会保障“十二五”规划纲要的通知》，对“十二五”期间的社会保障制度建设进行了科学规划。人力资源和社会保障部、民政部 2013 年 7 月印发的《人力资源和社会保障部、民政部关于鼓励社会团体、

基金会和民办非企业单位建立企业年金有关问题的通知》则规定已经依法参加企业职工基本养老保险并履行缴费义务的社会组织，可以建立企业年金，其中工作人员较少的社会组织可以参加企业年金集合计划，从而进一步健全了社会组织工作人员的社会养老保障制度，使得养老保障制度在实现全覆盖的基础上，制度体系更加丰满、完整。

住房保障方面：这一时期，为了解决中低收入人群的住房问题，国家不断完善保障性住房政策体系建设。2007 年 8 月，国务院下发了《国务院关于解决城市低收入家庭住房困难的若干意见》，决定进一步建立健全城市廉租住房制度，改进和规范经济适用住房制度，并逐步改善其他住房困难群体的居住条件。2007 年 9 月，建设部下发的《廉租住房保障办法》明确了廉租房制度的保障方式、房屋来源、申请核准、监督管理等具体内容。2011 年 9 月，国务院办公厅又颁发了《国务院办公厅关于保障性安居工程建设和管理的指导意见》，决定大力推进以公共租赁住房为重点的保障性安居工程建设。2012 年 5 月，住房和城乡建设部下发《公共租赁住房管理办法》，以规范和解决贫困边缘“夹心层”人员的住房难问题。2013 年 4 月，住房和城乡建设部颁布了《关于做好 2013 年城镇保障性安居工程工作的通知》，对 2013 年全国城镇保障性安居工程建设任务进行了安排。2012 年 6 月，住房和城乡建设部等部委联合颁布了《关于做好 2012 年扩大农村危房改造试点工作的通知》，正式将解决农村贫困户的住房问题也纳入国家的住房保障体系，扩大了住房保障制度的覆盖面。2013 年 7 月，国务院制定了《国务院关于加快棚户区改造工作的意见》，要求进一步加大棚户区改造力度，让更多困难群众的住房条件早日得到改善，同时，有效拉动投资，刺激消费需求，带动相关产业发展，推进以人为核心的新型城镇化建设。

医疗卫生方面：进一步加大医疗体制改革力度，完善医疗保障体系建设。2005 年 3 月，国务院办公厅颁发了《国务院办公厅转发民政部等部门关于建立城市医疗救助制度试点工作意见的通知》，2009 年 6 月，民政部颁发了《关于进一步完善城乡医疗救助制度的意见》，使城乡医疗救助制度成为医疗保险之外重要的医疗保障制度。2009 年 3 月，中共中央、国务院印发了《中共中央、国务院关于深化医药卫生体制改革的意见》，使之成为我国近期医药卫生事业改革的纲领性文件。2012 年 5 月，卫生部等联合下发了《卫生部等3部门关于做好2012年新型农村合作医疗工作的通知》，规定各级财政对新农合的补助标准从每人每年200元提高到每人每年240元，2013年又将这一标准提高到了人均280元，国家对医疗保障的投入不断增多。2013年2月，国务院又制定了《国务院办公厅关于建立疾病应急救助制度的指导意见》，要求分级设立疾病应急救助基金，解决无法查明身份患者所发生的急救费用和身份明确但无力缴费的患者所拖欠的急救费用。

劳动与就业方面：劳动保护的法律法规不断健全。2007年6月，全国人大常委会通过了《中华人民共和国劳动合同法》。2008年9月，国务院颁布了《中华人民共和国劳动合同法实施条例》，内容包括劳动合同的订立、劳动合同的解除和终止、劳务派遣等。2007年12月，国务院通过了《职工带薪年休假条例》，规定机关、团体、企业、事业单位、民办非企业单位、有雇工的个体工商户等单位的职工连续工作1年以上的，应该享受带薪年休假，职工在年休假期间享受与正常工作期间相同的工资收入，从而进一步加强了劳动保护的力度。2007年8月，全国人大常委会通过了《中华人民共和国就业促进法》。2012年1月，国务院下发了《国务院关于批转促进就业规划（2011~2015年）的通知》，制定了坚持促进就业与经济社会发展相结合、促进就业与人力资源开发相结合、发挥市场机制作用与政府促进相结合、促进企业发展与维护劳动者权益相结合的原则。2010年1月，国务院办公厅制定了《国务院办公厅关于进一步做好农民工培训工作的指导意见》，以加强农民工培训的统筹规划，建立规范的培训资金管理制度，着力提高培训质量。2012年12月，人力资源和社会保障部、财政部制定了《人力资源和社会保障部、财政部关于进一步完善公共就业服务体系有关问题的通知》，要求加强公共就业服务体系建设，完善公共就业服务机构管理体制，健全公共就业服务经费保障机制，面向社会更好地提供公共就业服务。这些文件的制定标志着国家积极就业政策和城乡就业公共服务的进一步普及，可以更好地促进经济发展与社会和谐。

3. 公共服务政策体系

除了社会福利政策，国家还制定了大量社会服务的公共政策，以提高福利的递送效率，增加人民的福祉。这一阶段国家社会服务政策的特点是：覆盖面不断扩大、强调以社区为基础。笔者分类别梳理如下。

公共服务体系建设规划：国家制定了完善的公共服务体系建设规划。2009 年 7 月，卫生部等部门联合印发《卫生部、财政部、国家人口和计划生育委员会关于促进基本公共卫生服务逐步均等化的意见》，将促进公共卫生服务的均等化摆上了重要议事日程。2012 年 7 月，国务院颁发的《国务院关于印发国家基本公共服务体系“十二五”规划的通知》，明确了“十二五”期间，我国公共服务体系建设的目标是建立健全基本公共服务体系，促进基本公共服务均等化。2013 年 8 月，国务院下发了《国务院关于印发“宽带中国”战略及实施方案的通知》，要求加快构建宽带、融合、安全、泛在的下一代国家信息基础设施，全面支撑经济发展和服务社会民生。2013 年 7 月，李克强总理主持的国务院常务会议研究决定，应将适合市场化方式提供的公共服务事项，交由具备条件、信誉良好的社会组织、机构和企业等承担。

养老服务政策：在养老服务方面，国家计划建立起与人口老龄化进程相适应、与经济社会发展水平相协调，以居家为基础、社区为依托、机构为支撑的社会养老服务体系。2008 年 1 月，全国老龄委办公室等联合下发《关于全面推进居家养老服务工作的意见》，要求制定居家养老服务发展规划、加大政府投入力度、合理配置资源、落实支持居家养老服务的优惠政策、建立和完善社区居家养老服务网、加强专业化与志愿者相结合的居家养老服务队伍建设、培育和发展居家养老服务组织、建立居家养老服务管理体制。2011 年 9 月，国务院下发了《国务院关于印发中国老龄事业发展“十二五”规划的通知》，2011 年 12 月，国务院办公厅颁发《国务院办公厅关于印发社会养老服务体系建设规划（2011 ~ 2015 年）的通知》，标志着国家已将老龄化时代的社会养老服务摆上了战略性的重要地位。2012 年 7 月，民政部印发《民政部关于鼓励和引导民间资本进入养老服务领域的实施意见》，鼓励和引导民间资本进入养老服务领域，以实现养老服务投资主体多元化，调动多方积极性，提高养老服务质量，缓解养老服务供需矛盾。

社区服务政策：国家十分重视社区在医疗卫生、养老、文化等方面的基础作用。2006 年 3 月，国务院颁发了《国务院关于发展城市社区卫生服务的指导意见》，要求在全国地级以上城市和有条件的县级市建立比较完善的城市社区卫生服务体系。2006 年 4 月，国务院印发了《国务院关于加强和改进社区服务工作的意见》，要求“大力推进公共服务体系建设，使政府公共服务覆盖到社区”。2007年5月，发改委、民政部联合印发了《“十一五”社区服务体系发展规划》。2011年12月，国务院办公厅颁发《国务院办公厅关于印发社区服务体系建设规划（2011~2015年）的通知》，进一步强调社区在公共服务提供中的重要作用。

第三节　新时期中国社会建设的实践模式

在党中央加强社会建设政策的指引下，各地针对本地的实际情况，积极进行政策实践与政策创新，取得了丰富的经验，以下分别以广东、北京、上海三省市为例，论述地方社会建设的实践模式。

一　广东社会建设的实践模式

广东地处改革开放的前沿，但也是社会矛盾出现较早和积累较多的省份，因此，广东省积极进行社会建设，加强社会管理创新。首先，广东省在省、市、县三级都设立了专职的社会工作委员会，作为党委、政府推进社会建设的“参谋部”，负责研究、指导、统筹、协调各职能部门共同推进社会建设，省社工委还建立了由专家、学者、社会知名人士等组成的广东省社会创新咨询委员会，并制订社会创新研究基地、社会创新实验基地、社会创新研究联盟等多种形式的社会创新研究计划（刘润华，2012；蔡禾，2012b)，探索开展社会建设与社会管理的有效措施。

在政策体系构建中，广东省印发了《中共广东省委、广东省人民政府关于加强社会建设的决定》，从加快发展社会事业，着力保障改善民生、加强基层服务管理，夯实社会建设基础、培育壮大社会组织，提升服务社会能力、创新社会服务管理，保持社会安定有序、营造民主法治环境，促进社会公平正义、加强思想道德建设，构筑共同精神家园、深化社会体制改革，增强社会建设动力、加强统筹协调，确保社会建设实效等方面对广东省社会建设工作做了战略性的部署，随后又先后颁发了《关于加快推进社会体制改革建设服务型政府的实施意见》《关于加强实有人口服务和管理的

实施意见》《关于培育发展社会组织的实施意见》《关于加强社会工作人才队伍建设的实施意见》《关于加强城市社区居民委员会规范化建设的实施意见》《关于加强社会建设信息化的实施意见》《关于加强和改进村民委员会建设的实施意见》等7个配套文件，为加强社会建设、创新社会管理奠定了政策基础。

在实践中，广东省具有自身特色的社会建设政策与做法有以下两点。①开展“幸福广东、美好家园”主题实践活动，为社会建设提供强大精神支撑，努力改变经济与社会建设“一条腿长，一条腿短”的局面，将人民的福祉作为施政的根本出发点。②促进公共服务均等化，切实保障外来务工人员的公民权利。该省实施积分制入户新政，将适用对象范围由“在粤务工的农业户籍劳动力”扩大至所有在粤务工城乡劳动者，积分使用范围也由原先仅用于积分入户扩大至享受城镇公共服务。截至2013年3月，已有120多万外来人口通过积分方式迁入广东。广东还推进农民工随迁子女平等接受义务教育，逐步将农民工纳入城镇住房保障和社区服务管理体系，扩大社会保险覆盖面、加强法律援助等服务，增进公共服务均等化，促进社会公平与社会和谐。如2009年，东莞市为了使新莞人子女入学有法可依、有章可循，东莞市经3次修改，出台了《东莞市新莞人子女接受义务教育暂行办法》《东莞市新莞人子女申请入读义务教育阶段公办学校起始年级积分方案（试行）》两份文件，促进该市“人的城镇化”。

二　北京社会建设的实践模式

北京市在社会建设中积极探索，形成了所谓的“北京经验”和“北京模式”（王明浩，2010）。市委、市政府分别成立了市委社会工作委员会和市社会建设工作办公室，并于2008年9月，召开了全市社会建设工作大会，出台了《北京市加强社会建设实施纲要》等系列文件，建立了社会建设信息中心，与清华大学等高校、科研院所共建了社会建设研究基地。2011年12月，北京市发布了《北京市“十二五”时期社会建设规划纲要》，确定今后五年北京市社会建设的目标是：社会服务更加完善、社会管理更加科学、社会动员更加广泛、社会环境更加文明、社会关系更加和谐。其在社会建设和管理方面富有成效的做法主要包括以下几个方面。

（1）在社会建设的目标方面，树立了构建包括社会公共服务体系、社会组织管理体系、社区管理体系、社会工作运行体系、社会领域党建工作体系在内的五大体系的目标。

（2）在社区建设方面，初步形成了以社区党委、社区居委会、社区服务站为载体的“三位一体”、各负其责的社区建设模式。提高社区工作者待遇，制定并试行了《北京市社区基本公共服务指导目录》，规范和完善了政府部门为社区提供的基本公共服务，已建成400多个“一刻钟社区服务圈”示范点，建立“五站合一”的商务楼宇服务管理新模式，把商务楼宇当作竖立起来的社区加以服务管理。

（3）在社会组织建设方面，基本形成分类规范、以社管社、党建业务一起抓的“枢纽型”社会组织管理模式。建立起了“枢纽型”社会组织负责人联席会议制度，政府已经购买了1000多个社会组织服务项目。

（4）在社会工作队伍建设方面，初步形成专业化、职业化模式，不断提高其工作待遇。

（5）在志愿服务方面，转化奥运期间的志愿服务成果，形成了重大活动志愿服务、应对突发事件志愿服务与常态性志愿服务相结合的长效模式。

（6）在社会领域党建方面，初步形成社区党建区域化模式、新经济组织商务楼宇党建模式、在“枢纽型”社会组织建立社会组织联合党委等模式（安勇，2012；杜弋鹏，2012）。

（7）促进社会保障和公共服务的一体化建设，在全国率先实现医疗保险制度和社会养老制度城乡一体化。

三　上海社会建设的实践模式

上海市高度重视社会建设与社会管理创新，早在2003年就在全国率先成立了社会工作党委。2009年11月，召开了第一次全市社会建设会议，成立了社会建设领导小组，出台了《中共上海市委、上海市人民政府关于进一步加强社会建设的若干意见》及11个配套文件，就加强社会组织建设、建立重大事项社会稳定风险分析和评估机制、推进社会工作者队伍建设、深化预防和减少犯罪工作体系建设、鼓励公益性社会组织参与民生服务、构建基层大调解工作格局、加强居委会自治能力建设、加强住宅小区业主

大会和业主委员会规范化建设等提出了政策安排。2012 年上海还评选出了全市社会建设“十大创新项目”，这些项目是：市委市政府信访办“上海市人民建议征集制度建设”、嘉定区“‘睦邻点’建设”、市委组织部“组团式联系服务群众”、静安区“不是一家人，也进驿家门”、徐汇区“社区小弄堂共治大平台”、闸北区“群众张嘴求帮助，干部跑腿解难题”、浦东新区“创新、合作、成长的社会服务生态园”、黄浦区“‘三站式’群众诉求矛盾回应解决‘直通车’”、长宁区“‘四医联动’，让困难居民看得起病”、闵行区“‘大联动’机制的探索和实践”。

相较于全国，上海市在社会建设中具有自身特色的政策实践有以下两点。①完善社区服务体系，提升服务效能。已初步建成“三个中心”（社区事务受理服务中心、社区文化活动中心与社区卫生服务中心）的服务体系。②改革公共服务的提供体系，建立新的体制机制。按照基础、基本、均衡、优质、城乡一体化的要求，推进中心城区学校托管 44 所郊区农村义务教育学校，组织高水平中小学到大型社区举办学校或实现整校搬迁，实现教育资源均等化，通过政府购买服务形式，实现进城务工人员随迁子女全部在公办学校就读，优化医疗资源布局，启动区域医疗联合体试点工作，以推进公共卫生服务均等化，上海还计划将“无线城市”建设大提速，决定自 2012 年 7 月起在商业街圈、公园绿地、医院等 9 类重点场所布设公益无线局域网点“i-Shanghai”，加大信息公共服务建设。

第四章
中外社会管理理论传承与政策发展研究

第一节　国内外社会管理思想的贡献

一　社会管理的基本内涵

国外并没有“社会管理”一词，国内也没有一个取得普遍共识的社会管理定义。有的强调社会关系的维护与建设，如丁元竹（2011b）就认为社会管理就是“在一定的共同价值基础上，一定的规章制度下，一定的法律框架内，政府、社会、企业和公众规范社会行为，协调社会关系，解决社会问题，防范社会风险的活动”。还有的学者强调对社会秩序的建构与管理，如吴鹏森（2012）就认为“社会管理是指政府及相关主体为维护社会基本秩序，通过制度安排和公共政策对各种公共事务进行管理的活动”。另外，也有人从政治学的角度给社会管理下定义，认为社会管理创新的实质就是与经济现代化及文化现代化相适应的政治现代化（鲁鹏，2012）。中国行政管理学会课题组（2005）则提出，社会管理就是政府通过制定专门的、系统的、规范的社会政策和法规，管理和规范社会组织、社会事务，培育合理的现代社会结构，调整社会利益关系，回应社会诉求，化解社会矛盾，维护社会公正、社会秩序和社会稳定，孕育理性、宽容、和谐、文明的社会氛围，建设经济、社会和自然协调发展的社会环境。俞可平（2007）认为社会管理就是规范和协调社会组织、社会事务和社会生活的活动。而从

外延上看，郑杭生（2011a）认为社会管理涵盖的范围较广，既包括现实社会领域，也包括虚拟社会领域；既针对社会组织等社会实体，又指向社会关系等社会软体；既涉及不同层次的社会群体，也涉及各种基层组织。而从社会管理的主体上看，既包括执政党与政府，也包括社区、社会组织、个人等其他组织。丁元竹（2007b）认为社会管理既包括技术层面的社会管理，也包括宏观层次的社会管理。而关于社会管理的具体内容方面，魏礼群（2011）认为社会管理主要指向九项工作，即完善社会管理工作格局、动态调节和化解机制建设、流动人口和特殊人群管理与服务、基层社会管理和服务、公共安全体系建设、非公有制经济组织和社会组织管理、虚拟社会管理、提高全民族文明素质、推进以保障和改善民生为重点的社会建设等。丁元竹（2011c）还认为社会管理主要由六项内容组成，也即社会规范建设、社会体制改革、社会管理基础建设、社会问题的解决能力建设、战略性社会管理、应急管理能力建设等。

概言之，社会管理是对社会秩序的重建，既包括对社会生活的管制，也包括对社会制度的重构，社会管理创新的实质就是强调多元社会主体的参与和协商。

二　马克思主义的社会管理思想

马克思、恩格斯的社会管理思想主要内容有：在阶级社会中，政府的管理职能包括阶级统治和社会公共事务管理两大方面，其中政府进行社会管理维护的乃是统治阶级的利益，在社会主义社会中，社会管理的主要方式应是无产阶级专政，及至共产主义社会，社会管理将致力于促进人的自由和全面发展（苗贵山，2007）。总之，马克思与恩格斯认为社会先于国家，其社会管理思想的实质是民本主义的（王代月，2011）。

三　西方多元视角的社会管理理论

所谓社会管理是相对于国家管理而言的，虽然西方并没有我国意义上的社会管理术语，但是以下六种社会理论就国家、社会、企业等社会主体如何共同参与、互相协调、实施有效管理进行了深入研究。

1. 国家与社会理论

国家与社会的关系问题一直是政治学、社会学和公共管理等学科探究的热点话题之一，研究的基本发展脉络是：前工业化时期主要形成了国家与社会“二元论”的思想，工业化时期主流的意见则是国家与社会“对立性”和“同一性”并存，后工业化时期形成了国家与社会的多元化理论体系（王建生，2010）。西方最早流行的分析框架是市民社会（civil society），将市民社会视为与国家相对立的部分，最初的 civil society 指的是古希腊的城邦社会，亚里士多德在《政治学》中将“市民社会”指涉为一种根据宪法建立起来的独立自足的社会团体（亚里士多德，1965）。早期的研究也多强调社会的自治能力，自由主义理论还把“市民社会”的存在视为公民自由和社会发展的保证（唐士其，1996），认为应该塑造一个积极、独立的市民社会，以反抗国家的专制。但其实在资本主义国家，国家对社会的干预也走过了蜿蜒曲折的道路，古典自由主义者强调国家应坚守“守夜人”的角色，主张国家对社会的弱干预，随着凯恩斯主义与福利国家的兴起，国家对社会的干预不断增强，二战后，西方主要资本主义国家都建立了不同类型的福利国家体制，但是由于福利国家危机和新自由主义的复兴，开始强调发挥市场与社会的自主性，“去国家化”改革此起彼伏，作为折中的“第三条道路”理论则希望在国家与社会，国家与市场之间找到某种妥协和整合。2001 年“9·11”事件以后，以美国为首的西方各国纷纷调整内外政策，国家对社会的控制力再次明显增强。20 世纪 90 年代，西方中国研究学者将市民社会理论传入中国，希冀在中国总体性社会中发展出类似东欧的“市民社会”，以对抗“国家”，但是随后关于中国“国家与社会关系”的研究则更多关注我国国家与社会关系的独特性，主要视角转为“法团主义模式”（罗兴佐，2006；庞金友，2006；陈家建，2010；范明林，2010；吴建平，2012）。

2. 多中心治理理论

认为单纯依靠政府自上而下的管理不可能取得有效的管理效果，只有公私部门共同参与、协商治理，才能取得更好的管理效果。多中心治理理论受新自由主义影响较深，主张在公共部门中引入市场或准市场机制，用私人部门管理企业的方法进行公共部门管理。1995 年，全球治理委员会在《我们的全球之家》报告中，将多中心治理界定为：各种公共的或私人的机构管理其共同事务的诸多方式的总和。在《多中心》一文中，奥斯特罗姆

则提出，民主社会的重要特质就是决策权广泛分散，民主社会的活力也取决于社会治理中存在着实质的多中心因素（麦金尼斯，2000）。有学者认为这种多中心决策应以宪法和法律为前提，需要经过协商达到统一，多中心治理主张以自治为基础，允许多个权力或服务中心并存，通过相互合作给予公民更多的选择权和更好的服务，以减少“搭便车”行为，避免“公地的悲剧”和“集体行动的困境”（俞可平，2000）。多中心治理表达了对超越工具理性支配下“中心化”治理结构的追求（孔繁斌，2007），其难题在于在公共产品的供给中，不同层级政府间、政府与市场、社会组织间怎么建立有效的合作、监督与制衡关系。

3. 政策网络理论

“政策网络”（policy networks）一词最早出现在卡赞斯坦（P. Katzenstein）的《权力与财富之间》（1977 年）一书中，是指“由于资源相互依赖而联系在一起的一群组织或者若干群组织的联合体”。政策网络的理论来源主要有两个：一是 20 世纪六七十年代兴起的组织社会学，二是次系统（subsystem）和政策社群（policy community）研究（闫文仙、张磊，2012）。政策网络是指政策过程中国家与社会之间不同互动关系类型的总称，其实质意义是“政府不是政策过程中单一的主导者，政策过程中还充斥着各种不同的行动者，而行动者之间资源交换的互动关系便形成了网络”（于常有，2008；朱亚鹏，2008）。英国学者罗茨认为政策网络具有以下四个特征。①相互依赖：网络的存在，是因为各个行动者必须相互依赖才能达到其目标。②资源交换：网络的组成部分之间，有常规的交往。③博弈互动：在特定的博弈规则的约束范围内，网络的各个组成者以竞争性的策略寻求自身目的。④网络自治：网络是自组织的，无论内部或外部都没有至上权威。政策网络是相对于由政府（特别是中央政府）部门主导的、单一的政策制定模式而言的，其优势在于可以提高社区充权（community empowerment），并通过在地方层面吸纳普通个人的参与而加强民主。这种治理模式是介于政府和市场之间的治理模式，可以有效弥补市场失灵和政府失败，是对代议民主制运作失败的一种弥补和补充（朱亚鹏，2006）。

4. 新公共管理理论

新公共管理是 20 世纪 80 年代兴起的一场政府改革运动，试图替代传统官僚行政，将“行政”的外延扩展到“管理”层面。其基本特征是在公共领域中引入市场机制和私人企业的管理方法，如对公有企业的私有化改造、下放管理权力、增加透明度、政府业务合同外包、政府绩效评估等（陈天祥，2007）。1995 年，经合组织（OECD）年度公共管理发展报告将新公共管理的特征归纳为如下八个方面：转移权威，提供灵活性；保证绩效、控制和责任制；发展竞争和选择；提供灵活性；改善人力资源管理；优化信息技术；改善管制质量；加强中央指导职能。陈振明（2000）则将西方“新公共管理”范式归纳为如下八个方面：强调职业化管理，明确的绩效标准与绩效评估，项目预算与战略管理，提供回应性服务，公共服务机构的分散化和小型化，竞争机制的引入，采用私人部门管理方式，管理者与政治家、公众关系的改变。

5. 新公共服务理论

新公共服务产生于 20 世纪八九十年代，主要代表人物是登哈特夫妇，他们否定了顾客导向的新管理主义范式，认为应该尊重公民权利和公民美德。他们的新公共服务主要包括 7 个基本观点：政府的职能是服务而不是掌舵；公共利益是目标而非副产品；在思想上要具有战略性；为公民服务而不是为顾客服务；责任并不简单；重视人而不只是重视生产率；公民权和公共服务比企业家精神更重要（珍妮特、罗伯特，2004）。

6. 协商民主理论

协商民主产生的背景是传统治理模式的单极化和公共权力运用的单向性（杨弘、肖克，2009），由此导致社会成员被静态地分为统治者和被统治者，统治者自上而下地运用权力，无须被统治者的同意和参与，容易导致公共政治参与不足和社会矛盾加剧（吴晓林、左高山，2010）。协商民主理论的理论渊源十分庞杂，包括自由主义、社群主义、共和主义、法团主义、社会民主主义等（王堃、张扩振，2011）。最早提出“协商民主”（deliberative democracy）一词的是美国学者约瑟夫·毕塞特（Bessette，1980），在其看来，协商意指“公共政策价值的论辩”，国外协商民主分别形成了以罗尔斯、哈贝马斯思想为基础的英美和欧洲大陆两种研究路线（李强彬，2012）。作为“协商民主之父”，哈贝马斯（2003）认为协商需受“更佳观点之理性力量”的驱动，指出协商的形式应该是辩论，协商是公共的、包

容的，协商应该是排除外在强制的，协商是排除任何可能有损于参与者之平等的内在强制。罗尔斯（2000）所珍视的民主则是“参与民主”，在他看来，协商民主不仅属于参与民主，而且是参与民主的前提，而协商民主的前提就是具备公共理性。

四　中国社会管理研究多元化取向

目前社会管理研究已经成为国内社会科学研究的显学，社会学、思想政治教育、政治学、行政管理学等学科都对此进行了广泛的探索，取得了较为丰富的成果，研究主要集中在以下几个方面。

1. 社会管理创新的制度背景

大家一致看到我国目前既处于发展的重要战略机遇期又处于社会矛盾凸显期，社会管理面临的问题较多（魏礼群，2007；钟伟军，2011；王磊、胡鞍钢，2011），主要表现为政府、社会、市场之间的关系不协调，该大的不大，该小的不小（郑杭生，2006），社会结构、社会组织形式、社会价值理念等都已经和正在发生深刻变化，而原有的权力高度集中、政府统管一切的社会管理方式已经不能适应新的现实需要（李培林，2011）。

2. 社会管理的基本原则

许多学者就社会管理创新应该坚持的基本原则进行了探究。郑杭生（2011a）认为在社会管理中应当注意六个结合，“即治标管理与治本管理相结合；刚性管理与柔性管理相结合；社会服务与社会管理相结合；社区管理与社会管理相结合；政府主导与多方参与相结合；科学精神与人文关怀相结合”。张海波（2012）则认为我国新时期的社会管理应该坚持“刚柔并济”的原则，其中柔性社会管理的特征——起点上的需求导向、过程中的非强制性服务以及结果上的需求满足，可对刚性社会管理起到重要的补充作用。赵春丽（2012）认为在新媒体时代，社会管理创新应该以放权服务思维代替集权命令思维、以平等合作思维取代单向监管思维、以对话共识思维取代主观专断思维、以柔性开放思维取代刚性压制思维。

3. 社区在社会管理创新中的作用研究

学者们高度重视社区在社会管理中的基础作用。如龚维斌（2009）认为改革开放 30 多年来，我国的社会管理已从“单位管理”转向“社区管理”，但是目前我们仍应注重统筹社区与单位的作用，以形成合力。施巍巍、颜少君（2009）发现在发达国家，社区已经成为解决社会问题和改进社会管理的重要手段，其有益的做法是：加强社区能力建设、实现社区发展法制化、扩大社区参与社会管理的范围与内容、发挥社区志愿组织的作用、提高社区自治程度。崔月琴、袁泉（2011）发现，在从单位制向社区制的转变过程中，社区民间组织发展不均衡制约了社区社会管理能力的发挥。

4. 培育社会组织并推动其参与社会管理研究

许多学者认为在社会管理中要推动社会组织发展，转变政府观念，构建政府与社会组织的新型伙伴关系，建立健全鼓励社会组织参与社会管理的体制机制，以激发社会组织活力（周航、赵连章，2011）。崔月琴（2010）发现新时期我国社会组织管理中还面临着社会管理主体身份的合法性缺失、社会组织生存空间狭小、社会弱势群体自治组织培育困难等问题，需要加大培育力度，夯实社会管理的组织基础。唐贤兴、肖方仁（2012）也认为目前社会矛盾易激化是缺乏社会资本的结果，发展社会组织，培育和积累社会资本，就可以造就一个规范有序、互利互惠、合作共助的美好社会。蔡禾（2012a）认为政府购买服务是当前社会管理创新的重要举措之一，而要承接政府购买的服务，就必须先有能够提供服务的组织存在，这必会推动社会组织的发展。对于培育社会组织参与社会管理的路径，高红（2011）提出了“政府主导、项目带动、网络联动、整合发展”的社区社会组织参与社会管理的模式。叶南客、陈金城（2010）认为在社会管理创新中应该形成社区、社工、社会组织的“三社”联动、资源共享、优势互补、相互促进的局面，以形成政府与社会之间互联、互动、互补的社会管理格局。吴新叶（2008）认为中国共产党可以通过政策服务的方式加强对社会组织的领导，具体可采取规范社会组织利益追求、鼓励社会组织政治参与、对社会急需领域的社会组织采取“政策亲近”等多种策略。

5. 鼓励公众参与社会管理研究

李迎生（2011）认为市场经济催生了多元利益主体，民众因公民意识增强也要求参与管理，全球范围内社会管理的模式都经历了从单向度向多元主体协商治理的转型。但我国目前的社会管理模式仍然是政府管理模式，这种模式排斥了公民和社会组织的参与权（蓝煜昕，2012），因此鼓励公民

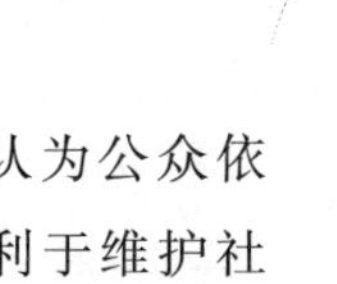

参与十分必要（王义，2012；蔡禾，2012a）。刘柳珍（2011）认为公众依法有序参与社会管理不仅有利于实现社会的公平正义，而且有利于维护社会的安定有序和达成和谐宽容的社会氛围。唐钧（2012）认为我国目前的社会管理应该采取增加参与的疏浚方式，而非传统管制的堙堵方式，因此需要更多的公民参与。

6. 社会管理中的社会协同原则研究

学者们对多主体参与社会管理已经形成共识，但是各个社会主体在社会管理中如何实现社会协同就成为十分关键的问题。郁建兴、任泽涛（2012）认为多主体在治理中是一种上下互动的关系，最终应从社会协同关系转变为平等的合作关系。桑玉成（2011）认为要实现社会管理创新，就要完善公民权利体系，加强民主政治建设，培育多元社会自治主体，形成政府与社会的良好互动。张开云、张兴杰（2012）认为当前以维稳型、管制型、单向型和补救型为特征的社会管理体制与社会化、多元化、信息化、动态化的社会发展趋势十分不适应，需要加强社会管理主体多元化及社会协同机制建设。欧黎明、朱秦（2009）认为社会协同治理的实现，需要社会主体间信任关系的建立和沟通体制机制平台的建设。郁建兴、任泽涛（2012）认为社会协同治理机制的建立在政府发挥主导作用的同时，也要培育并尊重其他社会主体的作用，形成共建共享的社会治理新格局，激发社会活力。李友梅（2012）从中观维度考察了中国社会管理创新的困局，她认为我国的社会管理机制主要由以政府为主导的纵向秩序和各社会主体相协调的横向秩序两部分组成，目前社会管理创新的难题就在于在实践中如何找到一种理性克制纵向秩序整合机制无限自我强化的现实路径，妥善处理好纵向整合与横向协调机制之间的有效衔接问题。

7. 社会管理创新的具体措施

丁元竹（2011a）认为我国社会管理创新的基本做法包括完善民意表达机制、协调利益关系、促进社会互助、夯实民生基础、在服务中实现管理、改革流动人口管理方式、应对人口老龄化挑战、探索城乡社区治理模式、做实基层社会管理基础、完善社会管理格局、激发社会活力、完善社会风险评估机制、提升应急管理能力、优化体制机制、提高社会管理效率等方面。孙立平（2011）则认为我国应从消极的社会管理走向积极的社会管理，改消极的、防范性的方式为主动的建设，提高人民的生活质量，建设一个充满幸福感的社会。但是也有不少学者主张在社会管理创新中仍要加大政府的能力建构（孙柏瑛，2012）。

第二节 新时期中国社会管理政策分析

一 社会管理政策发展的指导思想

2004 年以后，以胡锦涛为总书记的党中央不断丰富和发展关于社会建设与社会管理的思想，明确了加强社会建设与实现社会管理创新的意义、内容、目标和手段，为制定详细的社会建设与社会管理政策奠定了理论与思想上的基础。

2004 年 9 月，在中国共产党第十六届四中全会关于《中共中央关于加强党的执政能力建设的决定》中，中国共产党首次提出了“加强社会建设和管理，推进社会管理体制创新”的思想。2007 年 2 月 19 日，在省部级主要领导干部社会管理及其创新专题研讨班开班式讲话中，胡锦涛进一步论述了加强和创新社会管理的意义、总目标、总要求和突破口等，提出社会管理创新要坚持“党委领导、政府负责、社会协同、公众参与”的基本原则。2011 年 5 月 30 日，中央政治局召开会议，专门研究加强和创新社会管理问题，提出了加强和创新社会管理要坚持“以人为本、服务为先”。大力推进社会建设、加强和创新社会管理已经被写入政府的“十二五”规划。2012 年 11 月 18 日，在党的十八大上，胡锦涛提出要“加快形成科学有效的社会管理体制，完善社会保障体系，健全基层公共服务和社会管理网络，建立确保社会既充满活力又和谐有序的体制机制”（胡锦涛，2012：19）。

2013 年 2 月 23 日，中共中央政治局就全面推进依法治国进行第四次集体学习，习近平在会上就从依法治国层面加强社会管理创新提出了更高要求。2013 年 3 月 17 日，习近平在第十二届全国人民代表大会第一次会议上的讲话中指出，中国梦归根到底是人民的梦，必须紧紧依靠人民来实现，必须不断为人民造福，应该建设服务政府、责任政府、法治政府、廉洁政府，充分调动人民积极性。

第四代与第五代中央领导集体关于社会管理创新的论述为进一步完善社会管理政策奠定了坚实的基础。

二 社会管理的社会政策体系建设

2004 年以来，我国在“党委领导、政府负责、社会协同、公众参与”的原则下推动社会管理创新，颁布了包括社区管理、社会组织管理、社会信用体系建设、社会事业管理等一系列公共政策，初步形成了社会管理的政策体系。笔者将此分类梳理如下。

社会信用体系管理。2007 年 4 月，国务院办公厅颁发了《国务院办公厅关于社会信用体系建设的若干意见》，目标在于建立全国范围信贷征信机构与社会征信机构并存、服务各具特色的征信机构体系。

社会组织管理。国家不断健全社会组织管理的政策体系，以促进和规范社会组织的发展。2007 年 5 月，国务院办公厅下发了《国务院办公厅关于加快推进行业协会商会改革和发展的若干意见》，决定采取理顺关系、优化结构、改进监管、强化自律、完善政策、加强建设等措施，加快推进行业协会的改革和发展，逐步建立体制完善、结构合理、行为规范、法制健全的行业协会体系。2007 年 9 月，民政部印发了《民政部关于社会团体登记管理有关问题的通知》，针对登记审核、年度检查和执法监督过程中发现的一些突出问题，加强了管理力度。2009 年 4 月，民政部下发了《民政部关于基金会等社会组织不得提供公益捐赠回扣有关问题的通知》，以进一步规范基金会的募集和接受公益捐赠行为，严格管理和使用好公益资金。2010 年 12 月，民政部通过了《社会组织评估管理办法》，以加强对社会组织的评估与管理。2011 年 6 月，民政部制定了《全国性社会团体公益性捐赠税前扣除资格初审暂行办法》，明确了申请获得公益性捐赠税前扣除资格的社会团体应当具备的条件。2011 年 12 月，财政部、民政部制定了《关于加强和完善基金会注册会计师审计制度的通知》，对基金会注册会计师审计的类别与形式、审计经费来源和支付方式、会计师事务所选聘范围和方式等进行了明确。2012 年 8 月，民政部颁布了第 44 号令《社会组织登记管理机关行政处罚程序规定》，对登记机关立案、调查取证、行政处罚的决定，行政处罚的执行送达、结案、归档等行政处罚程序进行细化。以上政策的陆续出台，进一步加强和规范了政府对社会组织的管理。

社区管理。社区管理是社会管理的基础。这一时期，加强社区管理的政策也陆续出台。2007 年 12 月，民政部颁发的《全国社区建设示范城基本标准》，明确了社区建设的标准是组织领导坚定有力、社区体制改革创新、社区组织机构健全、社区服务功能完备、社区卫生不断发展、社区文化活跃繁荣、社区治安状况良好、社区环境整洁优美。2009 年 11 月，民政部下发了《民政部关于进一步推进和谐社区建设工作的意见》，要求进一步健全以基层群众自治为基础的新型社区管理体制机制，提高基层治理水平，完善以民生需求为导向的新型社区服务体系，繁荣以增强社区凝聚力为宗旨的城乡社区文化，加强以城乡统筹为重点的社区党建工作，推进农村社区建设工作。2012 年 1 月，民政部印发了《民政部关于促进农民工融入城市社区的意见》，要求健全以社区为依托的农民工服务和管理平台，促进农民工融入城市生活，保障农民工与城市居民和谐相处。2013 年 1 月，民政部下发了《民政部关于加强全国社区管理和服务创新实验区工作的意见》，对民政部确认的全国社区管理和服务创新实验区工作进行安排落实，以促进社会管理创新。2012 年 9 月，中央纪委、中央组织部、民政部等十二部委联合印发了《关于进一步加强村级民主监督工作的意见》，对村务民主监督进行了规范。

社会事业管理。随着国家社会福利事业的发展，国家也颁布了一系列社会事业管理政策，以促进社会事业的健康发展。2009 年 6 月，民政部下发了《民政部关于制定福利机构儿童最低养育标准的指导意见》，建议福利机构将儿童最低养育标准确定为每人每月 1000 元。2009 年 12 月，民政部下发了《民政部关于进一步加强社会捐助信息公示工作的指导意见》，加强对慈善捐赠工作的监督，以打造“玻璃口袋”。2012 年 3 月，民政部、财政部等联合颁发了《彩票管理条例实施细则》，对福利彩票发行、销售、开奖、兑奖、资金等的规范管理进行了明确，以吸纳民间资金开展社会救助活动。2012 年 9 月，财政部、民政部下发了《关于城乡最低生活保障资金管理办法的通知》，对低保资金的筹集、分配、发放、监督检查等进行了明确。2012 年 12 月，民政部印发了《关于农村五保供养服务机构等级评定暂行办法的通知》，制定了农村五保供养服务机构等级评定参考指标，以推进

农村五保供养服务机构管理规范化，不断提高供养服务水平。2013 年 6 月，民政部下发了《养老机构设立许可办法》，对养老机构设立许可的申请、受理、审查、决定和监督检查进行了明确。2013 年 6 月，民政部制定了《养老机构管理办法》，以规范对养老机构的管理，促进养老事业健康发展。2013 年 7 月，民政部印发了《民政部关于推进养老服务评估工作的指导意见》，以推动建立统一规范的养老服务评估制度。这些政策的制定进一步完善了国家对社会救助和社会福利事业的管理。

2011 年 2 月，国务院办公厅颁发了《国务院办公厅关于积极稳妥推进户籍管理制度改革的通知》，就指导思想和基本原则、分类明确户口迁移政策、依法保障农民土地权益、解决农民工实际问题等方面对户籍制度改革进行了安排。2009 年 12 月，国务院办公厅下发了《国务院办公厅关于转发人力资源和社会保障部、财政部城镇企业职工基本养老保险关系转移接续暂行办法的通知》，以切实保障参加城镇企业职工基本养老保险人员的合法权益，促进人力资源合理配置和有序流动。

2013 年 2 月，国务院办公厅下发了《国务院办公厅关于巩固完善基本药物制度和基层运行新机制的意见》就完善基本药物采购和配送，加强基本药物使用和监管，深化编制、人事和收入分配改革，完善稳定长效的多渠道补偿机制，进一步提升基层医疗卫生服务能力，稳定和优化乡村医生队伍等方面进行了明确。2013 年 4 月，国务院颁发了《国务院关于地方改革完善食品药品监督管理体制的指导意见》，决定组建国家食品药品监督管理总局，对食品药品实行统一监督管理。2013 年 7 月，国务院办公厅印发了《国务院办公厅关于印发深化医药卫生体制改革 2013 年主要工作安排的通知》，继续推进医药卫生体制改革。

2011 年 3 月，中共中央、国务院颁发了《关于分类推进事业单位改革指导意见》，要求分类推进事业单位改革，推进政府职能转变，提高事业单位公益服务水平。2013 年 2 月，中共十八届二中全会通过了《国务院机构改革和职能转变方案》，要求以职能转变为核心，继续简政放权、推进机构改革、完善制度机制、提高行政效能，稳步推进大部门制改革；要减少和下放投资审批事项、减少和下放生产经营活动审批事项、减少资质资格许可和认定、减少专项转移支付和收费、减少部门职责交叉和分散、改革工商登记制度、改革社会组织管理制度、改善和加强宏观管理、加强基础性制度建设、加强依法行政。

第三节　新时期中国社会管理实践模式

在党中央加强社会管理创新政策的指引下，各地针对本地的实际情况，积极进行政策实践与政策创新，取得了丰富的经验。下文将分别以广东、北京、上海三省市为例，论述地方社会建设和社会管理的实践模式。

一　广东社会管理的实践模式

广东颁发了《关于加快推进社会体制改革　建设服务型政府的实施意见》《关于培育发展社会组织的实施意见》《关于加强实有人口服务和管理的实施意见》《关于加强社会工作人才队伍建设的实施意见》《关于加强社会建设信息化的实施意见》《关于加强和改进村民委员会建设的实施意见》《关于加强城市社区居民委员会规范化建设的实施意见》等7个文件，为创新社会管理奠定了政策基础。在实践中，广东省具有自身特色的社会管理政策与做法可以归结为以下几点。

（1）推动社会组织健康有序发展。降低准入门槛，简化登记程序，探索公益慈善类、社会服务类、工商经济类等社会组织直接申请登记制，在省级和地级以上市实施社会组织扶持发展专项计划，建立孵化基地，加快去行政化进程，逐步将社会组织业务主管单位调整为业务指导单位，完善等级评估制度，对全省社会组织进行全面评估。如广州市规定，从2012年1月1日起，除国家法律法规明确须行政审批之外，行业协会、公益服务类等8类社会组织可直接向登记管理机关申请登记，不再需要行政挂靠主管单位。而广东省规定，全省除特殊情况外，从2012年7月1日起，社会组织也可由民政部门直接审查登记，并允许“一行多会”。降低准入门槛新政实施后，社会组织登记注册进程加快，社会组织发展迅速。

（2）理顺政社关系，充分发挥社会组织的积极作用，努力建立“小政府、大社会”的格局。推动政府向社会组织购买公益服务项目，编制社会

组织名录及考核办法，给予资质优良、社会信誉好的社会组织承接公共服务优先权，鼓励有条件的市、县（市、区）政协设立新社会组织界别，构建枢纽型社会组织工作体系，强化工青妇等群团组织的社会服务功能。2008年9月，颁发了《中共广东省委办公厅、广东省人民政府办公厅关于发展和规范我省社会组织的意见》，决定力争用3～5年时间，在全省逐步建立起与经济社会发展相适应的定位准确、功能齐全、作用显著的社会组织发展体系。2012年5月20日，广东省颁发了《政府向社会组织购买服务暂行办法的通知》，随后制定了《2012年省级政府向社会组织购买服务目录（第一批）》。2012年10月，再次发布了《2012年度广东省省级培育发展社会组织专项资金申报指南》，同时下发了《广东省民政厅关于全省性社会组织申报具备承接政府职能转移和购买服务资质的通知》。

（3）在基层社会管理中实行政务与服务相分离的制度，如广州市实行“三中心一大队”基层社区社会管理体制（蔡禾，2012a）。

（4）减少社会管理和服务层次。在部分地级市进行撤销街道试点，进行“市—区—社区”“二级政府、三级管理”“撤镇建区扁平化改革”“联并升级扁平化改革”“县—社区”等新模式的试点。如佛山市顺德区就推进了大部制改革和简政强镇改革，启动行政审批制度改革、农村综合改革和社会体制改革三大改革。深圳市则将政府部门分类设置为“委”“局”“办”，初步构建决策、执行、监督相互制约、协调的新机制，政府工作部门由46个精简至31个。

（5）推动人民团体转型，打破官办社会组织的垄断。在行业协会中打破一业一会制度，允许一业多会，允许跨业、跨域组建行业协会，允许吸纳非本地籍会员加入本地行业协会，并适度下放基金公募权限，加强对社会组织的规范和监管。从2012年5月1日起，广州市就废除了关于禁止自然人开展募捐活动的条款。2013年5月27日，广东省民政厅印发了《广东省民政厅关于开展行业协会行业自律与诚信创建活动的通知》，推动建立健全行业协会行业自律与诚信工作体系，以充分发挥行业协会在推动市场监管体系建设、完善社会主义市场经济体制中的积极作用。

（6）完善社会志愿服务体系。推行“社工＋志愿者”模式，培育发展社区志愿者组织。推动大型赛会志愿服务成果转化，促进志愿服务事业发展常态化、制度化。设立志愿服务“红棉奖”，完善以星级认证为主要内容的志愿者激励机制。

（7）放宽中小城镇人口准入条件，逐步建立城乡统一的户口登记制度，并吸收外来务工人员参加社会管理。如佛山市顺德区政府制定优惠政策，安排其代表进入社区参、理事会，参与商议社区重大事项，使其具有了表达本群体诉求的平台，并规定外来务工人员凭居住证就可在劳动就业、社会保障、卫生保健、生活居住、子女教育等方面，享有与当地居民一样的权利，从而使他们真正融入当地社会（谢建社、朱明、谢宇，2012）。

（8）鼓励公民参与，利用多方协商的方式化解社会矛盾。广东省努力畅通群众的意见表达渠道，比如2012年乌坎村事件的成功解决就彰显了政府在社会管理中的自信。广东佛山市南海区成立全国首个“社会政策观测站”，旨在推动政府对社会的研究和知晓，搭建联系政府和社会的桥梁。

二　北京社会管理的实践模式

北京市在社会管理中积极探索以下实践模式。

（1）在社区建设方面，初步形成了以社区党委、社区居委会、社区服务站为载体的“三位一体”、各负其责的社区建设模式。提高了社区工作者待遇，制订并试行了《北京市社区基本公共服务指导目录》，规范和完善了政府部门为社区提供的基本公共服务，已建成400多个“一刻钟社区服务圈”示范点，建立“五站合一”的商务楼宇服务管理新模式，把商务楼宇当作竖立起来的社区加以服务管理。如北京市东城区以网格化管理为手段，以服务和保障民生为着力点，以加强党建为保障，创新网格化社会服务管理模式。

（2）在社会组织建设方面，基本形成分类规范、以社管社、党建业务一起抓的“枢纽型”社会组织管理模式。建立起了“枢纽型”社会组织负责人联席会议制度，已购买1000多个社会组织服务项目。

（3）在社会工作队伍建设方面，初步形成了专业化、职业化模式，并不断提高其待遇。

（4）在志愿服务方面，转化奥运期间的志愿服务成果，形成了重大活动志愿服务、应对突发事件志愿服务与常态性志愿服务相结合的长效模式。

（5）在社会领域党建方面，初步形成了社区党建区域化模式、新经济组织商务楼宇党建模式、在“枢纽型”社会组织建立社会组织联合党委等模式（王明浩，2010）。先后认定了两批共22家“枢纽型”社会组织，并开展社会组织党建“3+1”机制建设试点工作，基本形成了社会组织“枢纽型”工作体系。

（6）进一步提升社会公共服务水平。大力推进基本公共服务均等化。创新公共服务提供方式，完善政府购买公共服务政策，逐步推进非基本公共服务市场化改革，形成政府主导、社会组织和企事业单位广泛参与的公共服务提供机制。探索多种有效方式，有效吸引社会资源和社会资金投入社会公共服务领域。扶持社会企业发展，大力发展社会服务业。在试点基础上，不断扩大“一刻钟社区服务圈”覆盖面。

三　上海社会管理的实践模式

上海市高度重视社会建设与社会管理创新，早在2003年就在全国率先成立了社会工作党委，并就加强社会组织建设，建立重大事项社会稳定风险分析和评估机制，推进社会工作者队伍建设，深化预防和减少犯罪工作体系建设，鼓励公益性社会组织参与民生服务，构建基层大调解工作格局，加强居委会自治能力建设，加强住宅小区业主大会、业主委员会规范化建设等提出了政策安排。相较于全国，上海市在社会管理创新中具有自身特色的政策实践大致可以归纳为以下几点。

（1）完善“两级政府、三级管理、四级网络”的社会管理体制，加强社区的自我管理水平，推进居委会直接选举，充分发挥居委会和业主委员会的作用，全面推广“三会”（评议会、听证会、协调会）制度，激发和保障居民的公共参与，以此带动居民区自治建设。

（2）完善社区服务体系，提升服务效能。已初步建成“三个中心”（社区事务受理服务中心、社区文化活动中心与社区卫生服务中心）的服务体系。

（3）培育和促进社会组织的发育发展。2009年12月，成立了第一个社会组织孵化基地——浦东公益服务园，为处于初创阶段的公益组织提供场地、设备、小额补贴、能力建设、注册等方面的支持。另外，还举办公益创投大赛活动，开展“喜迎十八大——2012社会建设十大创新项目评选”

活动，以吸引社会对公益组织和公益事业的关注，并建立了较为完善的公益招投标制度，实行政府购买服务制度，将一批原本由政府负责的事务性、服务性工作交给社会组织负责。上海市还成立了两新组织创先争优活动指导小组，统筹负责全市新经济组织和新社会组织的党建工作，指导开展创先争优活动。各级民政部门、社团管理部门要根据上级部门的要求，落实专人负责具体社会组织指导工作，突出工作重点，注重经常性研究，加强指导，充分履行职责。

（4）加强社会管理组织体系建设，重点加强对党群工作者、居委会干部、社会工作者、志愿者四支队伍的建设，为社会建设和社会管理打好人才和组织基础。

（5）改革公共服务提供体系，建立新的体制机制。按照基础、基本、均衡、优质、城乡一体化的要求，推进中心城区学校托管44所郊区农村义务教育学校工作，组织高水平中小学到大型社区创办学校或实现整校搬迁，实现教育资源均等化。通过政府购买服务形式，实现进城务工人员随迁子女全部在公办学校就读。优化医疗资源布局，启动区域医疗联合体试点工作，以推进公共卫生服务均等化。

（6）推进基层民主建设，积极引导“公众参与”。一是强化公众参与的自治意识；二是丰富公众参与的活动载体；三是完善公众参与的实体化建设；四是总结推广公众参与的鲜活经验。

社会服务篇

第五章
江苏社会建设之社会服务发展战略与政策（上）

第一节　江苏社会建设之普惠型社会服务发展创新的必要性

一　江苏社会建设战略转型的需要

《江苏省国民经济和社会发展第十二个五年规划纲要》指出，要以保障和改善民生为经济社会发展的出发点和落脚点，把富民放在更加突出的优先位置，实施居民收入七年倍增计划，千方百计促进就业创业，增加居民工资性、经营性、财产性收入，大力提高社会保障水平，加快发展各项社会事业，推进基本公共服务均等化，加强社会管理创新，促进人的全面发展和社会全面进步，让全省人民过上更加富裕、更加安定、更加美满的生活。在具体目标上，把加速发展服务业作为产业结构优化升级的战略重点，深入实施服务业提速计划，以市场化、产业化、社会化、国际化为方向，促进生产服务业集聚化、生活服务业便利化、基础服务业网络化、公共服务业均等化，推动服务业比重提高、结构优化、竞争力提升，加快形成以服务经济为主的产业结构，树立“江苏服务”的崭新形象。服务业增加值占 GDP 的比重和服务业从业人员占全社会从业人员的比重每年均提高 1 个百分点以上。适应消费结构升级，重点发展商贸、健康、医疗、养老、社区服务等生活性服务业，加快发展文化产业、体育产业和旅游业。落实税费和土地、水、电等要素价格政策，营造有利于服务业大发展的政策和体制环境。2010 年江苏省政府与民政部签署《共同推进江苏民政事业率先发展合作协议》则是江苏社会福利制度从补缺型向适度普惠型发展的重大战略转变，社会服务作为社会福利制度的重要内容应当顺应时代的要求。

二　社会服务的基础条件渐趋成熟

“十一五”期间，江苏省紧紧围绕富民强省、“两个率先”的战略目标，全面贯彻落实科学发展观，积极应对国际金融危机挑战，经受了重大考验，取得了巨大成就。《江苏省国民经济和社会发展第十二个五年规划纲要》回顾“十一五”期间的成就时指出，2010 年，地区生产总值达 40903 亿元，年均增长 13.5%，人均地区生产总值超过 5 万元；财政总收入突破万亿元大关。城镇居民人均可支配收入和农民人均纯收入分别达到 22944 元和 9118 元，五年年均实际增长 10.2% 和 8.2%。服务业也得到快速发展，表现为：规模不断扩大，地位不断提高，开放力度不断加大，生产要素投入不断增加，传统行业持续增长，新兴行业不断涌现；全省三大区域（苏北、苏中、苏南）服务业不断壮大（江苏省统计局课题组，2004）。“十一五”期间服务业比重五年累计提高了 5.7 个百分点，完成“十一五”目标任务。城镇化、工业化、信息化的快速发展和居民收入水平的稳步提高，为服务业发展提供了广阔的市场空间。服务业的投资状况：投资总量不断扩大，服务业投资的行业分布广泛，资本结构趋于多元化，投资项目大型化、规模化特征显著（江苏省统计局，2011a）。目前，江苏省已基本具备建立适度普惠型社会福利体系的经济条件和政治基础。

三　社会服务的多重功能日益呈现

西方社会福利发达国家的经验表明，适度普惠型社会福利不仅对社会发展具有积极的引导作用，还能有效地促进和推动经济健康发展（蓝云曦、谭晓辉，2011）。对社会服务的投资具有与其他服务行业同样的经济功能：可促进服务业产值的增长；可促进产业结构的合理化演进；可形成独特的人力投资，确保劳动力供应的数量和质量，并且增加社会需求；可成为吸

纳就业的重要渠道，有利于促进经济发展（谭晓辉，2010）。完善的社会福利制度是社会和谐发展的客观基础与必要条件。大力发展社会服务，不断提高全社会的福利供给水平，使其真正成为社会的“减震器”和“稳定器”，构筑社会的“安全网”，有利于缓解城乡、地区发展不平衡及居民收入差距扩大等引发的社会矛盾，维护社会稳定，同时向社会成员显示现存体制和价值观的合理性，促进社会和谐发展。

四　社会服务发展路径嬗变与转型

在经济、政治与社会发展的多重需求下，社会服务的目标任务不断深化。第九次全国民政会议把“实施社会服务”作为民政部门发挥职能作用的总体要求提出；第十次全国民政会议对发展趋势做出“机关、企业和人民群众对社会福利和社会服务的需求将会逐步增加”的判断，把建立城市福利和服务体系、建立和完善优抚安置管理体制和服务体系、建立管理和服务有机结合的社会行政管理体制作为民政工作五年发展目标；第十一次全国民政会议把加强基层社会服务组织和基层社会服务队伍作为今后一个时期民政工作的总体思路，强调社会服务理念；第十二次全国民政会议首次明确民政工作是政府实施社会管理和公共服务的重要方面（《中国民政》，2011）。这种改变是对现实社会的社会福利需要变化的应变，具体表现如下。

1. 时代要求：从补缺到普惠

社会福利有两对重要的理念类型：补缺型和制度型、选择型和普惠型。前者以社会福利的政府责任为划分原则，后者以社会福利提供方式为划分原则（彭华民，2011）。2007 年，民政部提出了从补缺型转向“适度普惠型”社会福利制度的设想：“我国在改革开放前覆盖面是比较窄的，主要是三无人员，也就是三无的老年人、残疾人和孤儿。这些年随着经济的发展，社会的进步，服务对象方面逐步得到了拓展和延伸。在服务的项目方面，过去只是关注对象的基本的抚养、生活照料问题，现在发展到医疗、保健、康复护理、文体娱乐、精神慰藉各个方面。”（窦玉沛，2007）未来中国的福利事业被概括为“一个转变，三个结合”。“一个转变”就是推进我国社会福利从补缺型向适度普惠型转变，从而加快我国社会福利事业发展的步伐。在这个转变过程中，一方面在对象上，我们由特定的老年人服务对象，向全体老年人、残疾人和处于困境中的儿童转变；另一方面在服务项目和产品的供给上，要满足他们不同层次的多样化的需求。“三个结合”凸显了政府责任与福利来源的多元化取向。第一个结合是居家、社区和福利机构相结合。居家是基础，社区是依托，机构是补充。第二个结合是政府主导和社会参与相结合，走社会化的路子，这是发展我国社会福利事业必然的选择，也是一个必由之路。第三个结合是走法治化、专业化和标准化相结合的路子（窦玉沛，2007）。对于江苏省而言，随着社会主义市场经济体制的健全和完善、公共服务型政府的建立，原有计划经济体制下的“单位制”福利面临转型，服务内容需要拓展深化，服务模式需要改革创新。随着城乡居民收入和生活水平的进一步提高，人们越来越注重自身的发展，对社会福利服务提出了新要求，从而保障和改善民生的任务也就更加突出。而社会越是高速发展，新型的、个人无法应对的社会风险也就越多，单纯的补缺型社会福利模式已经无法适应时代的要求。

2. 本质内涵：从救济到福利

服务是一个多层次的概念体系：服务行为是服务概念的核心；服务产品是以服务行为为主导的产品组合；服务组织是以经营服务产品为主的组织；服务产业是经营服务产品的服务组织的集合；服务社会是服务业对社会经济总量的贡献率以及所吸纳的就业人口比例均达到相当高的程度时的一个社会阶段（冯俊、张运来、崔正，2011）。公共服务是政府基于公共利益的需要，在个人无法自力获得的情况下，通过直接或间接的方式满足社会公众基本生存和发展需要的职责和功能（马英娟，2012）。而社会服务是一种社会福利服务，是由政府和社会力量向民众特别是困难群体提供的福利服务及过程。这其中大尺度普惠的福利服务就是公共服务，它向所有人开放；而小范围的福利服务面向困难群体，具有排他性（王思斌，2011）。结合江苏的经济社会发展条件，社会服务的层次不应再停留在传统的救济层面，而应开始扩展至更大范围的对象的更高层面的福利需求，这不仅可以缓解困难群体的生活压力，也可提高其可持续发展能力，为最终摆脱贫困提供保障。

3. 供给主体：从单一到多元

社会福利服务究竟由谁供给？一种观点强调市场的重要性。坚持认为个人是自己利益的最好判断者，幸福或满足只能由个人体验。唯一的福利

改进来自市场中的个人交易，或来自一种公共选择机制，它能够产生个人所想要的而市场无法供给的产品（公共物品），“国家只是一种用来传送个人偏好或某种公共活动的机制或管道”（诺曼·巴里，2005：12），政府供给社会福利仅仅是市场生产福利的附属物。另一种观点强调政府的重要性。认为福利供给究其本质体现为政府主导下的利益配置的过程，意味着政府担当的具有直接助益性的积极义务，蕴含着责任主体、参与供给主体以及社会成员之间动态、复杂的利益关系（陈治，2007）。强调国家有一种福利作用，它是理性主义的和设计性的，可以根据效率原则给国家行动发放执照，这动摇了那种让市场成为福利强化制度的观点。当然，蒂特马斯认为或许福利可由市场和国家之外的方式来提供，如自愿捐赠。由于市场、政府皆可能失灵，福利多元组合的理论应运而生，认为社会中的福利来源于家庭、市场和国家三个部门。目前，中国社会福利的供给与传递主要由供方（国家）推动，在许多重要的领域，“经济社会的保险功能大量地被国家接管”（诺曼·巴里，2005：134），而保险原则其实是市场原则，国家运用行政力量取代了部分市场的功能。在福利多元主义的视角下，社会福利供给的责任主体包括国家（政府）、市场（经济）、家庭，甚至包括志愿机构，同时，个人负有积极参与经济活动的责任。因而，普惠型社会服务必须从个体的需要与权利，国家（政府）、市场（经济）、家庭的责任出发来设计。同时政府部门也不只是民政部门，还包括发改委、财政、公安等部门，并涉及与政府关联密切的残联、工会、妇联等人民团体。

4. 供给内容：从有形到无形

“十一五”期间，江苏省综合经济实力、自主创新能力、国际竞争力和可持续发展能力显著增强，这为社会福利事业的发展提供了可靠财力支持和物质保证。社会服务的内容也从单纯的提供粮、油、布等传统的有形的救济实物扩展至教育、健康照顾、精神慰藉、社区照顾等无形的服务形式。2009 年，江苏省《关于加快残疾人事业发展的意见》提出，“对生活不能自理的残疾人，区别不同情况逐步实施集中托养、日间照料和居家安养，并根据家庭收入状况给予护理补贴”，“提出加强残疾人医疗康复和残疾预防工作的措施”。《江苏省妇女儿童发展规划（2011～2015 年）》首次单独提出儿童福利问题，要全面建设城乡统筹的孤儿生活保障制度，满足孤儿生活、教育、康复、就业、住房等多方面需求，同时加强儿童福利机构建设和儿童福利服务专业队伍建设。13个省辖市和人口在100万人以上及孤儿较多的县市将建设独立的儿童福利机构，采取政府购买公益岗位等措施配备乡镇（街道）、社区专兼职儿童社会工作人员，为儿童及家庭提供每周不低于40小时的服务。江苏省还专门提出建立完善流浪儿童救助保护网络系统，对流浪乞讨儿童提供及时救助，并将完善以社区为依托，面向留守儿童和流动儿童的服务网络，提供服务留守和流动儿童的社区学习、娱乐、活动场所。江苏省响应中央文明办、民政部决定在全国组织开展“关爱百万空巢老人志愿服务”活动的号召，以社区为依托，组织志愿者特别是身体健康的低龄老年志愿者，采取“一对一”“一对多”“多对一”结对的形式，为高龄“空巢老人”提供生活照料、心理抚慰、应急救助、健康保健、法律援助、文体健身等服务。

5. 服务输送：从行政到专业

长期以来，社会服务供给，特别是实物供给主要由民政部门负责，其工作思路仍基于传统的民政行政传统。民政工作是行政管理服务的重要内容，对推动经济发展、保障群众利益、促进社会公平、维护社会和谐稳定有着不可替代的作用。从事民政工作的各级各层管理人员，在社会救助、抗险救灾、优抚安置、社会福利、社区建设等方面做了扎实细致的工作，取得了显著成绩。但随着社会工作等专业服务的出现，民政工作的行政管理理念已经难以满足居民多元化、精细化社会服务的需要，同时科层制的管理特征也无法应对缺乏标准、瞬息万变的社会服务需要，反而导致效率低下，因而社会服务需引入市场机制，通过政府购买获得社会服务机构的专业服务，从而提升居民的生活品质与满意度。根据2012年第1季度《江苏省民政事业统计报表》的统计，江苏有民间组织19480个，与2011年同期相比增加82个，环比增长0.42%。民办非企业为17048个，与2011年同期相比增加161个，环比增长0.95%。基金会数量与2011年同期相同，为376个。这为社会服务的输送提供了专业的平台。

6. 覆盖对象：从传统到新型

从各国情况来看，社会服务的基本对象是社会中的困难群体和弱势群体，他们需要得到来自政府和民间机构的服务照顾。在社会福利比较发达

的国家，社会服务的范围较宽，是公共服务的重要组成部分（王思斌，2011）。在中国，社会服务的传统对象为老人、儿童、残疾人与妇女，但在作为经济大省的江苏，流动人口在常住人口中的比例逐步攀升。在昆山，流动人口已超过户籍人口，为流动人口提供社会服务就成为当地政府、社会团体的重要工作。据江苏省统计局发布的全省人口普查数据公报（吉强，2011），2010年，苏南5市人口占全省人口的比重都在提高。其中，苏州由2000年的9.3%增至2010年的13.3%，比重提升了4个百分点，苏州常住人口达到1046.6万人，成为江苏省首个千万级人口大市。南京、无锡、常州、镇江的比重分别提高了1.79个、1.14个、0.67个、0.07个百分点。总体算下来，苏南5市人口占全省人口的比重由2000年的33.71%增至2010年的41.38%。在人口减少的市中，盐城、徐州、南通减少较多，2010年的人口数分别较2000年普查减少约83万人、49万人和37万人，占全省人口的比重降幅分别为1.65个、1.29个和1.03个百分点。人口增减上的差异，使得全省13市的人口规模排序也相应改变。目前，苏州人口规模居首；徐州以858.1万人次之，南京排第三，人口也超过800万人。2011年8月24日，江苏省委宣布要加大流动人口服务管理力度，实施流动人口居住证制度，凡取得居住证的流动人口，可享受社保参与、就业培训、子女就读、计生技术、防疫免疫、驾照申领、职称评定、劳模参选等八项基本待遇（陈杰人，2011）。

江苏省社会服务面临机遇，也面临挑战，其发展创新的基础条件已经比较成熟，在经济社会的发展过程中，社会服务的多重功能日益彰显，社会服务的路径选择也发生了相应转变。时代要求社会服务从救济走向普惠；本质内涵相应从特殊救济转向共享福利；供给不再局限于政府唯一主体，引入了市场供给，也引入了NGO、NPO提供的公益服务；供给的内容从有形的现金实物拓展至情感慰藉、社区照顾等无形的服务；服务的输送也由传统的行政管理走上更加专业化的轨道；覆盖的对象也由传统的老、弱、病、残、妇等拓展到农民工群体。从总体上看，供给范围日益宽泛，本身就是普惠型社会服务的追求目标，但由于城乡二元结构的长期存在、贫富差距的扩大、体制内与体制外的差异，全体国民享有的社会服务并不均等，福利体制上为人诟病之处积重难返，在这种背景下，社会服务的发展创新就显得尤为重要。

第二节 江苏社会建设之普惠型社会服务：传统特殊人群

传统特殊人群主要指老年人、儿童、残疾人三类群体，这是普惠型社会服务需要覆盖的首要对象，其目标是从狭隘的社会救助向广义的社会福利迈进，具体表现为供给时间从不定期到定期、覆盖对象从有限到更为广泛、服务项目从单一到多元等。

一 江苏社会福利事业“十一五”的发展

综合《江苏省社会福利事业发展“十二五”规划》《江苏省“十二五”老龄事业发展规划》《江苏省儿童发展规划（2011～2015年）》《江苏省“十二五”残疾人事业发展纲要》等的相关数据，江苏社会福利事业在老年人、儿童、残疾人等传统特殊人群方面取得了较好的成绩。

1. 社会化养老服务体系建设初见成效

2009年，江苏省委、省政府出台了《关于加快我省老龄事业发展的意见》，2010年，省人大颁布了《江苏省慈善事业促进条例》，省民政厅、财政厅联合出台了《关于印发2010～2012年江苏省养老服务机构建设省级资助实施方案的通知》等法规和政策，有力地调动了社会力量投入社会福利事业的积极性，加快了社会福利事业的发展。根据《江苏省“十二五”老龄事业发展规划》公布的信息可以获悉，“十一五”时期，是江苏省老龄事业快速发展的5年。社会养老保障和医疗保障进一步完善。企业退休职工按时足额领取养老金，月平均养老金达到1466元，比“十五”期末增长了75%。新型农村社会养老保险在全国率先基本实现全覆盖，760多万农村老年人领取了养老金。城市老年人基本纳入了城镇职工基本医疗保险和城镇居民基本医疗保险，农村老年人基本纳入了新型农村合作医疗。符合“低保”“三无”“五保”条件的老年人，纳入相应的救助和供养制度。城乡计划生育家庭养老保障支持政策得到较好的落实。城市多种形式的养老服务普遍开展，农村敬老院建设取得显著成效，全省各类养老机构床位数达到

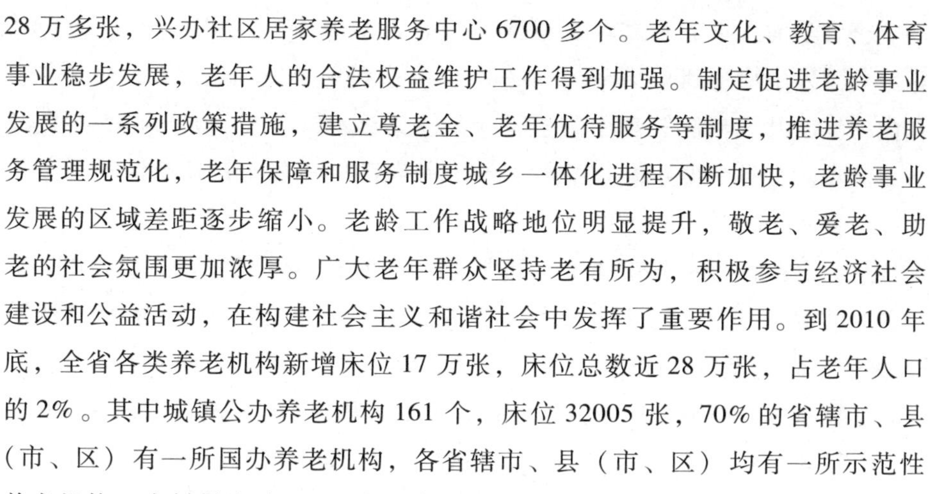

28 万多张，兴办社区居家养老服务中心 6700 多个。老年文化、教育、体育事业稳步发展，老年人的合法权益维护工作得到加强。制定促进老龄事业发展的一系列政策措施，建立尊老金、老年优待服务等制度，推进养老服务管理规范化，老年保障和服务制度城乡一体化进程不断加快，老龄事业发展的区域差距逐步缩小。老龄工作战略地位明显提升，敬老、爱老、助老的社会氛围更加浓厚。广大老年群众坚持老有所为，积极参与经济社会建设和公益活动，在构建社会主义和谐社会中发挥了重要作用。到 2010 年底，全省各类养老机构新增床位 17 万张，床位总数近 28 万张，占老年人口的 2%。其中城镇公办养老机构 161 个，床位 32005 张，70% 的省辖市、县（市、区）有一所国办养老机构，各省辖市、县（市、区）均有一所示范性养老机构；农村敬老院 1485 个，床位 181445 张；社会办养老机构 528 个，床位 50355 张；已建成符合一定标准的社区（村）居家养老服务中心 5500 多个，初步实现了社会福利服务的多渠道、多元化供给。

2. 儿童福利事业快速发展

全省 13 个省辖市全面启动实施“儿童福利机构设施建设蓝天计划”项目，建设床位 4282 张。到 2010 年底，常州、宿迁、泰州、镇江、盐城、扬州等 6 市儿童福利机构已建成并投入使用，南京、无锡、徐州、苏州、南通、连云港、淮安等 7 市已全面启动建设项目。盱眙、宜兴、新沂、高邮 4 个县（市）正在新建儿童福利机构，建设床位 570 张，为孤残儿童提供集养护、救治、教育、康复、特教于一体的儿童福利服务场所和设施。建立了弃孤儿童生活保障制度，福利机构儿童最低养育标准每人每月 1000 元，社会散居孤儿最低养育标准每人每月 600 元，孤儿养育标准比“十五”末增长 45%。在全国率先出台了《江苏省贫困家庭儿童重大疾病慈善救助实施意见》，贫困家庭儿童重大疾病患者得到专项救助。《江苏省儿童发展规划（2011～2015 年）》指出，“十一五”期间，儿童生命质量明显提升。全省婴儿死亡率、5 岁以下儿童死亡率分别为 4.04‰和 5.44‰，比 2005 年分别下降了 39.6% 和 36.5%；儿童“四苗”接种率和 7 岁以下儿童保健管理率分别达到 99.02% 和 97.86%；5 岁以下儿童重度营养不良患病率和低出生体重发生率一直低于 2%，新生儿出生缺陷率为 4.46‰。体现儿童生命质量和健康水平的多项指标达到世界发达国家水平。儿童教育普及程度持续提高。全省学前三年毛入园率达到95.60%，比2005年提高了17.4个百分点；学龄儿童入学率达到99.96%；初中升学率达到97.5%，男女童接受义务教育的差异已基本消除；高中阶段毛入学率达到96%，比2005年提高了25个百分点。全省三类残疾儿童少年入学率达到96%以上；适龄流动儿童入学率达到99.8%，其中80%以上进入公办中小学就读。儿童生存发展环境不断优化。全省13个省辖市和95%的县（市）建成妇女儿童活动中心；建有27个独立的少儿图书馆、232所儿童快乐家园；农村卫生厕所普及率达到83.04%，比2005年提高29.19个百分点；农村改水受益率、城市污水处理率分别达到98.80%和87.56%，儿童的生活环境得到了有效改善。儿童权利保护工作逐渐加强。修订或制定了《江苏省未成年人保护条例》《江苏省学生体质健康促进条例》等一系列地方性法规，保护儿童权益的法规政策体系更加完善。全省建立儿童救助保护中心17个，儿童福利机构10个，孤儿、贫困家庭儿童、残疾儿童、流浪儿童、受艾滋病影响儿童等弱势儿童得到更多的关怀和救助。各级人民法院建成少年法庭101个，判决生效的未成年人犯罪人数占同期犯罪人数比例由2005年的12.12%下降到2010年的6.69%。

3. 残疾人福利水平大幅提升

加强对残疾人的生活保障，率先对低保对象以外无固定收入的重度残疾人按当地低保标准全额发放生活救助金，对生活不能自理残疾人发放护理补贴，对贫困家庭残疾儿童实施免费康复，对高中阶段残疾学生实施免费教育。全省建有精神病人福利院13家，共有床位4855张。2010年积极争取中央预算内投资2700万元，省复员退伍军人精神病医院、南通市精神病医院、连云港市精神病医院启动了改、扩建工程，新增床位900张。社会福利企业企稳向好，截至2010年底，全省共有3599个福利企业，安置12.1万残疾人就业。《江苏省“十二五”残疾人事业发展纲要》的统计数据显示，残疾人生活状况明显改善，35万名残疾人纳入最低生活保障，20万名无固定收入重度残疾人按当地低保标准全额享受生活救助金，6.7万名残疾人脱贫，5万多名生活不能自理残疾人享受到护理补贴。残疾人康复服务逐步普及，7800名贫困家庭残疾儿童得到免费康复训练，完成253244例白内障患者复明手术，每年为3.4万名贫困精神病人免费提供用药，为贫困残疾人免费发放辅助器具17万余件，对10万多户贫困残疾人家庭免费进行无障

碍设施改造，近 200 万名残疾人从康复服务的普及中直接受益。残疾人就业渠道进一步拓展，各地通过组织职业培训、举办专场招聘会、提供职业介绍等方式，主动为残疾人提供就业服务，积极促进残疾人就业，共对 11.5 万名残疾人进行职业培训，新安置 9.2 万名残疾人就业，4.8 万名农村残疾人实现转移就业。残疾人受教育水平继续提高，在全国率先对高中阶段残疾学生免除学费，并对高中和高等教育残疾学生发放教育专项补贴，全省特殊教育学校数、在校生数等各项指标多年位居全国前列，残疾人学前教育、义务教育、高中阶段教育、高等教育的特殊教育体系基本建立。残疾人文化体育生活日益活跃，江苏省残奥健儿在 2008 年北京残奥会上取得骄人成绩，金牌数和奖牌数均位居全国各省、区、市第一；在第七届全国残疾人艺术会演中，获奖节目位列全国第一并荣获团体金奖。残疾人参与社会能力显著增强，涌现出一大批自强模范和先进典型，在改革开放和现代化建设中发挥了重要作用。基层残疾人组织建设得到加强，江苏省残联全部完成规范化建设任务。通过购买公益岗位等形式，选配基层残疾人专职委员 2 万名。残疾人事业经费投入力度不断加大，全省财政累计投入残疾人事业专项发展经费 31 亿元，其中，省级财政累计投入约 8.32 亿元，重点支持残疾人生活救助、医疗、教育、就业、康复以及残疾人文化体育等工作。残疾人服务设施建设加快推进，各级已建残疾人综合服务设施总面积达 67 万平方米，省辖市、县（市、区）基本建成残疾人康复中心，新建 54 家市、县公办残疾人集中托养机构，建成 500 多家乡镇（街道）残疾人托养机构；无障碍环境建设列入“江苏省文明城市测评体系”，全省城镇已铺设盲道 4000 多公里、坡道 6 万余处，设立过街语音提示装置、无障碍电话亭 5000 多个；全省残疾人人口基础数据库基本建成，300 多万残疾人人口信息入库，换发第二代残疾人证 120 万本。

按照 2010 年 7 月江苏省政府与民政部签署的《共同推进江苏民政事业率先发展合作协议》，江苏省将积极推动全省福利制度由补缺型向适度普惠型发展，探索建立适度普惠型社会福利制度，在“十二五”期间将建成“适度普惠”的全国试验区。所谓“适度普惠型”社会福利制度，是指在优先解决城乡“三无”老人、孤弃儿童、残疾人等传统困难群体民生问题的基础上，拓展社会福利保障范围，建立面向大多数群体，涵盖基本生活需求的福利制度（窦玉沛，2007）。江苏省民政厅表示，适度普惠型社会福利制度具体内容包括以下几方面。一是江苏省将全面构建与全省人口老龄化和经济发展相适应的养老服务体系，加快形成居家养老、社区服务、机构养老相结合的养老服务模式。全面建立高龄津贴和养老服务补贴制度，进一步完善全省城乡一体化的老年人优待办法。认真落实农村“五保”对象供养政策并随经济社会发展逐步提高保障水平。根据本地城市居民人均可支配收入水平，建立城市“三无”老人供养标准增长机制。二是建立健全儿童福利体系。江苏将探索建立打破城乡界限的儿童福利津贴制度，逐步扩大儿童福利工作覆盖面，不断完善孤残儿童养育、教育、康复等系统化服务保障模式。三是不断提高残疾人社会保障和服务水平。江苏省进一步完善无固定收入重度残疾人生活补助办法，加大资金等保障力度；扶持福利企业发展，推进有劳动能力的残疾人集中就业；推动精神病人福利事业发展，探索建立精神疾患治疗康复救助机制。四是深化殡葬工作改革。江苏将探索制定适度普惠型殡葬福利制度，引导各地因地制宜推行骨灰多样化处理，倡导开展不保留骨灰的葬法革命。

根据现阶段经济发展水平，2011 年 4 月 26 日，江苏省民政厅进一步提出了构建“适度普惠”制度的“四大体系”。首先是老年人社会福利体系。2011 年，全省 85% 的县（市、区）要建有一所国办养老机构，新建 2000 个社区居家养老服务中心，确保全省养老床位年增长 10% 以上。到 2015 年，力争让全省老年人普遍享有基本公共服务。自 2011 年起，江苏省 80 岁以上老人可享受“尊老金”。其次是普惠型儿童社会福利体系。从 2011 年 7 月 1 日起，各地将在 2010 年社会散居孤儿每人每月 600 元、福利机构养育孤儿每人每月 1000 元的基础上提高养育标准，并建立自然增长机制。再次是全民共享的适度普惠型社会福利体系，涉及医疗、教育、住房、就业等诸多公共福利政策。2011 年 1 月 1 日起，全民普惠或适度普惠的殡葬制度，已在困难群体中施行，苏南、苏中地区最迟在 2011 年底前、苏北地区最迟在 2012 年底前全面建立这一制度。最后是从减免福利企业税收、发放重度残疾人生活补助等方面着手，为 470 多万残疾人构建残疾人社会福利体系。

2011 年的“四大体系”与 2010 年的具体内容相比，都包括了老年人、儿童、残疾人社会福利体系，不同的是，通过进一步提炼，“四大体系”中

新增全民共享的适度普惠型社会福利体系，具体内容中的殡葬福利被纳入其中。两者相对照，可以发现四大体系更加细化，保证了各项工作具有可操作性、可预期性与可评估性。

但在地方落实时存在一定的差异，以南通市为例，2011 年南通市发布了《关于加快建立适度普惠型社会福利体系的意见》，提出具体的目标任务，包括：①推进老年福利体系建设；②建立健全儿童福利体系；③提升残疾人福利服务水平；④推进殡葬福利制度建设（见表 5.1）。

表 5.1　南通市适度普惠型社会福利体系的具体目标任务

推进老年福利体系建设	2011 年，全市养老机构床位数达到老年人总数的 2%；2012 年，达到老年人总数的 3%；2015 年，全市养老机构床位数达到老年人总数的 3.5%。 四级居家养老服务体系；居家养老服务站；示范性养老机构和培训基地；示范性国办养老机构；敬老院；民办养老机构。 优待；人本关爱服务
建立健全儿童福利体系	提高孤儿基本生活养育标准，集中供养执行每人每月 1000 元的标准，散居孤儿执行每人每月 600 元的标准，并建立自然增长机制。2011 年，出台孤儿养育政策文件。“十二五”期间，建立儿童重大疾病救助基金，出台儿童重大疾病救助实施办法，建立政府主导、社会捐赠、家庭投保多种形式的救助体系
提升残疾人福利服务水平	服务对象：无固定收入重度残疾人；有劳动能力的残疾人；精神病人
推进殡葬福利制度建设	2010 年，市区（不含通州区）全面建立面向辖区无丧葬补贴人员发放丧葬补贴制度，各县（市、区）对辖区低保户和重点优抚对象等特困人群实行免除基本火化费的殡葬救助制度；2011 年起，各县（市、区）全面建立向本地户口无丧葬补贴人员发放丧葬补贴制度；2015 年全面实现无丧葬补贴人员基本殡仪服务政府全额补贴

南通市适度普惠型社会福利体系的目标任务建基于江苏省适度普惠型社会福利制度具体内容与“四大体系”之上，因而其对应的项目是一致的，但南通市的目标任务更为具体化，其老年福利体系与江苏省老年人社会福利体系在测量的指标上存在差异，在政策设计的思路上是存在区别的。以老年人社会福利体系的建设为例，南通市的政策设计是根据老年人的数量增加全市养老机构床位数，能满足供给与需求的动态平衡；而江苏省的政策设计则依据床位数量，基数偏小，无法与老年人的需求同步增长，并且可能造成更大的缺口。在目标的实现上，南通市尚未提出建立残疾人社会福利体系，也未提出建立全民共享的适度普惠型社会福利体系，因而在发

展的目标上偏低。

二 江苏社会福利事业存在的问题与实证研究

1. 江苏社会福利事业存在的问题

《江苏省社会福利事业发展"十二五"规划》指出，江苏社会福利事业存在的问题表现为硬件、软件皆无法满足现实需要，社会服务的模式亟待创新。

一是福利设施建设滞后。养老服务供需矛盾突出，政府兴办的示范性养老机构服务较为规范，但规模有限；民办养老机构虽发展较快，但普遍规模偏小、档次较低。全省养老机构床位数距每千名老年人30张的要求，尚有18.6万张的缺口。各省辖市儿童福利机构虽已立项，但尚有54%的市还未建成，有50%的县（市、区）尚无综合性社会福利机构。根据《江苏省民政事业单位统计报表》2012年第1季度的统计数据，为老年人、智障与精神病人、儿童提供收养的单位有2148个，仅比2011年同期增加8个，每个地级市平均增加不足1个；而床位数为284527张，仅比2011年同期增加1385张，每个地级市平均增加106张；收养人数为199376人，比2011年同期减少1173人，原因可能有多种，但远远不能满足社会的需要。

二是社会福利专业化服务程度不高。专业服务人员、专业管理人员和专业社会工作人才严重缺乏。以养老护理员队伍为例，全省现有养老护理员4.6万余人，持证上岗率只有7%，这种状况严重制约了社会福利服务项目的发展，不能满足群众的社会福利需要。一方面，大量的社会工作等相关专业的大学毕业生不愿进入社会服务机构。工资待遇偏低，使得许多大学生村官或专业的社会工作人员只是以此为跳板，从而导致人才队伍青黄不接。另一方面，社区工作人员却要为政府部门承担相应职责，如人口统计、计划生育、社保年检、消防安全检查等多项服务，而费又不随事转，社区工作人员时刻准备着要应付不同"婆婆"的检查，社区工作更多的是在做各种名目的台账，服务社区的职能却被淡化，从而致使社区居委会偏离了其自治的本质。

三是社会福利服务模式有待创新。目前江苏省社会福利服务在投资主体多元化、服务对象公众化、服务方式多样化、服务队伍专业化等方面仍

处于探索和实践阶段，运营机制、服务方式不够灵活，服务模式和管理体制有待进一步创新。以孤儿保障为例，2011 年《江苏省政府办公厅关于进一步加强我省孤儿保障工作的意见》指出，要科学设置儿童福利机构岗位，在整合现有儿童福利机构从业人员队伍的基础上，以购买服务和社会化用工等形式，充实儿童福利机构工作力量。加强对孤残儿童护理员、医护人员、特教教师、社工、康复师等专业人员的培训，提升其服务水平。按照国家有关规定，落实对儿童福利机构工作人员的工资政策，将儿童福利机构中设立的特教班或特殊教育学校教师和医护工作人员的专业技术职称评定工作分别纳入教育、卫生系统职称评聘体系，在结构比例、评价方面给予适当照顾。这主要采用了政府购买服务的模式，但对特教教师与医护人员的管理仍然是一种行政化的管理思维模式。与此类似的，许多与政府有关联的社会服务机构也以获得政府的编制为对其成绩的最大肯定，因而也就出现部分工作人员在未获得编制前兢兢业业，获得编制后却马马虎虎应付工作的现象，从而致使社会服务失去了本真。

2. 基于需要与权利视角的实证研究——以南京市为例

（1）儿童社会服务供给与需要现状

2012 年南京市儿童社会福利调查结果显示，儿童自感总体幸福感为比较幸福及以上的占 68.0%，不太幸福及以下的占 5.1%，感觉一般的占 26.9%。调查对象为初三与高一学生，人数为 353 人（为有效问卷数），① 而南京市 2013 年中考报名人数为 4.7 万人，2012 年中考报名人数约为 4.9 万人（南京视窗，2013），初步判定调查期间的初三、高一学生总人数约为 9.6 万人。从相对数来看，不太幸福及以下的人数比例较低；但从绝对数来看，约为 4900 人，如果再包括其他年级段，这将是一个不小的数目。

从阶级（阶层）的自我认同来看，自认为家庭处于上层阶层的最少，为 0.3%，认为家庭处于中间阶层的最多，为 65.4%，而认为处于中上阶层的为 22.9%，总体而言，儿童对家庭的阶层的定位以中间阶层及以上为主（见图 5.1）。

表 5.2 显示，$\chi^2 = 99.868$，Sig. $= 0.000 < \alpha = 0.001$，通过显著性检验，

① 调查时间为 2012 年 10～11 月，是南京大学社会学院彭华民教授主持的教育部重大课题攻关项目的一部分。

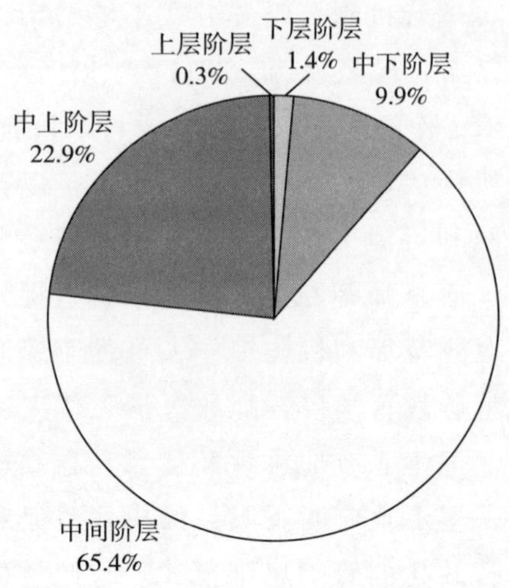

图 5.1　儿童对家庭社会阶层的定位情况

进一步分析表明，Gamma = 0.240，Sig. = 0.004 < α = 0.05，即在 95% 的可信度下，阶层与幸福感存在弱相关，阶层越高，幸福感越强。因而缩小贫富差距、消除阶层等级在福利获取上的差异是儿童福利发展的重要目标。

表 5.2　阶层与幸福感的相关系数（N = 353）

		值	标准误	近似 T^b	近似显著值 Sig.
定序 - 定序	Gamma 系数	0.240	0.081	2.910	0.004
样本数		353			

根据多亚尔与高夫的人的需要理论，充足的具有保护功能的住房是人类满足身体健康与自主的基本需要的中间需要（多亚尔、高夫，2008：215），因而考察儿童的居住情况能够反映其基本需要的满足程度。

独立卧室对儿童隐私权利的保护以及良好的教育环境的保证具有重要的意义。对居住条件的总体评价为比较舒适及以上的为 73.9%，仅有 11 人回答不太舒适与很不舒适，占 3.1%。从表 5.3 可知，其中接受调查的儿童中有 85.0% 有自己独立的卧室，其他儿童能与兄弟姐妹、父母或爷爷奶奶（外公外婆）共居一室。具有独立书房的仅为 16.4%，绝大多数将自己的卧室兼做书房。从数据来看，仍然有部分儿童的生活环境与学习环境的独立性无法保证。

表 5.3　儿童睡觉与学习的空间条件（N = 353）

单位：人，%

睡觉的地方	频数	百分比	做作业的地方	频数	百分比
自己一个房间	300	85.0	独立的书房	58	16.4
和兄弟姐妹一个房间	18	5.1	客厅	34	9.6
和爸爸妈妈一个房间	26	7.4	自己的卧室	248	70.3
和爷爷奶奶（外公外婆）一个房间	8	2.3	父母工作地方	5	1.4
其他	1	0.3	其他	8	2.3
合计	353	100.0	合计	353	100.0

儿童需要什么样的服务？现有的文献与实践更多的是来自专家界定的需要而非来自儿童的主体需要，本调查则弥补了这一缺陷，儿童被视为主体，儿童的需要是儿童社会政策设计的出发点。表 5.4 反映的正是儿童对社会服务的需要，变量赋值："不需要" 为 1，"需要" 为 2，"很需要" 为 3，分值越高意味着需要程度越高，反之，越低，而 "不知道" 以 -4 作为缺失值处理。

表 5.4　儿童对社会服务的需要分布（N = 353）

项目	学龄儿童免费配餐服务	学龄儿童放学后的托护服务	学龄儿童的社会监护人制度	慈善公益组织开展的儿童服务	学龄前儿童的免费体检服务	儿童大病社会保险制度
频数(人)	333	336	338	331	349	348
均值	2.05	2.10	2.44	2.31	2.54	2.59
标准差	0.507	0.646	0.575	0.530	0.559	0.527
项目	社区内的儿童之家建设	多功能的儿童福利院建设	帮助低收入家庭儿童的服务	帮助农民工子女的服务	帮助残疾儿童的服务和津贴	帮助孤儿的服务和津贴
频数(人)	306	326	343	341	347	343
均值	2.01	2.35	2.53	2.43	2.63	2.66
标准差	0.578	0.592	0.528	0.567	0.523	0.510

从表 5.4 中可以看出，所有服务项目均值都处于 2 至 3 之间，意味着皆为儿童需要的服务项目。其中 "帮助残疾儿童的服务和津贴" 与 "帮助孤儿的服务和津贴" 超过 2.6，被视为最迫切需要的；而 "社区内的儿童之家建设"、"学龄儿童免费配餐服务" 以及 "学龄儿童放学后的托护服务" 则

被视为相对不太迫切需要的，从两者的性质来看，后三项服务对发达城市的儿童而言需求性并不强，娱乐学习可供选择的场所很多，即替代性很强；对受访群体的家庭收入而言，午餐免费提供与否对家庭生活质量高低的影响可能并不大；而托护服务在大城市常常演变为兴趣班的学习，专业服务机构甚至负责接送，因而其需要程度较低也就不奇怪了。

政府在社会服务的供给方面应该承担什么样的责任？表 5.5 为国际社会调查项目（ISSP）调查中采用的政府责任模块，每个项目五个取值，赋值情况如下："当然不应该是"为 4，"不太应该是"为 3，"应该是"为 2，"当然应该是"为 1，无法选择被视为缺失值，未参与处理。均值越小意味着政府的责任越大，反之，均值越大意味着政府的责任越小。

表 5.5　政府的责任（N = 353）

项目	提供就业机会给想要就业的人	稳定市场物价	为病人提供医疗照顾	为老人提供合理生活保障	为工业增长提供条件
频数(人)	350	348	350	350	336
均值	1.87	1.51	1.57	1.55	1.85
标准差	0.798	0.651	0.690	0.695	0.649
项目	为失业者提供合理的生活保障	缩减贫富之间的收入差距	资助来自低收入家庭的大学生	提供适当住房给买不起房子的人	制定法律减少工业对环境的破坏
频数(人)	344	338	348	339	346
均值	1.87	1.76	1.56	2.17	1.24
标准差	0.781	0.823	0.652	0.815	0.564

从儿童的视角来看，"制定法律减少工业对环境的破坏"被视为政府最大的责任，均值为 1.24，这也是因为最近几年来环境问题日益突出，直接关涉到人们的日常生活而个人或家庭却无力应对，加上媒体的宣传以及环境保护组织的推动，舆论更多地将责任指向了政府。而"提供适当住房给买不起房子的人"均值最高，达到 2.17，被认为不太应该是政府的责任，仍然更多地指向个人或家庭的责任，这与传统观点相对一致。而"提供就业机会给想要就业的人"、"为失业者提供合理的生活保障"与"为工业增长提供条件"都处于同一层次，均值在 1.85 至 1.87 间波动，即认为应该是

政府的责任，但政府的责任相对较小。从本质上来看，前两者是为工业增长提供劳动力条件，涉及的是就业问题，三者具有统一的内在逻辑。“稳定市场物价”、“为病人提供医疗照顾”、“为老人提供合理生活保障”与“资助来自低收入家庭的大学生”也处于同一层次，均值在 1.51 至 1.57 间波动，市场物价对病人、老人与低收入家庭的大学生的影响都较大，因病返贫、因贫失学的现象在当今社会仍然很常见。“缩减贫富之间的收入差距”同样被视为政府的责任，均值处于中等水平，与受访儿童的家庭经济水平在当地处于一般及以上的（91.7%）存在一定的关联。

综上所述，儿童对社会服务的需求与对政府责任的认定受其所拥有的资源，特别是家庭所能提供的资源影响，也受传统的文化影响。政府在设计社会政策时应考虑来自儿童自身的需要，特别是准成年儿童的需要，而不能将其视为无知者或无行为能力者。现有的政策设计的最大弊端就是由成人选择“顶层设计”的路径而忽视来自底层的儿童声音，忽视了儿童的主体性诉求，从而使得政策的效果常常大打折扣。

（2）老年社会服务供给与需要现状

根据多亚尔与高夫的人的需要理论，健康与自主是人的基本需要，对于老年人来讲尤为明显（多亚尔、高夫，2008：215）。在受访的 332 名老人中，有 24.1% 的老人处于不太健康与很不健康状态，一般状态的为主体，占 44.6%，而自认为健康及以上的为 31.3%。但根据卡方检验，年龄与健康状态之间尚无关联，这与不同年龄段的样本量不太均匀可能有一定的关系。健康问题是影响老人自主的一个重要因素，从统计结果来看，从不影响的仅占 22%，其他多多少少有点影响。卡方检验显示，两者之间存在关系，通过显著性检验（$Sig. = 0.000 < \alpha = 0.001$），Gamma 相关系数值为 0.682，表明存在较强的相关。总体而言，老年人的幸福感较强，有 53.9% 的老人自评为比较幸福或很幸福，有 41.0% 的老人感觉一般，仅有 5.1% 的老人感觉不太幸福或很不幸福。

老年人的幸福与其生活的保障存在密切的关联，它可以来自政府、市场与家庭，而政府的保障是最重要的一个来源。表 5.6 显示，城市基本医疗保险/新型农村合作医疗/公费医疗、养老保险是覆盖率最高的社会保障项目，而公积金与失业保险覆盖率则相对较低，这也是补缺型社会福利制度的一个体现。

表 5.6　在单位时参加社会保障项目的情况统计（N＝332）

单位：人，%

	城市基本医疗保险/新型农村合作医疗/公费医疗		养老保险		公积金		失业保险	
	频数	百分比	频数	百分比	频数	百分比	频数	百分比
参加了	284	85.5	275	82.8	139	41.9	87	26.2
没有参加	45	13.6	53	16.0	176	53.0	221	66.6
不适用	3	0.9	4	1.2	17	5.1	24	7.2
合计	332	100.0	332	100.0	332	100.0	332	100.0

从老人及其家人所接受过的社会福利服务来看，绝大多数没有接受过相关服务，最多的接受老人服务的也仅为24人，其次为就业服务，有18人（见表5.7）。而提供服务的机构主要是街道、社区，其次是政府，但前者在现实中只是政府权威的延伸，因而社会福利服务的供给仍然主要是政府及其代表。可喜的是，我们已经能够在社会福利服务供给的主体中发现社会组织的身影。

表 5.7　老人或家人接受社会福利服务的情况统计（N＝332）

单位：人

服务项目	接受情况		如果接受过，请标明提供帮助机构			
	接受过	没有	政府	街道、社区	企业	社会组织
老人服务	24	308	3	21	–	–
儿童服务	10	323	4	4	–	2
家庭服务	12	320	2	10	–	–
就业服务	18	314	3	13	1	1
法律服务	11	321	2	7	–	2

根据统计数据，老年人（N＝332）对下列服务和津贴的需要与迫切需要的比例较高：70岁以上高龄津贴制度占90.7%，为9项中的最高；敬老优待证服务占85.8%；高龄独居老年人关爱服务占82.2%；临终关怀服务

占 81.6%，而政府集中供养有需要的老人占 74.1%，为 9 项中的最低，这与老人推崇的养老方式存在一定的关系。

在养老方式中，“居家养老，靠自己及家人”仍被视为最理想的方式，占 63.3%；“机构养老，依靠政府和社会”紧随其后，占 22.6%；“居家养老，依托社区”则是较次的选择，这一次序反映出居民对养老方式的信任程度：传统的家庭养老观念仍然占据主流地位，仍是最值得依赖的渠道；而在单位制瓦解后，居民并没有放弃对政府的依赖，这是对过去信任的一种延续；从现实来看，社区缺乏资源，基础设施不足，尚无力承担起社会福利服务供给的重任，社区居民也很难将自己的养老寄托在社区的服务之上，对社区的行动能力仍然不信任。

关于养老服务提供方式，图 5.2 显示，受访的老人认为政府主办、主管是最好的方式，其次是政府扶持、社会力量参与，第三则是政府投入、企业化运作，但无论何种方式都有政府介入，而那种完全依赖家庭、市场的提供方式则几乎无人问津，对福利供给的多元方式的需求并不平衡，其背后的原因尚需要进一步调查。

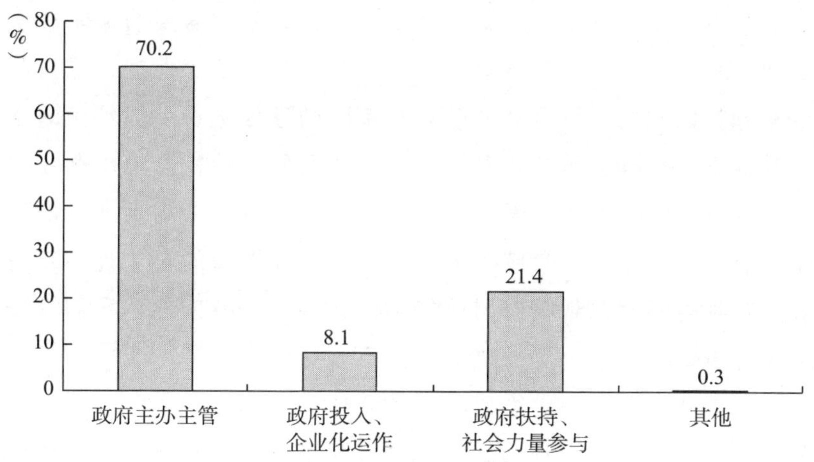

图 5.2　最好的养老服务提供方式

在“为老人提供合理生活保障”中的政府责任的问题上，受访者认为“当然应该是”的占 33.1%，占近 1/3；而选择“应该是”的占 63.3%。而在回答成年子女照顾老年父母方面的问题时，同意与完全同意“成年子女应该照顾自己的老年父母”的占 98.2%；在成年子女是否有权要求政府协助照顾老人时，持反对意见（不同意与完全不同意）的占28.3%，完全同意的仅占18.7%。55.7%的受访者认为中国现实社会中每个成年子女都做到了照顾老年父母，认为一半一半的占了25.6%，同意及完全同意政府有责任帮助成年子女照顾老年父母的占85.5%，这一结果与上述最好的养老方式及养老提供方式中对政府介入期望的程度是一致的。

然而理想与现实之间是存在差距的。对于理想问题的赋值为：完全同意为-1，同意为-2，不同意为-3，完全不同意为-4；对于现实问题的赋值为：大部分有为-1，一半一半为-2，少部分有为-3，几乎都没有为-4，两个问题中的不知道以-5作为缺失值处理。在成年子女要求政府协助照顾老人的权利上，理想水平均值为2.16，现实水平均值为2.45，意味着权利的期望值高，而实际拥有的权利却偏低；在成年子女照顾老年父母的责任上，理想水平均值为1.43，现实水平均值为1.63，意味着实际情况中部分成年子女未能尽到照顾好老年父母的责任；在政府协助成年子女照顾老年父母的责任上，理想水平均值为1.91，而现实水平均值为2.35，均值差距最大，意味着政府责任的履行与公众对政府责任的期望存在较大差距。

综上所述，受访的老年人群体对社会福利服务的需要与需求较多，对政府的期望值较高，尽管在养老方式上仍然认为“居家养老，靠自己及家人”是最理想的方式，但在态度倾向与实际的行为选择上仍然倾向于依靠政府，希望政府承担起养老的责任，这与他们所处的社会地位存在一定的关联，影响着他们的福利态度，但现实情况中政府并未满足老人的所有期望，也未能达到某种期望的最高水平，这就涉及期望的合法性与政府责任的边界，同时需要考虑到政府财政能力的约束，对此问题，我们需要做进一步的思考与研究。

（3）残疾人社会服务供给与需要现状

从样本的分布情况来看，总样本量为228人，其中男性居多，为132人，占57.9%；女性为96人，占42.1%。已婚占61.0%，未婚占18.9%，离婚占12.1%，丧偶占6.1%，而同居、分居等所占比例较小。残疾类型以肢体残疾为主，占60.5%，其次为精神残疾，占12.3%。残疾等级以三级为主，占50.9%，其次为二级，占28.1%。残疾原因以后天导致的为主，占75.4%，因而对残疾预防知识普及服务的需要比例超过了50%也是反思切身经历的

结果。总体幸福感选择一般水平的较多，占 48.2%，近一半，低于一般水平的占 26.8%，而高于一般水平的占 25.0%，呈正态分布。自评为中下阶层与下层的比例占 76.8%。根据幸福感与阶层序列的交叉分析，两者之间存在较强关系，显著值 Sig. =0.000 < α =0.001，Gamma 系数值为 0.534。

工作与家庭是福利国家的两大支柱（斯廷博格，2007：77），工作是最好的福利，健康则是工作的保证，这样的原则对正在努力推动社会福利事业发展的中国也同样适用。在受访者中，工作的残疾人占总人数（N =217）的 12.4%，失业的占 22.6%，一直没有工作的占 25.3%，退休的占 39.6%，高比例的退休人数与原有计划经济体制下广覆盖、低水平的残疾人社会福利体制可能存在关联。家庭经济水平（N =226）达到平均水平及以上的仅为 25.7%，3/4 的家庭经济水平处于平均水平之下。身体健康状况（N =228）为比较不健康与很不健康的占 53.5%，健康状况（N =228）对日常生活经常与总是影响的占 46.1%。

从参加的社会保障项目来看，受访者普遍参加了城市基本医疗保险/新型农村合作医疗/公费医疗，占 90.4%；参加城市/农村基本养老保险的位居其次，占 77.2%，两者的覆盖率较高，但仍然存在未覆盖的人群；参加住房公积金、失业保险、生育保险与工伤保险的皆低于 15.0%，这与高比例的退休人群相关，在经济体制改革前，许多制度并不存在或尚未覆盖到所有人群。

从个人或家人接受的社会福利服务来看，接受过服务的比例较小，更多的人没有接受过任何一项服务（见表 5.8）。供给服务的主要渠道是街道、社区，其次是政府，与前述老人社会福利服务的供给情况类似，从法律上来讲，社区居委会是自治机构，街道是基层行政政权，但在当代中国的现实语境下两者几乎都是政府的代表，更多是政府权威的延续。企业在就业服务方面发挥过作用，社会组织在就业服务与儿童服务方面也开始发挥作用。

表 5.8　残疾人或家人接受社会福利服务的情况统计（N =228）

服务项目	接受情况		如果接受过，请标明提供帮助机构			
	接受过	没有	政府	街道、社区	企业	社会组织
老人服务	14	214	3	11	–	–
儿童服务	11	218	6	4	–	1

续表

服务项目	接受情况		如果接受过，请标明提供帮助机构			
	接受过	没有	政府	街道、社区	企业	社会组织
家庭服务	51	177	4	47	–	–
就业服务	33	195	1	26	2	4
法律服务	4	225	2	2	–	–

就个人需要而言，残疾人群体（N=228）最需要（包括需要与迫切需要，下同）的服务是文体活动服务，占回答人数的68.0%，其次是医疗康复服务，占66.7%，除此之外，慈善公益助残服务、残疾预防知识普及服务、残疾人法规宣传教育的需要占比均超过50%，分别是56.1%、51.3%、50.4%。需要量最小的是教育康复服务，仅占16.7%，从其受教育程度来看，没受过教育的仅占9.9%，接受过初中及以上教育的占了75.9%，这也受调查样本类型的限制，因而尚未构成其需要的主要部分；其次是贫困残疾家庭危房改造，仅占19.3%。从实际情况来看，需要与迫切需要的比例较高，而实际接受过的服务比例较低，以医疗康复服务为例，需要与迫切需要的人数为152人，但实际接受过服务的人数仅为36人，还有7人为无所谓、不太需要、不需要的也接受过该项服务，因而，现行的服务供给不足，缺乏选择性，存在“福利漏洞”，导致有限福利资源的浪费。

从社会福利服务的供给机构来看，残疾人获得最大帮助的渠道是残疾人联合会，接受过其服务的占57.9%，因而对其需要程度（包括需要与迫切需要）也最高，占79.4%，因而残联作为一个组织对残疾人权利的保障发挥了比较重要的作用；其次是残疾人文娱活动中心，接受过服务的占43.4%，对其需要程度（包括需要与迫切需要）也紧随其后，占69.3%，而接受过其他机构服务的均在21.0%以下，但对其需要程度，除残疾人托养服务机构、残疾人学校比例较低，分别为28.5%、10.9%外，其余均超过40.0%，因而在需要与供给之间仍然存在较大的差距，而部分需要程度偏低，可能与残疾人对自身权利的认知还存在不足有关。

总体而言，残疾人群体对国家与省市出台的助残政策的满意度（包括比较满意与很满意）并不高，前者为42.5%，后者为39.9%；对国家助残政策不满意度（包括不太满意与很不满意）较高，达到15.8%，对省市的

助残政策的不满意度略低，为 13.5%，同时分别有 18.4%、22.4% 的受访者选择了不了解（见表 5.9）。因而，一方面需要加大助残政策的宣传力度，另一方面需要加大受惠面积与受惠程度，提高满意度。在政策的设计上，要从残疾人的需要出发，发挥残疾人联合会的作用，保障残疾人的权利，提升残疾人服务自我与服务社会的能力；在福利供给的渠道上，要引入民间资本，扩大政府购买社会服务的范围，增强社会组织的力量。

表 5.9　对近三年国家或省市出台的助残政策的满意度（N = 228）

单位：人，%

	国家		省市	
满意度	频数	百分比	频数	百分比
很不满意	7	3.1	9	3.9
不太满意	29	12.7	22	9.6
一般	53	23.2	55	24.1
比较满意	68	29.8	67	29.4
很满意	29	12.7	24	10.5
不了解	42	18.4	51	22.4
合计	228	100.0	228	100.0

综上所述，在特殊群体社会福利服务政策的设计中，更多的是来自政府机构推动的自上而下的“顶层设计”，而非来自特殊群体呼吁的自下而上的“底层设计”；在设计的起点上，更多的是来自官员或专家的“需要”，而非特殊人群自身的需要，在需要的结构与层次上存在脱节；在坚持的价值取向上，更多地将社会服务视为一项可以随时施予、随时剥夺的赠予，而非受到“正当程序”和“公正补偿”的保护的权利；在社会服务供给中，供给与需要存在脱节，出现“福利漏洞”；在责任的履行上，传统的特殊群体更多地被视为可享有权利而无须履行责任的群体，容易导致权利与责任的脱节；在社会服务供给的渠道上，受资源有限的约束与提高服务传递效率的需要，政府较长时间以来收缩了自身的责任，将更多的责任推向家庭与市场，容易导致家庭与市场不堪重负，而社会服务组织发展仍然处于分类控制的状态，慈善作为高度不稳定的体系也无法承担起相应的责任，当

下的社会福利责任结构无法适应社会服务发展的需要。在此种处境下，江苏省社会建设必须走向创新社会服务的道路。

三　传统特殊人群社会服务存在问题的原因探析

从社会政策不同发展时期来看，其核心问题都是：如何分配受经济与政治限制的福利资源，来最有效地增进福祉及满足人类需要。一种选择认为社会服务的需要是公民的一项权利。另一种选择基于福利资源的有限性，强调选择性原则，对真正需要的对象，采取目标定位，通常使用家计调查，除此之外，还可以采取自由裁量，即由行政人员或专家决定申请者需要什么，以及能得到什么（Alcock, May & Wright, 2012: 255 - 256）。由此，社会福利服务接受者的需要是社会福利政策设计的出发点。

总体而言，与政策演变的轨迹相对应的是江苏省特殊人群社会服务的发展创新面临一系列问题，具体原因可归为三点：一是一些地方还不同程度地存在思想观念滞后、创新意识不强等问题；二是政府职能转变不快，管理体制、运行机制与加强福利事业发展的要求不相适应；三是财政投入不足、制度创新不够（江苏省民政厅，2011）。不少地方的政策的设计者与实施者未能转变自己的观点，很少将获得社会福利服务视为公民的一项权利，而是将它视为一项政府可以随时施予、随时剥夺的"馈赠"，因而，政府职能转变较慢，仍然以管理而不是服务为特征，无法适应适度普惠型社会福利发展的需要；在资源有限的情况下，尽管国内生产总值（GDP）持续增长，然而政府社会支出并没有同比增加，在实际执行过程中常常过度使用自由裁量权，而家计调查又不可避免地带来"耻辱烙印"，从而使得供给与需要常常分离。

社会政策设计的逻辑起点是人的需要，准确把握相关数据则是政策设计的首要工作。为了保证供给与需要的一致，避免社会支出的浪费，社会政策的设计必须首先了解福利接受者的需要，包括潜在的接受者的需要，一是量的需要，前提是准确把握社会服务需要者的数量；二是质的需要，前提是准确把握社会服务需要者对社会服务内容及品质的要求。但从实际情况来看，由于统计口径的差异、统计工作的迟滞性，这两项任务目前完成得并不理想：一是服务需要的总量缺乏准确的数据；二是社会服务的需

要结构及层次缺乏清晰的辨识，致使已有的数据无法准确呈现江苏省老人、儿童与残疾人对社会服务需求的真实状况，政策的管理体制与运行机制也就无法做好变革的相应准备。

以抚养系数比为例，2010 年第六次全国人口普查数据显示，江苏省人口年龄结构仍然呈现着“中间高，两头低”的特点，即劳动力资源丰富，社会抚养比较低（江苏省统计局，2011b）。第一，少儿人口规模和比重逐年降低。全省少儿人口（0～14 岁人口）1023 万人，占总人口的比重为 13.01%，少儿抚养比为 17.09%。同 2000 年人口普查相比，十年间少儿人口减少了 439 万人，比重下降了 6.64 个百分点，少儿抚养比下降了 10.36 个百分点。第二，老年人口规模和比重逐年增加。全省 65 岁及以上老年人口为 857 万人，占总人口的比重为 10.89%，老年抚养比为 14.3%。同 2000 年人口普查相比，十年间老年人口规模增加 206 万人，比重上升 2.13 个百分点，老年抚养比上升 1.94 个百分点。第三，社会总抚养比逐年下降。江苏省社会总抚养比（人口负担系数）自改革开放以来一直呈下降趋势，1982 年人口普查时为 52.73%，1990 年人口普查时为 43.96%，2000 年人口普查时为 39.81%，2010 年人口普查时进一步降低到 31.39%，也就是说，一个劳动年龄人口仅需供养 0.31 个非劳动年龄人口。这表明，目前江苏省正处于人口负担较轻、劳动力资源丰富的黄金时期。杨燕绥说，国际上通常认为，当 65 岁及以上人口占总人口 7% 的时候，这个国家就进入老龄化，占 14% 的时候是进入深度老龄化社会，占 20% 的时候则进入超级老龄化社会，中国在 2010 年之前进入深度老龄化社会，预计 2035 年前后，中国和英国等欧洲国家将一起进入超级老龄化社会（联合早报，2012）。江苏省 65 岁及以上人口占总人口数已经超过 10% 的界限，因而会比全国提前进入深度老龄化社会，这需要我们及时做出应对的准备。

根据国务院人口普查办公室、国家统计局人口和就业统计司 2012 年发布的第六次全国人口普查数据，截至 2010 年 11 月 1 日，江苏省 60 岁及以上人口占 15.99%，高于全国 2.67 个百分点，远超过 10% 的国际标准。总抚养比达到 40.84%，低于全国 1.88 个百分点（见表 5.10）；老年抚养比超出少儿抚养比，江苏已进入老龄化社会，与全国相比，老年社会服务的供给成为江苏未来社会服务政策制定的重要内容。

表 5.10　江苏与全国人口年龄构成和抚养比对比

单位：人，%

地区	人口数				占总人口比重			抚养比		
	合计	0~14 岁	15~59 岁	60 岁及以上	0~14 岁	15~59 岁	60 岁及以上	总抚养比	少儿抚养比	老年抚养比
全国	1332810869	221322621	933893808	177594440	16.61	70.07	13.32	42.72	23.70	19.02
江苏	78660941	10233484	55852820	12574637	13.01	71.00	15.99	40.84	18.32	22.51

资料来源：第六次全国人口普查数据。

此处老年抚养比的计算是根据 60 岁及以上的老年人口除以 15~59 岁人口数，而不是通常的国际标准。按照国际标准，抚养系数是指非劳动力人口数量与劳动力人口数量之间的比例，它测量的是劳动力人口人均负担的赡养非劳动力人口的数量，计算公式一般为：小于及等于 14 岁人口加上大于等于 65 岁人口除以 15 岁到 64 岁人口数计算得到（国家统计局，2011：105）。劳动适龄人口的国际标准是 15~64 岁，但中国对劳动适龄人口规定的界限是男性 16~59 岁，女性 16~54 岁。而美国、加拿大、德国、瑞典男女都为 65 岁退休，英国为男 65 岁、女 60 岁退休，法国男女都为 60 岁退休，而挪威甚至到 67 岁才退休（刘铮、潘锦堂，2005）。因而表 5.10 中的统计可能更符合中国的国情，当抚养系数较低时，人口年龄结构有利于经济发展和积累，相对于其他人口年龄结构就构成了一个国家经济发展的“黄金时代”（佟新，2010：161）。但公式中非劳动年龄人口数与劳动年龄人口数均不符合我国的国情，也不符合我国的法律和规定。我国《劳动法》第十五条明文规定“禁止用人单位招用未满十六周岁的未成年人”。现行法律规定 60 岁以上就是老年人，国际上把年满 60 岁以上的人占总人口的 10% 以上的国家称为已进入老龄化社会。我国现行制度规定的离退休年龄为：男 60 周岁，女 55 周岁。即使公式完全符合国情，也存在在劳动年龄人口中既有大量的上学人口数，又有少数丧失劳动能力的人口数，而非劳动年龄人口中又有少数实际参加社会劳动的（晏森、王高社、杨克俊，2008）。据统计，截至 2008 年底，江苏省老龄人口已达 1218 万人，占全省人口的比例为 16.5%，且每年以 3% 左右的速度增长（2010 年第六次全国人口普查数据显示，江苏省老龄人口已达 12574637 人，占全省人口的 15.99%）。而在独居高龄的

“空巢老人”中，50%以上的长年患病，30%左右的存在着不同程度的心理问题，这都严重影响其生活质量。2008年江苏省人口出生率约为9.36‰，人口自然增长率为2.28‰，育龄妇女计划生育率为97.1%，独生子女累积率为72.4%，全省独生子女总人数为1200万人。这两项数据说明，将来独生子女赡养老人的担子将更重（江苏省统计局，2008）。但江苏省的统计却是按照国际标准来计算的，因而江苏省正处于人口负担较轻、劳动力资源丰富的黄金时期的观点是需要重新审视的，因为这直接关系到社会服务的投入与供给的品质，影响福利资源的优化配置。

据我们了解，对残疾人现状的了解也不太乐观。2006年《现代快报》报道，1987年，我国做了第一次全国残疾人抽样调查，把残疾人分为盲、聋哑、肢残、智残、精神残疾等类型，当时的调查结果显示，江苏省共有各类残疾人301万人（胡玉梅，2006）。时隔19年，第二次全国残疾人抽样调查中江苏的残疾人数量已发生了很大的改变。和1987年残疾人抽样调查不同的是，这次调查把残疾人分为：视力残疾、听力残疾、言语残疾、肢体残疾、智力残疾、精神残疾、多重残疾等类型。调查结果表明，截至2006年4月1日零时，江苏省残疾人总数为479.3万人，占总人口的6.4%。这比1987年江苏省的残疾人总量增加了178.3万人。其中，视力残疾71万人，占14.81%；听力残疾144.1万人，占30.06%；言语残疾4.7万人，占0.98%；肢体残疾114.8万人，占23.95%；智力残疾37万人，占7.72%；精神残疾38.2万人，占7.97%；多重残疾69.5万人，占14.5%。但2006年江苏省的公开数据中并未提供致残的原因，而当前因工致残、交通致残的数量日益攀升。据国家安全生产监督管理总局统计，我国每年因工致残人员有70多万人，其中农民工占绝大多数（《法制日报》，2006），江苏省的残疾人口中，城镇残疾人口为124万人，占25.87%；农村残疾人口为355.3万人，占74.13%，此数据一定程度上佐证了这一结论。因而更需要加大工会法、劳动法、安全生产法等涉及安全健康的法律法规的宣传，让农民工了解和掌握自身应有的权利与义务；企业及工会应运用多种形式在农民工中普及劳动安全卫生基本常识，让广大农民工了解和掌握本岗位安全生产知识，提高安全操作技能；另外，应开展以伤亡事故和职业危害案例为主要内容的安全警示教育，引导农民工在生产过程中遵章守纪，进一步营造理解农民工、尊重农民工、保护农民工的良好氛围（法制日报，2006）。同时，2006 年至 2012 年已过去 6 年，第三次调查尚未开展，新的数据尚未获得，各项报道或政策设计仍然援引此数据，如 2011 年中国江苏网记者引用 479.3 万人的数据作为张鸿生、张云泉等 10 位省人大代表在当年省人代会上提出建议制定并出台《江苏省残疾人保障条例》的议案背景。2011 年 4 月 26 日，省民政厅进一步完善提出的构建“适度普惠”制度的“四大体系”援引的残疾人数据为 470 多万人。2012 年《现代快报》也使用该数据发表了《江苏残疾人凭证免费乘坐公共交通工具》的报道。因而，准确把握江苏省残疾人的数量、结构及致残原因，可以使社会服务方案的设计更具科学性，可以正确引导投资主体的投资方向，使其根据实际需要扩大或缩小某类服务范围、丰富服务方式。

综上所述，准确把握特殊人群的数量、需要的结构与层次，对江苏省社会服务的发展具有极为重要的意义。它是各项工作开展的前提，是政策设计的逻辑起点。有助于完成从赠予到权利、从管理到服务的思想转变；有助于推进政府职能转型、体制建设与社会服务的机制创新，规范政府购买社会服务的流程，避免“福利漏洞”；有助于在财政预算约束的条件下，扩大权利覆盖的范围。

第三节　江苏特殊人群社会服务发展创新的政策建议

党的十六届六中全会通过的《中共中央关于构建社会主义和谐社会若干重大问题的决定》中以“完善社会管理，保持社会安定有序”为题，提出“健全党委领导，政府负责，社会协同，公众参与的社会管理格局”，而在计划经济向市场经济的转型过程中，“单位制”的瓦解使得社区成为公众的最新归属，因而社会建设与社会管理的最终落脚点应是社区。社区居委会作为最基本的自治单位，是国家与社会的接口，也是各种社会矛盾的交汇点。它既承担着管理、服务辖区居民、企业的重担，又是基层政府联系居民、企业的生命纽带。随着经济社会的飞速发展，社区在协调社会矛盾、保证社会公正、维护社会秩序和稳定、保障人民群众生命财产安全等方面扮

演着越来越重要的角色，社区已经成为社会管理的重要舞台（臧其胜，2011）。根据对现有数据的分析与判断，针对传统特殊人群的社会服务的发展创新的基本落脚点也应是社区，具体而言，可以从以下几个方面入手。

一　资金保障：拓展筹资渠道，落实服务经费

在筹资渠道上，应改变社会服务资金单一依赖财政投入的机制，建立以财政投入为主，社会慈善捐赠为重要来源，福利彩票和福利企业回报基金为有益补充，社区单位扶持、社会各界支持的多元化资金保障机制。建立完善福利企业回报社会机制，统筹使用回报基金，健全福利资金绩效评估机制。指导和帮助社区树立经营社区的理念，各种便民利民服务实行无偿、低偿和有偿相结合的机制。发动和吸引社会各界人士采取不同所有制形式，在社区内创办各类中介组织和经济实体，形成社区服务型经济特色（中共滕州市委、滕州市人民政府，2007）。对于不属于社区居委会职责范围，但需要社区居委会协助的行政事务性工作，应实行有偿服务，给予社区相应的经费或补贴，实行“权随责走，费随事转，事费配套”的制度（臧其胜，2011）。

二　服务提供：规范政府购买行为，推动社会参与

在资金来源上除政府的财政支持外，还有慈善机构、企业捐赠等渠道，相应的，在服务的提供上也要形成由单一依赖政府走向多元福利主体共同参与的模式。政府购买服务在我国内地尚处于起步阶段，起源于政府对管理成本和效益的反思（许芸，2009）。在中国社会服务供给的现实语境下，政府应担当起主要责任，机构则在福利供给者与接受者的监督下提供专业化的服务，完成其既定的价值目标与社会责任，而居民的积极参与则是社会服务最大化的有力保证。

首先，健全法律法规，规范政府购买行为。在修订原有法律、法规的基础上，研究出台专项性福利工作法规，逐步构建包括老年人、残疾人和儿童福利事业的法律体系，使社会福利法规与社会保险法规和社会救助法规等相衔接，构建完整的社会保障、社会福利法律体系。推动政府购买社会服务走上法制化道路，明确政府与服务提供者双方在公共治理中的角色

与职责，保障其公平、公正获得政府资助以及提供社会服务的权利，为服务购买行为设立健全的管理制度，规范购买行为的运作流程，设置合理的绩效评估标准（董文琪，2010），建立第三方监管和评估机制，打造一个公开、公正、公平、透明、规范、高效的政府购买服务的制度平台。

其次，培养专业人才，孵化专业机构。社会管理既是一种管理也是一种服务，社会福利服务的传递与供给都离不开专业人士。一方面，要增加培训经费，加大对现有专职工作人员的培训力度，采取集中培训、个人自学、远程教育相结合的方式，有计划、分层次地对现有社会福利服务机构工作人员进行行政管理、专业服务技能、社会工作知识和职业道德等的培训。另一方面，需要引进更多的专业人才来充实社会服务工作的岗位，以改变人手不足的困境，造就一支结构合理、素质优良，既懂管理又懂专门业务的社会福利服务人才队伍。同时，要切实改善分布在不同组织中的社会工作人员的工作待遇，减轻处理政府各部门行政性事务的负担，增加吸引力，从而降低其流动性，使其能真正深入到居民的日常生活中去。在培养专业人才队伍的同时，政府应转变职能，释放可通过购买社会服务而获得的更高品质的职能，提供可持续的资金扶持与政策引导，推进专业社会服务机构的孵化，由社会服务的供给者转变为社会服务的购买者与监督者，建立并完善管理服务标准化体系，强化精细化现场管理。努力挖掘地方高校资源，实现政府－高校－机构联动，从而提高社会服务的专业化、职业化水平，满足人民群众对社会服务更高品质的需求。专业机构的选址及功能定位应努力嵌入社区生活，从居民需要出发，充分发挥专业服务的优势，并认真履行社会责任。

最后，推动居民参与，增强社区归属感。居民参与是社区建设与社会管理的第一原则，也是它的生命线，是居民主体地位的表现。参与标志着居民对社区的认同和关爱，参与标志着居民既可以对社区内的利益进行分享，又能对社区内的责任予以承担，有利于化解冲突、缓和矛盾，增强社区归属感，实现社区和谐。在发展资源的共享与福利资源的分配上应突破户籍制度制约下的身份束缚，以社区为单位而不是以户籍为单位，建立健全新型社区管理和服务体制，消除户籍制度带来的排斥外来人口均等享有社会服务的负面效应，把社区建设成为经济富裕、管理有序、服务完善、

文明祥和的社会生活共同体（臧其胜，2011）。

三　服务管理：完善组织架构，实现协同发展

社会服务的管理涉及福利供给的多元主体，包括政府、机构、居民等，主体间的协作直接影响到社会服务供给的质量与水平，因而其协作关系的建立必须兼顾多层次多功能的服务需要。

首先，完善组织架构，实现协同发展。完善社会福利事业工作协调机制，建立多层次多功能的协同工作模式，及时研究、协调加快社会福利事业发展的重大事宜。各级部门通力合作、各司其职，为社会福利事业社会化发展提供有力保障，认真研究制订本地、本部门的具体实施计划，制定相关政策和管理办法，并认真组织实施，确保社会福利事业健康、有序发展。要加强宣传和引导，让全社会都关心、重视、支持社会福利事业发展（江苏省民政厅，2011）。

其次，构建支持网络，完善社会服务。作为社会建设的重要战略阵地，社区建设应当协助社区居民维持现有网络并避免流失，同时要强化社会服务接受对象的社会网络的支持功能和关系品质，并增加网络中的人数和类型，以及社会支持的资源种类（臧其胜，2011），避免其遭遇社会排斥。这本身就是对社会服务无形品质的维系，在此基础上进一步拓展社会团体、社会服务的功能，增加居民的选择。服务供给不再停留于传统的实物救济。要根据社区居民对社会服务的实际需要，对福利项目设置、普惠范围和福利水平等加以研究，探索建立普惠型社会服务制度。坚持从需要出发，以人为本，丰富社会服务的内容与质量，如日间照料、情感慰藉等。通过招募社区内志愿者、义工，整合资源，拓展支持网络，实现互帮互助，增加社会福利供给，最终构建一个党委领导、政府负责、社会协同、社区组织、居民参与的完整的社会支持网络。

四　服务接受：优化输送模式，实现需要为本

品质优良的服务接受来源于优质的社会服务输送模式。吉尔伯特和特雷尔提出，无论社会服务是由公共还是私人主办者来提供，都存在如何建构输送系统以促进一致性和可获得性的问题（吉尔伯特、特雷尔，2003：

225）。一致性是指输送系统各部门之间的任务分配、内部构成和职责划分相互协调统一；可获得性是指案主获取服务的能力和可能性（黄晨熹，2009：176）。由于存在“市场失灵”，因而需要政府介入，然而政府也存在“失灵”，因而公共选择学派提出了两个方向的补救措施：一是“外部转移”，即将一些私人部门能完成的事情交出去；二是“内部改革”，即在政府部门内部引入竞争机制，打破政府对公共服务的垄断，政府购买服务正是应对新挑战的积极探索。福利多元主义认为社会福利的提供主体可以是政府、营利机构、非政府组织、家庭与社区等，并强调各提供主体的相互配合和功能互补（许芸，2009）。在这种背景下，社会服务输送模式中的主体呈现多元化，然而无论是政府购买模式还是其他主体的供给模式都仍然属于供方推动，关注的是福利服务输送的官僚技术，强调权利的满足以及服务获得的免费程度，而对服务接受者的需要关注不够，忽视服务接受者的主体反思能力。保障权利以及免费供给并不意味着需要就能得到满足，因为权利的实现仍然依赖于个体的可获得性，而免费的供给却非其所需，只能造成资源的浪费。因而现有的供给模式应该转向需方推动，以需要为本，保证服务接受者更大范围的可选择性，兼顾公平与效率，防止需要异化为“需求”，消解“污名”效应，借助信息化技术，设计服务需要与输送平台。

五　服务评估：淡化目标导向，倡导系统整合

社会福利服务的评估包括目标导向与系统导向两种模式。前者能确保目标达成，但无法检视达成效率、机制及资源投放等问题，也未能确保服务质量的稳定性或可靠性；后者能确保服务提供有既定的机制和程序，但不确保服务提供后目标能够达成。而系统整合评估则既强调服务流程之间的关系，又重视成效检视的评估系统（陈锦棠，2008：211～212）。系统整合评估的分析框架由六大要素（目标、范畴、层次、机制、过程、预期结果）与四个层面（机构层面、专业服务层面、各类不同服务对象层面、外界环境及处境层面）构成（陈锦棠，2008：208），涉及背景评估、过程评估与结果评估。这一评估模式来自香港经验，其社会福利服务的历史已经有一百多年，对于刚刚起步的江苏社会服务评估的发展创新具有重要的参

考价值，可以推动社会服务评估从聚焦于“投入”与“产出”两端评估的传统做法转向系统整合评估的现代理念。在由谁评估问题上，《中国慈善事业发展指导纲要（2011～2015年）》明确指出，要完善公益慈善组织的第三方评估制度，促进公益慈善组织加强自身建设，发挥好社会作用。江苏省南京市部分区（县）自2011年底以来也已陆续启动“社区服务项目第三方质量评估机制”，对政府买单的公益服务项目进行评估（倪佳，2011）。这一举措改变了机构单纯迎合政府评估、政府评估时常迁就机构而忽视服务接受者需要的做法，也改变了以往政府服务购买、服务评估过程中的不透明、不公开状况，是江苏社会服务评估发展创新的新路径。

第六章 江苏社会建设之社会服务发展战略与政策（下）

第一节 江苏社会建设之普惠型社会服务：流动人口

一 江苏流动人口普惠型社会服务建设面临的机遇

“十一五”期间，江苏经济社会快速发展，社会保障体系和社会组织建设取得了很大成绩，但流动人口社会服务体系还不完善。“十二五”时期，江苏经济社会结构将继续深化改革发展，这既对已经相对滞后的社会服务体制建设提出了挑战，也为加快和完善社会服务建设提供了良好的机遇。概括起来，目前推进社会服务体系建设的机遇可简要归纳为以下四个方面。

1. 契合江苏经济社会发展的战略需要

从我国社会整体发展的情况看，江苏已经整体跨入发达收入地区行列，经济结构、社会结构、人口结构都发生了重大变化，已经走上了新型工业化、城市化的发展道路。在经济持续快速发展的同时，人们对加快提高收入水平有了新的期盼，对提高生活质量、改善生活环境也有了更高的要求。从国际发展的经验看，江苏已经到了重视并加强以保障和改善民生为重点的社会建设的重要阶段。这一时期，保障和改善民生的任务将更加突出，社会对于基本公共服务的共享要求将更加迫切，因此，在这个阶段，社会服务将被置于更加重要的位置。通过完善服务体系构建流动人口普惠型社会服务，在提升

流动人口福利水平的同时，也将带动整个江苏民生工程进一步发展和社会建设水平更进一步提高。《江苏省国民经济和社会发展第十二个五年规划纲要》更加注重以人为本、改善民生，更加注重改善生态环境，更加注重增强发展的全面性、协调性和可持续性，以促进社会公平、正义与社会和谐稳定作为指导思想。这将为加快构建针对流动人口的服务体系提供良好的契机。

2. 持续增长的经济提供了坚实基础

2011 年，江苏地区生产总值已占国内生产总值的 10.4%，人均地区生产总值高于全国 23078 元，城镇居民人均可支配收入高于全国 3835 元，农村居民人均纯收入高于全国 3199 元。[①] 2010 年，江苏地区生产总值达 40903 亿元，人均地区生产总值超过 5 万元，财政总收入突破万亿元大关。城市化水平达到 57%；沿海开发上升为国家战略，江苏全境成为长三角的重要组成部分。[②] 根据《江苏省国民经济和社会发展第十二个五年规划纲要》目标，“十二五”期间，城镇居民人均可支配收入和农村居民人均纯收入年均增长 10% 左右；城镇登记失业率控制在 4% 以内，五年新增城镇就业 500 万人以上；城镇、农村基尼系数分别控制在 0.39 和 0.35 以内。[③] 每一阶段的社会服务发展总是与经济发展水平相适应的，江苏雄厚的经济实力，将为构建适度普惠型的社会服务、促进发展成果惠及全体人民、实现经济发展与民生改善的有机统一提供坚实的基础。

3. 现有的社会保障体系提供了良好的平台

“十一五”期间，江苏坚持以人为本、民生优先，着力构建广覆盖、保基本、多层次、可持续的社会保障安全网，在全国率先全面推行新型农村社会养老保险和城镇居民基本医疗保险，实现城乡低保、新型农村合作医疗、城镇居民医疗保险、新型农村社会养老保险“四个全覆盖”，五大社会保险参保人数均突破千万。[④]《2011 年度江苏省人力资源和社会保障事业发

① 《从数字看 2012 年的江苏》，江苏省统计局网站，2012 年 11 月 19 日，http://www.jssb.gov.cn/jssq/jjgk/201112/t20111208_21846.htm，最后访问日期：2016 年 6 月 22 日。

② 《“十一五”，江苏发展改革事业谱篇》，2011 年 2 月 10 日，http://xh.xhby.net/tk/html/2011-02/10/content_323503.htm，最后访问日期：2016 年 6 月 22 日。

③ 资料来源于《江苏省国民经济和社会发展第十二个五年规划纲要》。

④ 《民生改善》，中国江苏网，http://www.jiangsu.gov.cn/zoujinjiangsu/msgs.html，最后访问日期：2016 年 6 月 22 日。

展统计公报》显示，2011 年末，参加工伤保险的流动人口有 491.9 万人，比 2010 年末增加 18.2 万人；被征地农民参加新型农村社会养老保险的有 17.5 万人，参加企业职工基本养老保险的有 200.7 万人，享受被征地农民基本生活保障的有 222.1 万人；流动人口综合服务中心建成 374 家，基本覆盖所有市、县、区。这些相对完善的社会保障体系，为提升流动人口的生活质量以及构建流动人口普惠型社会服务体系提供了一个良好的基础平台。

4. 社会工作、志愿者队伍提供了智力和人力支持

高素质、足量的社会工作人才队伍、志愿者队伍是创新社会管理体制、提升社会服务水平的重要力量。2007 年以来，江苏省各级民政部门积极探索，认真落实，社会工作人才队伍建设取得了很大成绩。截至 2010 年底，江苏省社会工作从业人员约 24 万人，社会工作人才 9.86 万人，社会工作专业人才 6420 人。[①] 社会工作人才依托社区、社会救助站、福利院、公益性事业单位和社会组织，积极引入社会工作理念和方法，创新服务形式，有效地提升了社会服务水平。志愿者队伍也是推进社会服务的一支不可或缺的力量。截至 2010 年 10 月，江苏省注册志愿者已达 2905561 人，江苏省已成立（青年）志愿者协会 273 家，据不完全统计，江苏省累计有 4000 多万人次的青年在扶贫开发、社区建设、海外服务、大型赛会、环境保护、应急救援、交通安全等方面提供了 110000 万小时的志愿服务，长年参加志愿服务的注册志愿者骨干超过 290 万人，各种类型的志愿服务队达 7000 多支，建成社区志愿者服务站（服务中心）3200 多个、服务基地 2600 多个。[②] 志愿者服务事业已成为江苏社会服务建设的重要力量，有力地促进了江苏社会建设事业的发展。

二　江苏流动人口及其社会服务面临的主要问题——以南京为例

改革开放以来，数量庞大的农村剩余劳动力开始向城市流动，形成了独具特色、世界上规模最大的流动人口群体，而且其规模仍在逐年扩大、流动频率也在不断加快。2000 年第五次全国人口普查数据显示，人户分离

① 资料来源于《江苏省国民经济和社会发展第十二个五年规划纲要》。

② 《江苏省志愿者服务综述》，江苏省志愿服务网，http://www.jszyz.org/zcms/zyz/about/fwzs.jsp? pid = 5217154&cid = 5271394，最后访问日期：2016 年 6 月 22 日。

人口为 14439 万人。2005 年全国 1% 人口抽样调查显示，全国人口中，流动人口为 14735 万人。[①]《2010 年第六次全国人口普查主要数据公报》（第 1 号）显示：大陆 31 个省、自治区、直辖市的人口中，居住地与户口登记地所在的乡镇街道不一致且离开户口登记地半年以上的人口为 261386075 人，其中市辖区内人户分离的人口为 39959423 人，不包括市辖区内人户分离的人口为 221426652 人。同 2000 年第五次全国人口普查数据相比，居住地与户口登记地所在的乡镇街道不一致且离开户口登记地半年以上的人口增加了 116995327 人，增长 81.03%。[②] 我国人口流动具有明显的“经济性”，大体的趋势是由经济不发达地区向经济发达地区流动。

流动是发展的动力，也是发展的标志。流入人口越多，说明该区域经济社会越具有吸引力，也就是说，一个区域的流入人口数量越多，说明这个区域的发展速度越快、发展越好。同全国总体经济发展情况相比，江苏处在发达地区行列，城市经济的快速发展为外来人口创造了大量的就业岗位。1982 年江苏省流入人口为 34.3 万人，2000 年 11 月江苏流入人口为 967.2 万人，占江苏人口的 13.3%（黄润龙，2006）。2011 年 7 月，江苏的流入人口已经超过 1700 万人。[③] 据不完全统计，截至 2012 年 3 月，苏州、昆山等地常住外来流动人口已超过本地户籍人口，其中苏州已成为仅次于深圳的全国第二大移民城市。[④]

外来流动人口为江苏城市基本建设贡献了自己的智慧和力量，实事求是地说，离开了这些外来流动人口，城市建设不会有“三天一层楼”的速度，也不会有江苏经济社会的持续发展。但与此同时，为应对不断增加的流动人口管理诸多方面的问题，和国内许多城市一样，江苏流动人口的管理也主要从治安秩序考虑，流动人口的社会保障、教育、卫生、计划生育等福利服务分别由多个部门管理。分割式的管理对于数量庞大、异质性强、

---

① 《中国流动人口分布集聚　广东江苏等 10 省占六成多》，中国网，2008 年 10 月 23 日，（http://www.china.com.cn/news/2008-10/23/content_16653986.htm）。

② 《2010 年第六次全国人口普查主要数据公报（第 1 号）》，中国新闻网，2011 年 4 月 28 日，（http://www.chinanews.com/gn/2011/04-28/3004638.shtml）。

③ 《江苏流动人口超 1700 万　暂住证将升级为居住证》，中国新闻网，2011 年 07 月 04 日，（http://www.chinanews.com/df/2011/07-04/3155984.shtml）。

④ 《苏州成为全国第二大移民城市》，中国江苏网－扬子晚报网，2012 年 3 月 14 日，（http://jsnews.jschina.com.cn/system/2012/03/14/012923992.shtml）。

流动性强、需求多样的流动人口群体而言，现行的管理和福利服务还不能满足他们的基本需要，他们的福利享有和当地市民相比还存在较大差距。从2012年南京大学社会建设与社会管理课题组（以下简称课题组）对南京市流动人口随机抽样调查（有效问卷300份）的数据分析来看，南京市流动人口在生活和务工方面主要存在以下几方面的问题。

1. 劳务市场不健全，城市归属感弱

问卷调查显示，南京市流动人口首要的求职途径是亲友介绍（36.4%），其次是同乡熟人介绍（23.7%），或者可以这样理解，南京市约60%的流动人口通过熟人关系获得工作机会。企业直招、各种形式的应聘、在劳务市场或中介找工作分别占12.4%、10.5%和6.2%（见表6.1）。另外一项对于南京市流动人口的调查统计显示，流动人口的就业途径主要是通过老乡、朋友、亲戚的介绍，仅有28%的人是通过职业介绍所和劳动力市场获得就业（陶孙进，2005）。

表6.1　南京市流动人口求职途径统计（N=300）

单位：人，%

问题	选项	回答	
		频数	百分比
您的求职途径（可多选）	学校组织劳务流动	8	2.2
	政府组织劳务流动	11	3.0
	亲友介绍	135	36.4
	在劳务市场或中介找工作	23	6.2
	网络应聘	17	4.6
	新闻媒体广告应聘	5	1.3
	通过街头广告应聘	17	4.6
	企业直招	46	12.4
	同乡熟人介绍	88	23.7
	其他方式	21	5.7

两项调查在一定程度上说明流动人口劳动力市场还不健全，他们更多地要依赖自身的社会关系获得工作岗位。这使得他们既缺乏制度化的权益

保护机制，也没有稳定的收入来源，很少能享受到城市提供的各项社会服务，即使他们在城市务工最关心、对他们帮助最大的老人、儿童服务，接受过的也只有 11.3% 和 12.7%（见图 6.1）。

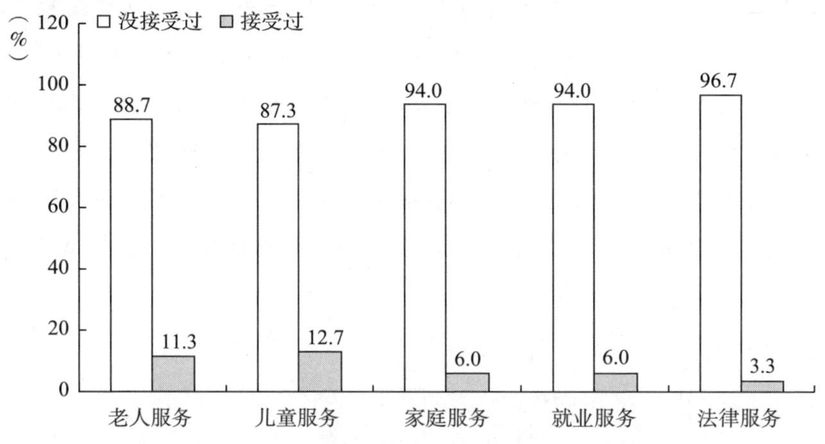

图 6.1　流动人口城市社会服务接受情况（N = 300）

流动人口的生活处境，直接影响到了他们的自我社会身份认知。对 300 名（有效填答数）流动人口身份归属的自我认知调查统计显示（见图 6.2），只有 9.4% 的人认为自己是城里人，有 58.5% 的人认为自己是农村人，有 13.7% 的人认为自己是边缘人，还有 18.4% 的人选择“说不清”。

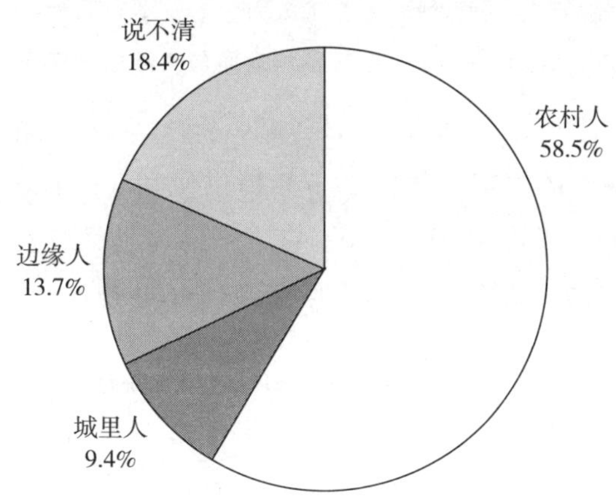

图 6.2　南京市流动人口自我身份归属认知状况（N = 300）

所有这些城市融入障碍使得他们虽生活在城市，但生活方式依然是传统式的。所以，从身份上说，他们还不是市民，是城市里的农村人，过着与城市人不一样的生活。

2. 劳动强度大，权益保障不完善

课题组对南京市流动人口的抽样调查结果显示，南京市流动人口每天平均工作9.45个小时，每个月平均休息不到3天。虽然目前养老保险和医疗保险已经在制度上实现了全覆盖，然而，南京市的抽样调查结果表明，只有52.3%的流动人口参加了养老保险，有69.7%的流动人口参加了医疗保险，其他诸如工伤保险、失业保险以及住房公积金参与率均未超过30%。事实上流动人口参与基本社会保险的愿望还是很强烈的，绝大多数流动人口想参加养老保险、医疗保险、工伤保险、失业保险等，但并未如愿（见图6.3）。

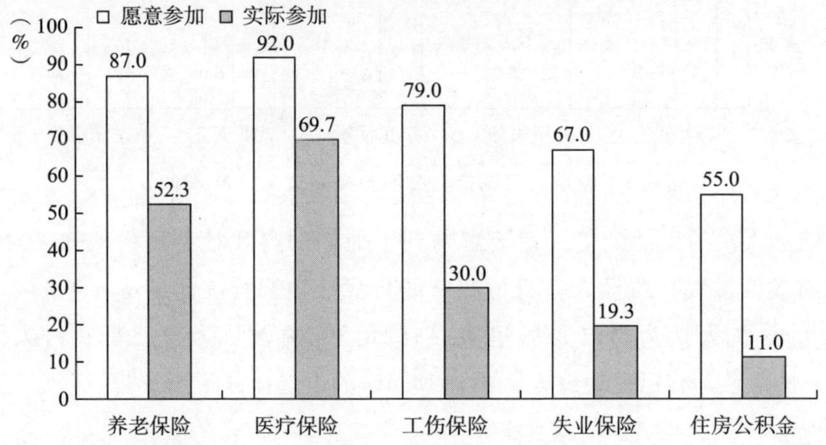

图6.3 南京市流动人口“四险一金”参加意愿与实际参加情况统计（N=300）

一些用人单位除了让流动人口加班加时劳动，不提供相应的社会保险之外，有的时候连基本的吃饭、住宿都不会提供便利。调查显示，有38.0%的流动人口工作单位不提供吃住，只有43.7%的流动人口住企业员工宿舍或工作场所，多数流动人口靠自己解决住宿问题（见表6.2）。

表6.2 南京流动人口吃住情况统计

单位：%

包吃包住	包吃	包住	不管吃住	其他	
34.3	6.7	18.7	38.0	2.3	
企业员工宿舍	私人出租屋	借住亲友家	住工作场所	自己的房子	其他
33.7	42.0	2.7	10.3	10.3	1.0

3. 子女教育服务问题突出

季瑾和胡金平（2011）对江苏地区流动人口子女学校的调研结果显示，流动人口子女学校的办学资格模糊不清、办学资源支持无力、办学质量易被忽视。课题组 2012 年的调查显示，流动人口选择城市落户的最重要原因是让子女能够获得城市的教育，其次才是有更高的收入、有更好的就业服务和享受城市的社会福利服务（见表 6.3）。

表 6.3　南京流动人口获得城市户口原因统计（N＝300）

单位：人，%

问题	选项	回答	
		频数	百分比
您想获得城市户口的原因是什么（可多选）	子女享受城市的教育	118	18.2
	享受城市的社会保险	71	11.0
	享受城市的社会福利服务	72	11.1
	享受城市的住房保障	44	6.8
	有更好的就业服务	78	12.1
	享受城市的医疗卫生服务	79	12.2
	有更高的收入	83	12.8
	享受城市养老服务	53	8.2
	为了与家人团聚	29	4.5
	已适应居住社区的服务	18	2.8
	其他	2	.3

另外，样本群体中 147 名有孩子的流动人口家庭中，有 39.5% 的家庭的孩子由爷爷奶奶照看。这些调查数据说明，南京市流动人口子女教育问题仍极不乐观，一方面，处于成长发育时期的留守儿童由于父母不在身边缺少必要的情感依靠、思想指导；另一方面，部分跟随父母流入城市的孩子，由于脱离了熟悉的生活环境，在城市接受不到良好的甚至是基本的教育。

三　江苏流动人口社会服务存在问题的原因分析

和西方国家相比，我国的社会服务基本由国家提供，国家是社会服务的生产者和分配者。按照新自由主义的分析逻辑，父权主义的福利供给分配本身就是福利低效的原因，所以我国流动人口社会服务存在问题的原因分析重点应在国家层面。当然，也不能忽视市场和行动者。简要归纳，造成流动人口社会服务存在问题的原因主要表现在以下几个方面。

1. 二元社会保障制度

我国城市流动人口的主体是农民工，由于长期以来户籍制度的影响，他们进入城市后长期被排斥在城市主流社会之外而被边缘化，无法凝聚成合力并进而对当地社会、政治决策产生积极的影响（潘泽泉，2004）。所以，户籍制度被认为是一种“社会屏蔽”制度，即将社会上一部分人屏蔽在分享城市社会资源之外（李强，2002），而这些资源中最大的一块就是社会保障制度涵盖的资源，所以，流动人口权益受损的一个主要原因是社会保障制度的缺失或二元性。现行的社会保障制度设计相对滞后，流动人口保障匮乏。在劳动力市场上，流动人口缺乏平等的就业选择，城市相关部门对外来劳动力的行业、工种实行分类控制，一些工种不用外来流动人口，同时因为户籍等制度性障碍，农民身份对他们进入正规劳动力市场形成阻碍（陶孙进，2005），造成多数流动人口在非正规部门就业。虽然在制度上于2011年已经实现了养老保险和医疗保险的全覆盖，但由于制度的可操作性以及一些小企业的有意规避，许多流动人口一般无法享有正常的工作待遇和福利服务。

2. 流动人口管理制度的内卷化倾向

和国内许多城市一样，江苏流动人口的管理也是主要抓流动人口的治安问题，流动人口的劳动和社会保障、卫生、教育、计划生育等工作分别由不同部门管理。这种管理模式实际上是一种对流动人口大规模涌入的被动式管理，虽然在过去的十多年里，它为江苏地方经济社会的稳定发展起到了积极的作用，但在管理体制机制方面也带来了管理职能分散、管理权限和管理职责难以对应的问题。在具体的管理中，多头管理，政策、制度步调不一，相互重叠，既带来了管理的复杂化，也造成了资源的浪费和低效，有的地方、有的人群资源分布过于集中，而又有的则过于稀缺。造成制度内卷化的原因很大程度上是计划与市场的两种逻辑不一致，现行的流动人口管理是以计划的方式、手段去管理市场的行动者，必然导致管理方式的混乱和叠加（顾骏，2005；郭秀云，2009），势必会造成制度建设越来

越多，然其效率却没有实质性提高的内卷化效应。

3. 公立教育“门槛”高

为使城镇流动人口中适龄儿童、少年依法接受规定年限的义务教育，1996年国家教委颁布的《城镇流动人口中适龄儿童、少年就学办法（试行）》提出流入地人民政府（市、区、镇），要为流动人口中适龄儿童、少年创造条件，提供其接受义务教育的机会。然时至今日，流动人口子女教育问题依然十分突出。课题组对南京市流动人口的调查显示，一方面，流动人口子女之所以不选择进入公立学校是因为费用太高，学费、借读费、赞助费等高额费用使许多流动人口家庭负担不起。有32.3%的家庭，孩子的教育费用占整个家庭支出的30%～50%。可见，孩子的教育支出对流动人口家庭来说是一笔不小的开支。另一方面，政府出台的流动人口子女义务教育的有关政策只是粗框架的、指导性的，具体的操作程序不够规范和透明，一些公办学校出于对生源质量和管理的考虑不愿意接收流动人口子女（彭希哲 、郭秀云，2007）。

4. 市场社会服务供给稀缺

任何认为福利由国家提供的看法都是一种偏见，国家和市场都可以提供福利服务（苏珊·斯特兰奇，1990）。一方面，从福利的外延来看，社会服务也属于大福利范畴，所以从逻辑上来看，社会服务由市场提供并不矛盾。另一方面，按照布坎南在《公共物品的需求与供给》中的观点：“纯公共物品相当于免费物品”，而“任何对纯公共物品或服务征收使用费的尝试，都会导致无效率”（布坎南，2009）。可见，社会福利服务不能完全由国家垄断供给。但从我国社会福利发展的过程来看，社会服务基本上一直由国家主导提供。这种供给模式在提供普适性、大规模及惠及大部分民众的公共服务方面具有优势，而在提供小规模、灵活性、个性化服务方面存在着天然的缺陷（黄家亮，2012）。流动人口虽数量庞大，但他们具有内部的异质性、务工的分散性、灵活性，政府或相关政府部门提供的大规模的、整齐划一的服务并不能满足他们的需要。这就客观要求国家必须放开市场化的社会服务供给，以满足流动人口多样化的社会服务需要。

5. 流动人口自身权利意识淡薄

流动人口的主体是农民工，他们往往把城市当作一个能挣上钱的地方，到城市打工，他们迫切想要找到一份挣钱多的工作，至于相关的福利服务待遇则不是他们考虑的重点。急切的就业愿望和劳动法律知识的匮乏，使得他们对签订劳动合同以及相关的福利服务待遇不怎么关心也不敢奢求，这使一些企业趁机采取加班加时劳动工作制度、不缴纳国家规定的各种社会保险。课题组对南京市流动人口的调查统计显示，南京市流动人口对我国《劳动法》《社会保险法》《就业促进法》《最低工资规定》《工伤保险条例》《住房公积金条例》等法律法规的熟悉程度平均值（1 = 完全不知道、2 = 不熟悉、3 = 一般了解、4 = 比较熟悉、5 = 很熟悉）分别为 2.81、2.44、2.09、2.63、2.42、2.10，可见，流动人口对与自己劳动权益密切相关的法律法规基本上处在“不熟悉”和“一般了解”之间，这说明流动人口的权利意识淡薄，劳动合同签订率较低，调查中在问及是否签订劳动合同时，在 296 份有效填答问卷中只有 35.8% 的流动人口与用人单位签订了正式用工合同。

四　构建江苏流动人口普惠型社会服务的政策建议

（一）理念转变：管理迈向服务

1992 年中共十四大提出发展社会主义市场经济后，被长期束缚在农村的剩余劳动力开始向城市转移，开启了我国大规模的人口流动，并一直持续到现在。一开始，当大规模的流动人口以一种“外来务工者”身份出现时，“城里人”自然产生了一种防范心理。

改革总是具有不同步性。由于政治体制改革滞后于经济体制改革，防范心理和计划式管理方式的自然结合形成了对流动人口以治安防范为政策目标的管理模式，其目的在于通过行政命令、指令的方式实现对流入人口的有序管理。其实，管理中的治理所隐含的意思就是将流动人口预设为可能或者已经危害城市社会安宁的人群。这种“为治理而管理”的流动人口管理模式日益不能顾及社会的整体利益，尤其是流动人口的利益，反而产生了不少负面影响。因此，要走出流动人口管理的困境，政府必须改变治理型的流动人口管理模式，实现流动人口管理由“为治理而管理”向“管理就是服务”的转变。

“管理就是服务”，其实质就是要政府改革管理体制，建立服务型政府，

满足社会民众的多方需要。国家“十二五”发展规划中也明确指出要建立服务型政府，可见，构建流动人口普惠型社会服务也是政府管理模式改革的目标之一。

（二）平等服务推动身份平等，服务普惠推动政策变革

党的十六大以来，社会服务概念在党的重大文献中多次提到，《中共中央关于构建社会主义和谐社会若干重大问题的决定》中明确强调要增强社会服务功能和提高社会管理水平。在国家纲领性文件的指引下，社会服务成了近年来推进社会管理和社会建设的热点话题，引起了理论思想家和实践工作者的热切关注。

对于什么是社会服务，理论界众说纷纭。郑杭生（2011b）从正向和逆向两个向度对社会服务做了界定。从正向说，所谓社会服务，是一种促进社会资源和社会机会合理配置的有效的制度化手段和途径；从逆向说，所谓社会服务，是一种正确处理社会矛盾、社会问题和社会风险的制度化手段和途径。社会服务和社会管理是内在地联系在一起的，它寓管理于服务之中，又寓服务于管理之中。王思斌（2011）认为，社会服务是由政府和社会力量向民众特别是困难群体提供的福利服务及过程。张翼（2011）认为，社会服务是服务组织向服务对象提供的非货币的劳务支持，其中既包括生产性的社会服务，也包括生活性的社会服务。还有学者认为社会服务是政府和社会力量为了满足全体公民尤其是特殊困难群体的基本需求而提供的具有社会福利性质的服务（黄艺红、刘海涌，2012）。在我国，由于社会组织相对不发达、社会力量缺乏，社会管理的主体实际上就是政府。所以，综上学者对社会服务的定义，我们认为，当前的社会服务就是要以政府为主导，社会多方提供服务以满足社会民众需要的社会过程。

蒂特马斯首次提出普惠型与选择型社会福利概念之后，社会福利领域一直沿用他的这种二分法。普惠型是针对选择型或补缺型社会福利制度而言的，其基本的含义是在相同的情况下每个人都能享受到公平的社会福利，这也是马歇尔所讲的公民的社会权利。因此，构建流动人口普惠型社会服务实际上就是向所有流动人口提供应有的基本公共服务，以最大化满足其社会需要的活动。江苏经济社会的发展为构筑流动人口社会服务体系提供了坚实的基础，可以根据地方经济社会的特点、条件，采取多元、多样的

方式推进。总的目标就是建立健全社会福利服务体系，尽可能满足流动人口的多方面社会需要。具体可以从以下几方面着手。

1. 加快户籍制度改革，努力实现同城同工同待遇

户籍制度是一道障碍，主要在于它所附带的利益分配机制。它的存在始终是流动人口融入城市社会的一道制度障碍，使得流动人口无法享受到与城市市民同等的公共服务。与此同时，这种户口区隔也使流动人口的社会服务很容易被忽视。因此，可以率先放开对具有稳定住所、相对固定职业的城镇务工的流动人口的落户限制，在自愿的基础上使其转为城镇户口。

2. 健全流动人口社会保障和服务体系，努力解决流动人口后顾之忧

建立流动人口社会保险制度，敦促各类用人单位为符合条件的流动人口缴纳和办理“五险一金”福利，尤其是对于风险较大的行业、企业，加强劳动监察，要求用人单位必须为流动人口缴纳工伤保险费，加快实现江苏省范围内企业工伤保险全覆盖。建立流动人口大病城市医疗救助制度，帮助解决流动人口进城务工期间的住院医疗救助问题。可以研究在省内建立实施低费率、广覆盖、可转移的流动人口养老保险制度。

3. 保障流动人口子女平等接受教育

子女教育是流动人口进城务工、生活最关心的问题之一，流动人口为城市经济建设做出了不可替代的贡献，流入地政府应竭力解决流动人口子女义务教育问题。因此，江苏各级政府要继续优化流动人口子女义务教育政策，一方面，要倡导公立学校接收辖区范围内流动人口子女上学，放宽条件接受流动人口子女入学，对已经建立心理咨询热线、心理咨询室的学校，要适当关注流动人口子女青春期的心理和行为习惯；另一方面，要继续加大教育投入，对接收流动人员随行子女就读的公立学校给予适当的财政补贴，对子女上学有经济困难的流动人口家庭要给予适当的经济救助，同时倡导社会资助。

4. 开展就业培训服务，为流动人口提供就业服务

制定并实施流动人口就业政策，积极为流动人口提供免费的职业介绍、就业技能培训、创业培训，帮助流动人口就业。建立多种组织背景的流动人口维权服务组织，积极开展帮就业、助维权等活动，通过多种形式的宣传学习实践活动，向流动人口提供诸如《劳动法》《社会保险法》《最低工资规

定》《工伤保险条例》《住房公积金条例》等方面的知识，增强流动人口劳动权益保护意识，形成渠道顺畅、切实有效的权益表达机制和保障机制。

5. 创造满足流动人口和谐相处的良好居住环境

社区是流动人口居住和生活的主要场所，关注流动人口的社会服务需求，可以从社区入手。在具体实践中，要将流动人口纳入社区社会服务体系，在社区建立诸如“流动人口之家”等服务机构，开展计生、技能培训、就业咨询等服务，保障流动人口能享受到基本的社区社会服务；依托高校资源，建立以流动人口为服务对象的社区社会工作者队伍，提供包括法律咨询与援助、心理咨询、就业咨询、困难救助等在内的社会综合服务。

第二节　江苏社会建设之普惠型社会服务：一般人群

一　国内外社会服务建设经验及启示

（一）国外的社会服务建设经验

人们一般将英国1834年的新《济贫法》看作近代国家开展社会服务的开端。二战以后，西方社会福利国家的推行，全面提升了社会福利水平，也唤起了人们对社会福利服务的渴望。从20世纪五六十年代开始，西方民众围绕社会福利服务掀起了一波波的社会福利运动，促使许多国家纷纷组织社会服务机构，积极开展社会服务。

美国从20世纪50年代开始由联邦政府首次向社会服务提供资金，后来，社会服务项目不断增多，服务资金需求量也随之增加。美国的社会服务具体由志愿部门（包括私人和非营利组织）、政府部门（包括联邦、州、地方政府机构）、营利部门（包括私立的和商业公司）提供，社会服务的资金主要来源于联邦政府向州政府提供的社会服务预算拨款。法国从20世纪50年代起，社会服务兴起，到了70年代，随着经济增长，社会服务项目不断增加，目前，由政府负责公民福利的理念已经在社会上达成共识并深深植根于民众的头脑中（李兵，2011）。在德国，教会对社会服务的影响是非常全面的。社会生活有需要的地方，都能发现教会的身影，教会通过事工，为社会所有需要帮助的人提供尽可能多的服务。教会开展事工所需要的资源支持（包括财力、物力、人力），由政府、教会、企业及其他社会组织自愿在力所能及的范围内提供，可谓有钱出钱、有物出物、有力出力。这一方面使教会把它的核心价值以及基督信仰实实在在地展现给社会，另一方面也提升了社会服务水平并拓宽了其范围（王从联，2012）。

目前，欧美一些国家在具体社会服务方面主要面临三个挑战（比格尔·亨德瑞，2012），它们也在寻求积极的应对策略。第一个挑战是公共服务的资金与结构问题。由于近年来的金融危机，欧洲许多国家面临社会服务资金问题。为解决这一问题，有些国家正在缩小公共服务规模，进行政治管理创新，提高服务效率。第二个挑战是服务外包与私有化问题。在德国，如邮政能源供应、机场、电信以及公交服务、电力供应服务等都已经私有化了，由公司来做这些公共服务。目的是引入竞争，更好地满足顾客的需求。第三个挑战是提高治理与公共管理质量问题。欧洲国家公务员的数量在不断减少，这就需要公务员有更多自我决策能力和更强的管理服务能力，因此，诸如业绩考核等市场管理手段开始被引入政府公务员管理，以此不断提高管理和服务效率。

（二）国内的社会服务建设经验

1. 朝阳模式

北京朝阳区在社会服务实践中，充分将信息化技术运用到现代社会服务领域，以数字化管理平台统筹各职能部门，建立全模式社会服务管理体系，把应急管理、城市管理、综治维稳、安全生产、社会事业、社会保障、社会服务、经济动态、法律司法、党建工作等10大模块，以及涵盖居民生活的79个大类、439个小类、3452个细类的社会事务全部纳入运行体系，形成了接收群众咨询、投诉，联系相关部门答复、解决的闭环式工作流程，构建了无缝隙化的社会服务管理体系。全模式社会服务管理中的一个重要特点就是实现了由政府独家管理向社会多方参与管理的转变，也实现了责任主体的多元化，形成了政府主导、全体社区居民和社区单位共同参与的多方合作管理模式（沈聪、朝组，2012）。

2. 香港的社区社会服务模式

香港的社区服务很全面，这得益于香港发达的社会组织体系。香港为基层社区提供管理和服务的组织或机构可以分为行政组织和社会组织。行政组

织是香港特区政府按照基本法和行政框架设立的，负责提供行政管理和公共服务。社会组织分为正式组织和民间组织（NGO），负责提供自治管理和公益服务。香港的民间服务组织一般是自发自愿形成的，主动为社区提供服务。民间组织一般由香港社会服务联会给予业务指导、项目资助、考核评估，组织的成员一般都是具有专业化知识背景的社会工作者，由他们为社区提供专业化和规范化的服务，高效地满足了社区成员的服务需求（张大维，2011）。

当前，我国对于社会服务建设的研究和实践正在兴起，通过西方以及国内先进社会服务建设模式的分析，我们认为，我国的社会服务建设应该做好以下几方面的工作。

第一，继续深化行政管理体制改革，建立精简而强有力的服务型政府，并通过健全的内部监督和社会监督，提高社会服务效率。欧洲许多国家在社会福利服务面临挑战时，一方面精减了公务员的数量，另一方面通过引入市场机制分担了政府的公共服务供给职责。这个过程既成功实现了服务型政府建设，又满足了社会成员的服务需要。

第二，大力发展和规范各类社会组织。和西方国家以及中国香港相比，我国内地的社会组织既不发达也不成熟。虽然目前也有一些社会团体、行业协会、基金会等，但这些组织的组织架构、运行方式、自组织能力还有待进一步完善。

第三，加大对社会服务建设的投入力度。社会服务虽然主要以提供劳务的形式来满足社会民众需要，但服务本身的供给过程、形式都需要服务载体和平台，这需要大量的资金投入。从美国社会服务建设的过程来看，政府必须对社会建设给予资金投入。

第四，利用先进的技术手段，扩大社会服务供给主体。在朝阳模式中，社区通过信息网络平台，便利快捷地实现了社区服务组织和社区居民间的互动，实现了由政府一家管理服务向社区居民多方参与服务提供的转变，大大扩充了社会服务的供给主体。

二　江苏一般人群普惠型服务多元组合供给模式

中国普惠型社会福利的目标定位是既要满足社会成员的福利需要，还要考虑中国的实际社会经济发展水平。普惠型社会福利与选择型社会福利相对应，选择型社会福利主要针对特殊人群。普惠型社会福利制度就是为了消除原来制度的缺陷而构建的，目的是满足全体社会成员的多元需要（彭华民，2011）。作为“大福利”中的社会服务，在服务的供给理念上起点要高，就是要改变以往单纯的政府一家供给模式，把政府、市场、社会组织、社区、家庭等都纳入社会服务的供给主体，重视政府以外的福利供给主体在福利供给方面的功能，形成相互支持、互为补充的服务体系（彭华民，2006）。所以，构建针对社会一般人群的普惠型社会服务体系，在服务资源上要强调来源的多元化。

构建江苏一般人群普惠型社会服务体系，既要考虑理论研究的成果，还要结合江苏的实际情况设计。江苏的经济发展成绩显著，以占全国1.1%的土地、5.8%的人口，创造了全国10.0%以上的地区生产总值，在服务型政府建设中，江苏坚持把重点放在人民群众最关心、最直接、最基本的公共服务上，从人的需要满足角度进行制度设计，充分让改革发展成果更多地普惠于民。[①] 在社会管理创新方面，开创了“南通模式”、南京建邺社区管理“一委一居一站”的新做法。基于江苏的经济、政治环境，江苏普惠型社会服务建设完全可以走多元并举的路子。具体在社会服务供给体系设计上如图6.4所示。

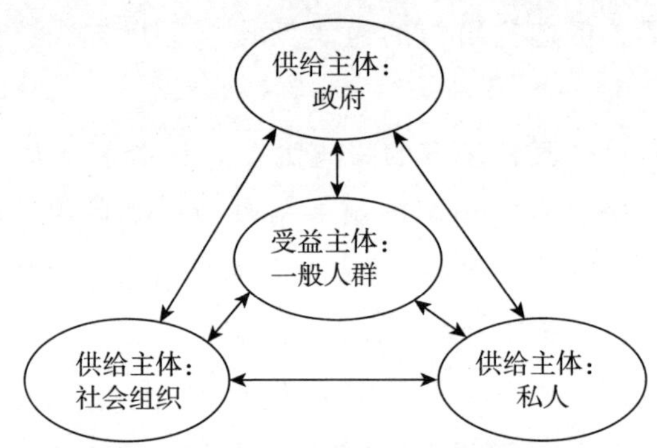

图6.4　多元社会服务供给结构模式

图6.4中，社会服务资源提供者包括政府、社会组织、私人。政府的主要职责是提供财政支持和制定政策，简单讲就是“给钱给政策”；社会组织主要有企业、慈善基金会等；私人供给主体主要有慈善个人等。社会服务

① 《中国特色服务型政府建设在江苏的实践》，http://www.cpasonline.org.cn/gb/readarticle/readarticle.asp?articleid=727，最后访问日期：2016年6月22日。

的需求主体是社会一般人群。结合图5.1，核心的问题就是社会服务“多元主体”提供、“一般人群”消费。

（一）社会服务供给主体

1. 政府

长期以来，我国的社会福利事业主要在优抚安置、救灾救助、社会福利（小福利）、社会保险等方面开展，福利对象主要是社会特殊人群，基本上是一种补缺型社会福利。受经济发展水平和计划经济体制的影响，政府在社会福利建设中扮演着“防卫者”和“辅助者”的角色，提供的福利基本上是物质性的。这些年来，随着我国社会经济的快速发展，社会问题也日益集中突出，民众对政府的期望也不断提高，原来单纯的针对特殊人群的福利供给难以满足人们的需要，对社会公平和公共服务的诉求日益强烈。在这样的背景下，传统的管理型政府已经无法满足人们日益增长的社会需要。在理论界，这些年的研究取向基本上主张向公共服务型政府转变。

向服务型政府转型不是要弱化政府权威，降低政府作用，而是要建立精简而有效的政府，使政府从具体的事务中逐渐退出，提高行政服务能力和效率。与此同时，政府在社会管理方面的放权不等于放弃社会福利责任，社会的公共服务满足是现代政府合法性的基础，也是构建服务型政府的内在要求（民政部政策研究中心课题组，2011b），立足于这一点，服务型政府建设就是政府有什么要尽量给什么。在社会服务建设方面，政府最大的资源就是财力和政策，所以，强化政府对社会服务的财政支持力度，创造培育和发展社会服务机构的政治环境，制定宏观政策指导社会服务机构高效、协调运行是政府的主要服务职责。在江苏一般人群普惠型社会服务体系的构建上，政府除了供给足量的公共服务外，还要继续培育多元化的社会服务供给主体，让更多的社会服务供给主体承接原来政府承担的任务。与此同时，要协调这些服务供给主体，并对其进行有效的监督和评估，因为任何社会服务供给主体在提供社会服务时也会出现低效和无效现象。香港社会服务建设所取得的成就与其完善社会服务评估与审核机制是分不开的（陈锦棠，2008）。

2. 社会组织

在西方国家以及我国香港地区，民间社会组织在社会福利服务提供方面发挥着举足轻重的作用。在香港，政府与社会福利组织的分工是：政府只负责提供社会保障和紧急救援服务，而社会福利组织则提供了大部分的直接福利服务（揭爱花，2011）。加强和完善各类社会组织在社会服务体系中的作用，在我国社会福利构建中将会有效地减轻政府的负担，如南京市鼓楼区于2003年开始推出政府购买养老服务，由民间组织“心贴心社区服务中心”的服务员为独居老人提供居家服务。[①] 与此同时，各类社会组织参与提供社会服务，还能加强社会团结，激发友好性、自愿性社会服务的产生。当前，社会组织在社会福利服务提供中的必要性在理论界和实践领域已经取得共识。

近几年，慈善基金会在我国发展势头迅猛，尤其是私募基金会已经成为我国社会福利服务不可或缺的一支力量。2007年全国共有非公募基金会436家，2008年达到643家，2009年达到846家，大有赶上并超过公募基金会的趋势。[②] 江苏省的慈善基金会发展势头很好，2005年以来，江苏省基金会平均每年保持10%以上的增长率，截至2012年4月，注册登记的基金会总数已达376家，占全国基金会总数的1/7，居全国第一，每年惠及百万人。[③] 由此看来，江苏省社会组织的培育和发展卓有成效，也反映出政府在发展社会组织方面的成效以及社会对慈善事业认识的提高。因此，在构建一般人群普惠型社会服务建设方面，应该继续降低资金门槛，从政策、税收等方面全力支持基金会的发展，并大力培育和发展其他形式的社会组织，充分发挥社区、社会团体等各类社会组织的服务供给作用。

3. 私人

社会服务供给的私人主体主要包括家庭成员、慈善个人等。与政府及各类社会组织相比，私人主体所提供的社会服务属于非正式的、非制度化的服务，如邻里间照顾、个人慈善行为等，在社会服务体系建设中，私人主体提供的社会服务可以起到辅助和补充作用。20世纪90年代，西方国家

---

① 《政府购买社会工作服务政策研究》，人民论坛网，2013年05月31日，http://js.rmlt.cn/News/201305/201305311100578113.html。

② 《中国非公募基金会兴起　慈善事业迎来黄金期》，中国金融信息网，2010年11月12日，（http://fund.xinhua08.com/a/20101112/70712.shtml）。

③ 《江苏注册基金会每年惠及百万人》，中新网，2012年4月4日，http://jsnews.jschina.com.cn/system/2012/04/04/013076111.shtml。

面临福利国家危机的挑战时，相继兴起的“第三条道路”和福利多元主义都强调福利责任应该由国家、市场以及其他社会主体（包括个人、家庭、志愿组织、民间机构等）共同负责，他们开始强调家庭成员、慈善个人在社会福利服务中的作用。

私人提供的社会服务具有灵活、便捷的特点，而且富有感情，具有更强的凝聚性和亲和性。发挥家庭和慈善个人在社会服务中的作用，在我国具有得天独厚的优势。我国历来有非常浓厚的家族、家庭文化，强调成员间的互帮互济、谦让奉献。基于此，江苏普惠型社会服务建设应该特别重视利用和开发家庭资源。对家庭的支持就是在投资社会服务（刘德浩，2012），并且从长远来看，一个优秀的家庭及其成员可能会给这种支持带来更丰厚的社会回报。例如，个人的慈善行为与良好的家庭教育是分不开的。

（二）社会服务受益主体

1. 特殊人群向一般人群过渡

16 世纪英国的圈地运动迫使众多农民背井离乡，沦为流浪汉，失业现象日益严重，社会上偷盗者、流氓、乞讨者增多，社会不安定因素急剧增加。英国统治者被迫考虑救济贫民问题。1601 年英国颁布了《济贫法》，为英国济贫制度的建立奠定了基础。《济贫法》规定以教区为单位管理济贫事宜，救济对象主要是无人赡养的老年人、丧失劳动力者、贫穷儿童、流浪者、孤儿等老弱病残人群。《济贫法》的实施表明政府只对特殊人群提供保障或照顾，这种社会福利也被人们称为补缺型社会福利。

随着工业社会的发展和现代文明的不断进步以及与之相伴随的社会风险的增加，人们逐渐意识到福利不能仅为特殊人群提供，广大普通公民也有享受社会福利服务的必要和权利。20 世纪 40 年代以后，《贝弗里奇报告》以及二战后欧洲福利国家的推行，社会福利开始进入制度化的发展阶段。50 年代初，阿尔弗雷德·马歇尔公民权理论的问世，进一步明确了政府承担全民社会福利的责任。70 年代末期，福利国家虽面临诸多问题，但是，福利服务应该惠及每一个公民的理念已经根深蒂固，社会服务对象也扩大至全体公民。社会服务已经成为社会福利体系的重要组成部分，一些国家还建立了专门负责社会服务的政府管理机构，如英国的社会服务部、美国的健康和人类服务部等（民政部政策研究中心课题组，2011a）。

相比于西方国家，我国的社会福利服务事业发展相对较晚。新中国成立以来，我国也在不断完善和发展社会福利事业，但总体来看，基本上处在补缺型社会福利阶段。根据国家统计局公布的数据，2008 年我国人均 GDP 已经超过 3000 美元。世界的发展经验表明，人均 GDP 达到 3000 美元的时期，既是黄金发展期，也是矛盾凸显期，处理得好，就能不断继续发展，处理不好，则经济发展受阻。在这样的背景下，我国开始重视保障和改善民生的社会建设，社会福利服务开始由补缺型走向普惠型。

2. 一般人群的社会服务需要

构建惠及社会一般人群的社会服务体系，首先需要弄清楚的是一般人群的社会需要是什么。福利制度设计的目的在于回应人们的社会需要，以改善其生活状况，促进人的发展。因此，社会需要是社会福利制度目标定位的依据。

马克思认为“需要是人的本质属性”，具有历史性和客观性；多伊和高夫将人类需要分成基本需要和中介需要；步瑞德山将人类的需要分为四种类型：感觉性需要、表达性需要、规范性需要和比较性需要；联合国在解决贫穷问题时，把人类需要分为基本需要与非基本需要；马斯洛把人的需要从低到高分为五个层次，即生存需要、安全需要、归属和爱的需要、自尊需要、自我实现需要（彭华民，2010）。笼统地概括人的需要，那就是物质需要和精神需要，物质需要一般比精神需要更基本。那么，到底人们有什么具体需要呢？我们认为这个问题没法直接回答，不同群体的社会需要是不一样的。例如，1893 年美国最大的劳工组织——美国劳工联合会第一任主席塞缪尔·龚帕斯在回答“工人想要什么”时，他说：“我们想要更多的校舍，更少的监狱，更多的书籍，更少的武器，更多的知识，更少的恶习，更多的闲暇，更少的贪婪，更多的公正和更少的报复——实际上，我们需要更多的机会培养我们的本性，让男人更高贵，让女人更漂亮，让孩子更快乐、更聪明。”[①] 一般来讲，社会经济发展水平越高，人们的基本需要也就越多样，要求社会提供的福利服务也越多，但任何时候，对于健康、自由、保障和发展的需要是相对持久的。

---

① 《米格：他们在这里制造中国》，2013 年 11 月 18 日，http://www.guancha.cn/Rural/2011_10_13_60581.shtml，最后访问日期：2016 年 6 月 22 日。

三　构建江苏一般人群普惠型社会服务的政策路径

不同服务供给主体提供的服务在内容、形式上是不一样的，如何全面地组织和利用好资源，有效地满足社会一般人群的服务需要是一项目的性很强的活动。我们认为，我国的社会特征不同于西方社会，在构建一般人群普惠型社会服务的过程中，要充分发挥政府的主导和引导作用，根据不同的社会服务供给主体，采取灵活的运行机制实现社会服务的普遍化。在这个基础上，我们构建了一般人群普惠型社会服务体系作为宏观的指导框架（见图6.5）。

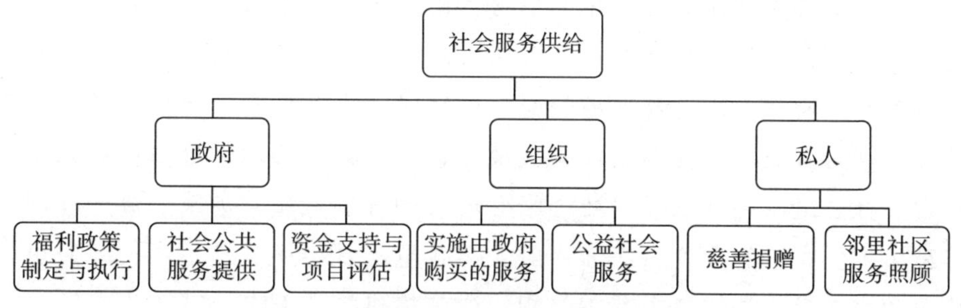

图6.5　普惠型多元社会服务供给框架

1. 政府主导、民主参与，推进社会福利服务制度化

洛克在《政府论》一书中指出，国家是社会秩序的产物，国家的一切权力来自人民，所以国家（政府）必须为人民服务。社会公共服务就是政府运用公共权力和公共资源向公民所提供的各项服务，主要包括：制定社会福利服务政策、建立健全社会保障体系、直接提供社会服务，诸如儿童服务、青少年服务、就业服务。

现阶段，我国社会的一个突出问题就是居民日益增长的公共服务需要与公共服务总体供给不足、质量不高之间的矛盾。所以，江苏一般人群普惠型社会服务建设，政府是主导（主导不是过强、过细的控制），政府的作用不能弱化，而是要灵活、适度利用权力资源，将社会福利服务持续化、制度化。在政治层面，要继续推进社会民主，积极支持发展社会服务组织，鼓励企业、团体、家庭及个人开展社会互助和慈善活动；在资金方面，要继续加大对公共服务建设的投入，为各类社会服务组织提供必要的资金支持；在社会层面，要继续通过公共资源投入，在关系群众社会发展的领域（如教育、医疗卫生、社会保障等）提供群众所要的福利服务（黄艺红、刘海涌，2012）。

2. 加强引导、协调整合，充分发挥社会组织的服务作用

社会组织提供的社会服务大体上可以分为两种形式，一种是社会组织自身提供的服务，另一种是原本由政府提供但通过政府购买服务的形式而转移给了社会组织。对于社会组织自身提供社会服务，可以是公益性的，也可以是低费的。运行所需要的资金可以向政府申请，也可以向社会筹资，例如募捐。社会组织不仅可以为儿童、残疾人提供福利服务，而且可以为一般人群提供社会福利服务。社会组织在服务提供过程中，政府要宏观指引，把握好管理尺度，既要防止过分市场化，又要防止过于行政化。

在构建普惠型社会服务体系的过程中，各类社会服务组织和政府组织之间可以互相依赖、相互合作。近年来，在一些发达城市兴起的政府购买服务就是政府将一些自身承担的为社会发展和人民日常生活提供的公共服务事项交给有资质的社会组织来完成，以降低服务成本，提高服务效率和质量。社会组织也可以根据社会服务项目的开展经验，为政府制定福利服务政策提供有益的建议。江苏一般人群普惠型社会服务建设中，政府可以充分利用数量可观的各类慈善组织，让其提供社会服务。慈善组织可以将分散的慈善资源和分散的服务需要信息集合起来，架通供需之间的桥梁，提高社会服务的覆盖面，运行良好、公信力强的慈善组织还可以吸引和带动更多的人参与社会服务活动。

3. 立足社区、广泛动员，弘扬民间互助精神

私人提供的社会服务虽然是非正式的，但其力量不能忽视。私人在社会服务建设体系中的作用集中体现在两个方面：一是私人捐赠；二是参与社区邻里服务。我国古代历来重视民间社会的互助，墨子曰：“有力者疾以助人，有财者勉以分人，有道者劝以教人。若此，则饥者得食，寒者得衣，乱者得治。”孟子曰：“出入相友，守望相助，疾病相扶持，则百姓亲睦。”互助的私人既是服务的提供者，又是服务的享受者，这种社会互惠行为，可以有效地提高社会的融合程度，提升社会资本。所以，私人之间的相互帮助是构建社会服务体系有益的、必要的补充。私人之间的互助服务因为其规模小、生活化，所以特别适合在社区、各种协会团体层面开展。因此，江苏在一般人群普惠型社会服务建设过程中，政府要广泛动员社区开展形式灵活多样的服务活动，满足人民群众的多样需求。

第七章
江苏流浪人口的社会管理战略与政策

第一节　江苏省流浪人口概况

一　全国流浪人口救助发展概况

人口流浪是我国经济转轨与社会转型中，伴随着工业化、城市化和现代化进程而必然生成的一种社会问题和社会现象。它在某种程度上与人口流动有一定的同源性，但流动人口的流动具有较强的方向性和目标性，而流浪人口的流浪一般是盲目的移动。近年来，我国经济始终保持着高速发展，而社会建设却相对迟缓，因而导致城乡地区差异不断扩大，也致使流浪人口不断增多。党的十六届六中全会以来，以民生改善为重点的社会建设进程不断加快，流浪人口作为一类特殊弱势群体，越来越受到政府的关注。政府通过加强救助机构基础设施建设，增加政策与资金支持，开展专项活动等形式不断加强对流浪人口的救助。2010 年我国共有 1448 个救助站和 145 个流浪儿童救助保护中心，救助成人流浪乞讨人员 171.9 万人次、流浪儿童 14.6 万人次。随着国家不断加强流浪乞讨人员救助体系建设，救助能力得到进一步迅速提升。到 2012 年，我国已经拥有 1770 个救助站，261 个流浪儿童救助保护中心，全年救助成人流浪乞讨人员 276.6 万人次、流浪儿童 15.2 万人次。从 2010 年至 2012 年三年的救助发展情况来看（见表 7.1 和表 7.2），全国救助网络体系进一步扩大，救助能力进一步提升。

表 7.1　2010～2012 年全国流浪乞讨救助情况

年份	救助站数量（个）	床位数（万张）	在站救助成人数（万人次）	非在站救助成人数（万人次）	救助成人总数（万人次）
2010	1448	5			171.9
2011	1547	7.1	220.5	20.5	241
2012	1770	9	228.1	48.5	276.6

2012 年与 2010 年同期相比，救助站数量增加了 322 个，增幅为 22.2%；流浪儿童救助保护中心数量增加了 116 个，增幅为 80.0%；成人流浪乞讨人员救助量增长了 104.7 万人次，增幅为 60.9%；流浪儿童年救助量增长了 0.6 万人次，增幅为 4.1%。

表 7.2　2010～2012 年全国流浪儿童救助情况

年份	儿童救助中心数量（个）	床位数（万张）	救助总数（万人次）
2010	145	0.5	14.6
2011	241	0.8	17.9
2012	261	1	15.2

自 2009 年中央下发《关于进一步加强城市街头流浪乞讨人员救助管理和流浪未成年人解救保护工作的通知》和 2011 年下发《中央财政流浪乞讨人员救助补助资金管理办法》等文件以后，流浪乞讨人员救助体系建设进一步加强。从救助人数变化来看，我国在救助实践中已经扩展了原有救助政策范围，从传统的无力解决食宿、无亲友投靠、无生活来源的“三无”人员范围扩展到有需要提供临时食宿、返乡、紧急疾病等救助的人员。有关流浪乞讨人员的救助政策、救助措施与救助实践的发展，不仅体现了社会经济发展实力的增强，也体现了政府执政理念的转变和执政能力的提升。流浪乞讨救助作为我国反贫困社会救助体系的重要组成部分，其发展充分说明了我国社会保障制度和社会福利制度的建设与发展。

二　江苏流浪人口救助发展概况

（一）2003～2006 年的探索性发展阶段

2003 年，“孙志刚事件”发生后，中央做出废止收容遣送制度，实施救

助管理制度，于当年8月实施了《城市生活无着的流浪乞讨人员救助管理办法》，放弃运行长达21年之久的强制收容遣送制度，实施“以人为本、无偿救助、自愿救助”的救助管理制度。为贯彻落实这一文件精神，加快江苏社会救助制度改革，江苏省围绕省委、省政府中心工作要求，按照少而精、不抵触、有特色、可操作的原则，根据国务院下发的《对有关收容遣送的规章和规范性文件进行清理的通知》要求，于同年6月开始对全省的收容遣送文件进行了全面清理。共修改和废止省、市两级有关收容遣送的地方性法规、规章和规范性文件共48件。同时，为了确保清理工作的顺利完成，由省下发了《关于贯彻落实国务院〈城市生活无着的流浪乞讨人员救助管理办法〉清理有关收容遣送的规章和规范性文件的通知》。省民政部门与劳动、财政、编办等部门共同研究，联合下发文件，就救助管理机构的编制问题提出新的政策，将全省收容遣送站改为救助管理站。由此，江苏省的流浪乞讨人员救助管理实现转型，原有的“强制性”、“收容性”和“救济性”的以控制人口流动的收容遣送制度转变为“救助性”、“自愿性”和“福利性”的以保障流浪人员基本权益的社会救助制度。

经过2004年的探索与发展，流浪乞讨人员救助管理工作基本步入正轨，各地加强了救助管理机构的基础设施、政策、制度和人员队伍建设。到2005年底，全省共有救助管理单位63个，其中地级市救助站13个，县级救助管理站33个。为了进一步加强全省救助管理信息系统的建设与发展，省民政厅先后派出68名学员参加民政部的全国救助管理信息系统培训班，并成立督察组，对全省救助管理信息系统建设工作进行全面督导，江苏省率先做好了这项工作，在同年8月的全国救助管理工作会议上受到民政部的通报表扬。救助管理信息系统的建设和启用，为全省掌握救助管理信息动态、救助管理规范和决策提供了重要的依据，也促使救助管理工作的规范化建设迈入新的轨道。

江苏救助管理工作发展过程中，注重坚持“自愿受助、无偿救助”的原则，加强救助管理方式创新和救助管理体系建设创新。全省分级建立救助管理工作协调小组，积极探索设立救助咨询点，开展救助进社区、主动救助、流动救助和现场救助等多种救助活动。在“分类救助”的理念指导下，全省将流浪儿童救助工作放在一个非常重要的位置，省民政厅要求各级民政部门提高本级福利彩票金项目对流浪儿童救助机构建设的支持力度，提出自2005年开始用三年时间在13个地级城市全部设立集救助、管理与教育为一体的流浪儿童救助保护中心。

2005年是江苏流浪人口救助工作发展模式创新最为重要的一年，全省在确立南京、苏州、徐州为跨省护送救助机构的基础上，分别召开三个跨省护送片区工作会议，集中研究讨论跨省护送工作制度、机制、流程和规划等工作，并初步建立了跨省救助协调工作机制，促成了《江苏省特殊困难救助对象跨省返乡救助工作实施意见》的出台。

（二）2007~2010年的规范化发展阶段

2007年，全省流浪人口救助管理工作进一步发展，经过多方参与和努力，全年共救助流浪乞讨人员40598人次，其中流浪儿童为4571人次，占总人数的11.3%；救助老年人2412人次，占5.9%；危重病人99人次，占0.2%；痴呆傻、精神病和肢残人员2686人次，占6.6%。为了加大对流浪儿童的救助保护力度，结合中央和有关部委精神，江苏在全省组织开展了“为了明天——全省强迫诱骗未成年人流浪乞讨和强迫拐骗聋哑青少年违法犯罪专项整治”活动，在该活动中直接解救和救助73名流浪儿童，有效打击了省内侵害、拐卖、拐骗流浪儿童的不法势力和组织，为流浪儿童的生存提供了社会保护网络。2007年是全省流浪儿童救助保护设施建设发展最快的一年，全省以贯彻落实国家“十一五”流浪未成年人救助保护中心建设规划为重点，省民政厅对常州、苏州、连云港、淮安、镇江、宿迁6市的流浪儿童救助保护中心项目建设提供500万元经费支持，对苏州、南通、扬州3市的流浪儿童救助保护中心进行改造。在设施建设水平提升的基础上，江苏省民政厅十分注重救助工作队伍素质和能力建设，同年在泰州举办全省救助管理知识竞赛，通过这种方式引导全省救助管理人员学习、宣传、运用救助管理政策、法规以及理论和技巧等新理念、新方法，提升整体救助水平。同时，组织10名救助管理站长到香港学习考察，将香港社会工作方法和经验引入省内救助管理工作。

2008年江苏全省救助工作处于快速发展阶段，全省共救助流浪乞讨人员3.7万人次，其中流浪儿童4259人次。2009年，省民政厅将全省救助管理机构规范化建设提上工作日程。在扬州召开的全省救助管理规范化工作

会议提出，以到2013年，90%以上的救助管理机构实现规范化建设目标作为全省的奋斗目标。为确保这个目标能够在全国率先实现，省民政厅下发了《江苏省救助管理机构规范化建设实施办法》，对各救助机构规范化建设提出具体指导原则、建设目标和发展要求。2009年也是江苏流浪儿童救助保护机构建设最为关键的一年，省民政厅提出争取中央与省两级财政支持，以加快全省流浪儿童救助保护中心建设进程，以实现2010年全省所建的流浪儿童救助保护中心能够全面启用。

上海世博会、广州亚运会、北京奥运会的相继召开，为做好三个国家级重大活动期间的流浪乞讨救助工作，省民政厅加强全省救助管理机构的统一部署和管理工作，明确各救助机构的工作职责和任务。全省有55个救助管理机构全力配合，为国家重大活动的顺利举行提供了重要的安全保障，其中有10个救助管理机构受到民政部的表彰。同年，江苏省流浪儿童救助保护中心建设和救助管理规范化建设也取得重大突破，省民政厅根据中央下发的《“十一五”流浪未成年人救助保护体系建设规划》要求，加强了对流浪儿童救助保护中心建设工作进程的管理，提高了对其的支持力度，促使10个地级、4个县级流浪儿童救助保护中心建设项目全部建成并投入使用，为全省流浪儿童救助保护工作提供了坚实的基础。在规范化建设方面，经过多元努力，全年共有24个救助管理机构达到国家规范化建设标准，实现了全省救助管理水平的全面提升。

（三）2011年至今的福利性发展阶段

2011年，全省流浪乞讨人员救助工作取得多方面成绩。一是建立了城乡救助网络体系。江苏基本实现城乡流浪乞讨人员救助网络全覆盖，各地探索以市救助管理站为中心，依托区民政局、街道民政科和社区建立四级救助网络。在广泛推进救助网络体系建设工作的过程中取得明显成效，到2011年底全省共建立流浪乞讨人员救助保护点1545个。同年，全省共救助流浪乞讨人员接近8万人次，其中流浪儿童为5000人次左右。二是创新救助工作机制。全省确立“先救治、后救助”的工作机制，创新主动救助工作机制，重点对接公安部门解救的人员。进一步优化跨省护送工作机制，建立以南京市救助管理站为核心，以徐州和苏州为辅助的跨省护送工作体系。全年与公安部门合作，集中将解救的20名新疆籍流浪乞讨人员送往新疆。三是扩展救助的福利性服务。将基本生活保障和护送返乡的救助服务扩展到教育矫治、心理辅导、技能培训、法律援助等服务，不仅注重提升物质方面的帮助，还注重从权益维护和身心发展需要提供服务。在救助实践创新中，通过流入地和流出地的合作，逐步建立流浪儿童联动救助机制，根据“发现一个、救助一个、回归一个”的原则，加强对流出地的家庭监控和支持，实施反贫困行动，积极预防儿童流浪。四是流浪儿童救助保护中心建设进程加快。南京、徐州、南通、连云港、淮安、盐城、扬州、镇江、泰州、宿迁10个省级，新沂市、睢宁县、金湖县、灌云县4个县级，共计14个作为“十一五”期间申报的流浪儿童救助保护项目通过国家验收。此外，同年申请的溧水县、溧阳市、金坛市、东海县、泰兴市5个县级流浪儿童救助保护中心建设项目正式开工建设。2011年，实现全省所有县级城市建立救助管理站，全省共新建、改建、扩建流浪儿童救助保护设施4.2万平方米，新增床位1500张。

2012年，江苏流浪乞讨人员救助工作继续围绕流浪儿童救助保护体系建设和救助管理服务水平提升进行探索创新。3月13日，江苏省政府召开全省“接送流浪孩子回家”专项行动电视电话会议，集中学习贯彻《关于加强和改进流浪未成年人救助保护工作的意见》和民政部等八部委《关于在全国开展“接送流浪孩子回家”专项行动的通知》等文件精神，部署本省“接送流浪孩子回家”专项行动。此次会议在强调政府部门之间的协调联动之外，还提出要动员社会力量参与流浪儿童救助保护工作和专项行动，从而形成全社会关心、支持和参与流浪儿童救助工作的氛围。江苏省于4月1日在南京启动全省“接送流浪孩子回家”专项行动，建立民政、城管、公安、医疗等多部门联动机制，定期派出流动救助车深入城市街头开展主动救助，重点解救被拐卖、拐骗、控制中的流浪儿童，为解救后的流浪儿童提供心理疏导、行为矫治等服务，为他们返回家庭提供支持。全省“接送流浪孩子回家”专项行动共计护送2500多名流浪儿童返回家庭。2013年5月2日，江苏又启动“流浪孩子回校园”保学专项行动。在该项活动中，根据中央的要求，江苏对鼓励社会组织、社会工作机构参与流浪儿童服务十分重视，流浪儿童的主动救助、专业救助和预防帮扶工作得到进一步拓展。

回顾2003年至2013年的流浪人口救助工作，其发展成绩是值得肯定

的。全省十年间（2003 年 8 月至 2013 年 6 月）共计救助 358823 人次，其中流浪儿童为 31927 人次，占总量的 8.9%。经过十年的发展，全省 13 个地级市全部建立符合国家等级标准的救助管理站，并都设立了流浪儿童救助保护中心；全省所有县都建立了救助管理站，并内设流浪儿童救助保护中心。全省救助管理队伍人员数量由 2003 年的 504 人增加到 2013 年的 697 人，增幅为 38.3%；救助床位由 2003 年的 1520 张增加到 2013 年的 3270 张，增幅为 115.1%。经过十年发展，江苏建立了一支结构相对合理、素质不断提升的救助工作者队伍，形成了一套具有江苏特色的救助管理工作体系，建立了一个覆盖全省城乡的救助网络体系，特别是南京、苏州、徐州、南通等地，结合自身优势，整合多方资源，形成了具有地方特色，在全国具有重要影响的救助管理工作模式。

第二节　流浪人口的机构救助服务实践与创新

一　新中国成立前的流浪乞讨人员机构救助

流浪乞讨现象并不是新生事物，是在历史发展的各个阶段，在任何一个国度和地区都存在的社会现象。因而，对于流浪乞讨人员的救助历史也是十分悠久的。从国外经验来看，机构救助历史可以追溯到 16 世纪。16 世纪早期工业革命开始，英国等地开始出现大规模的圈地运动，大量失地农民和城市手工业者和小作坊主被迫沦为失业者，背井离乡，流离失所，沦为流浪乞讨者不计其数。为了解决这一现实问题，伊丽莎白一世于 1601 年颁布《济贫法》，规定流浪者必须进入习艺所进行劳动或被收容至教养院。由此，西方开始了对流浪乞讨人员的机构救助历史。从国内来看，春秋战国时期管子提出“一曰老老；二曰慈幼；三曰恤孤；四曰养疾；五曰合独；六曰问病；七曰通穷；八曰振困；九曰接绝”的九惠之教是最早有关流浪孤儿救助的记载。南北朝时期，萧梁开始在建康设立赡老恤孤的孤独园，对流浪的老人和孤儿进行救助，这可能是中国比较早的流浪乞讨人员机构救助模式。此后，唐宋设立悲田养病坊、福田院，对流浪儿童和孤儿就行救助。到明清时期，有关流浪儿童的机构救助因这一时期“弃婴”和“溺女婴”成风而快速发展。尤其是到清朝以后，各地广泛设立育婴堂、救婴堂、保婴局、恤婴会、接婴所等多种救助流浪儿童的机构。

到民国以后，中国出现近代意义的流浪儿童救助体系，国民政府在各处设立工艺院等，将流浪儿童等收送至工艺院学习手艺，促进他们以自己的技艺谋生。民初，上海等地一些有识之士开设上海孤儿院等。值得注意的是，随着晚清到民初，鸦片战争打开了国门之后，西方教会也随即进入中国。虽然教会一定程度上是资本主义国家对落后国家的一种文化植入，带有浓厚的殖民文化统治的色彩，但是不可否认的是，西方教会在我国所做的一些慈善事业对当时国情之下救助部分弱势群体是具有一定积极作用的，并对我国构建近代意义上的社会救助和公益慈善事业发展框架具有一定的积极影响。在救助流浪儿童和孤儿方面，教会积极探索了机构救助模式，它们采取“养、教、工”相结合的原则，不仅对在机构内接受救助的流浪儿童提供基本生活照顾，还提供必要的语言学习和职业技术教育，帮助他们提高独立生存与生活的能力。

民国初期，军阀混战不止，民众流离失所，生产遭受严重破坏，不少人被迫沦为乞丐，四处以流浪乞讨为生。在数量庞大的流浪乞讨人群中，特别弱势的流浪儿童，备受社会的关注。如政界名人熊希龄和实业家张謇等不少社会爱心人士纷纷投入到流浪儿童的救助保护中。其中最为出名的救助机构就是香山慈幼院、狼山盲哑学校和湖南佛教慈儿院等，它们“收养孤苦儿童以国民教育兼司各种工艺，俾能独立谋生为宗旨”，即按照教养兼施的原则提供机构救助。其中，狼山盲哑学校就是由江苏著名实业家张謇在南通举办的。

抗战爆发后，受日帝国主义惨无人道的侵略政策影响，我国所有的战区都出现了严重的流民逃难现象。在日军侵华的过程中，有近 1500 万难民由东往西内迁，其中有将近 400 万难民就是儿童。1937 年，宋美龄在武汉召开中国妇女慰劳自卫抗战将士总会委员会议，商讨救济妇女儿童工作。1938 年，在武汉成立了战时儿童保育会，并开设保育院，开始进行机构化救助流浪儿童。

我国有关流浪乞讨人员救助的历史非常悠久，但一直处于碎片化的状态，国家没有出现比较完整的救助政策和救助服务体系。近代意义的流浪

乞讨人员救助是由清末与民国初期逐渐发展起来的，由于当时特定的历史条件，殖民主义影响下西方宗教理念与宗教性服务在中国流浪儿童救助中得到应用和推广，救助理念、方式和内容带有西方宗教文化的某些特点。

二　新中国成立后的流浪乞讨人员机构救助

新中国成立后，党和政府将流浪乞讨问题作为一类影响社会治安的社会问题进行治理，将流浪乞讨救济工作与妓女改造工作融合在一起，统一为生产教养工作。其目标在于对以流浪乞讨为生的社会闲散人员进行教育引导，帮助他们树立劳动意识，学习劳动技能，从而通过参与劳动生产实现独立生存与生活，终止依靠寄生社会的流浪乞讨生活。通过对流浪乞讨现象治理，提升社会治安和社会秩序的治理能力。经过民国初期的军阀混战，后又受十四年抗日战争和三年解放战争的影响，长年的战乱让许多人背井离乡，流离失所，被迫流浪街头。因此，新中国成立初期，流浪乞讨人员教养改造工作量较大，20 世纪 50 年代中期，我国先后建立了 900 多个生产教养院。1961 年左右，我国历史遗留的流浪乞讨人员问题基本得到解决，多数流浪乞讨人员经过改造后成为自力更生的劳动者。但是，1958 ~ 1961 年，我国经过“大跃进”和“人民公社化”，农村经济受到严重破坏，这一“三年困难时期”，又致使许多人饥贫不堪，只能选择外出流浪逃荒。因此，新生的流浪人口又迅速增加，随着饥馑的全国性蔓延，大批流民从家乡涌出，外出寻找生路。外流情况较严重的有河北、山东、江苏、河南、湖北、湖南等省。据不完全统计，从 1959 年 12 月到 1960 年 5 月，上述每个省外流的农民都不下 10 万名（皮学军，2009）。1961 年，公安部制定《关于制止人口自由流动的报告》，决定在全国大中城市中建立收容遣送站，由此我国建立了收容遣送制度。1961 年《全国民政厅、局长关于收容遣送工作座谈纪要》显示，江苏省在徐州、南京 2 处设立收容遣送“接送站”。在这种制度下，民政部门设立收容遣送站，对盲目流入城市的人员实施收容管制，进行强制劳动和强制遣返。由于严格的户籍制度管理对人口流动产生了高强度的制约，人口流动都是比较有序和有方向性的，流浪人口相对较少。

1978 年，中共十一届三中全会确立改革开放以后，快速的工业化、城市化和现代化，使各大城市对人才和劳动力的需求迅速增加，人口流动呈现大规模和高速度的特点。随着经济体制由计划经济体制逐步向市场经济体制转变，原有的单位福利和民政福利所构建的社会保障体系开始弱化，无法对流动到城市的所有人员提供保障。国家为了对流动人口进行有效控制，强化社会管理，于 1982 年实施《城市流浪乞讨人员收容遣送办法》，对城市流浪乞讨人员实施救济、教育和安置。1991 年，这一政策进一步扩展，国家出台《关于收容遣送工作改革问题的意见》，将收容遣送对象范围扩大到无“身份证、暂住证、务工证”的“三无”人员。在收容遣送制度下，收容遣送站对被收容人员进行强制管理，并具有教养和安置的职责。因而，多数收容遣送机构存在强制被收容人员劳动的行为，也存在被收容人员充当管理人员的现象。这些现象和问题对被收容人员的权益保护形成了障碍，产生了一系列的社会问题。如 2003 年，“孙志刚事件”爆发后，人们对收容遣送制度进行了重新审视，使这一落后于历史进程的制度退出历史舞台。

2003 年 8 月，我国实施了《城市生活无着的流浪乞讨人员救助管理办法》，将强制性的收容遣送制度改为人性化的社会救助制度，对流浪乞讨人员实施“自愿救助”和“无偿救助”。这一制度的出台，对我国社会政策改革产生了积极作用，标志着我国的民主进程又向前迈进了一步。各地对原有收容遣送站进行改造或废弃，新建、改建、扩建了救助管理站。同时开始建设流浪儿童救助保护中心设施。经过十年的探索与发展，我国流浪乞讨人员救助管理系统进一步完善，基本救助设施建设经过“十一五”规划推进有较大的提升，救助网络信息平台基本实现全国覆盖，救助工作人才队伍整体素质和能力得到提升，救助资金基本形成中央、省、市多级财政保障机制，人性化与专业化救助服务水平得到较大提升。从流浪儿童救助角度而言，我国的流浪人口救助政策已经逐步被纳入适度普惠型社会福利制度建设体系中，救助层次已经由基本生活救助转到注重服务对象需要满足和全面发展。

三　机构救助的主要内容

（一）基本生活照顾

《城市生活无着的流浪乞讨人员救助管理办法》规定救助站的救助是一项临时性的救助，其首项救助内容就是“提供符合食品卫生要求的食物”

和“提供符合基本条件的住处”。保障生存和基本生活，是救助工作的基本目标。自2003年实施新的救助政策以后，全省各地救助机构开始对救助设施进行改善，不断优化救助机构居住环境，增加有助于提升受助人员临时受助生活质量的设施。

南京救助管理站多次搬迁后，于2006年在南京栖霞区尧化门一带建立占地面积98亩，拥有300张床位的救助站新站并投入使用。该救助站救助区建筑采用花园式建筑设计风格，救助区分为两个区域，一个区域为男性救助区，有两栋独立的、中间由走廊连接起来的楼分别为男性成人救助和流浪儿童救助区，另一个区域为女性救助区，区内有一栋楼专门为成年女性和流浪女童的住宿区。每个住宿区都采用四合院的形式，设立了比较大的户外自由活动场所，配备了简易的健身器材，还有走廊、长凳，院子里种植了草皮和多种树木。基本形成了一个环境优美、绿化美观、设施齐全的户外受助环境。在三栋救助大楼中，分别根据男性、女性和儿童的特点配置了救助设施。如在成年男性区域，配置了台球、乒乓球、棋牌活动设施；在儿童区根据儿童的特点和需要配置了电脑室、服装室、手工室、绘画室、棋艺室、舞蹈室等有利于开展儿童活动的区域；在女性区设置棋艺室、聊天室、宣泄室等设施。在完善受助人员娱乐休闲设施的同时，南京救助站不断优化受助人员的生活设施，如建立残疾人专用设施，为他们构建无障碍生活环境。为便于老年人、残疾人行动，专配了轮椅、拐杖、救助站布局图等辅助设施，在各个走道、房间合理地配置扶手等设施，站内所有受助人员的房间都配置了空调。通过基础救助设施的优化和改善，救助机构的基础能力得到明显提升。

南京市流浪未成年人救助保护中心（以下简称未保中心）大楼建设项目作为江苏“十一五”重点规划项目，于2009年破土动工，投资710万元，历时2年多，于2011年8月建成并投入使用。该中心建筑面积3400多平方米，设置床位155张。采用四合院形式的建筑布局，院子内配置了跑步机、单双杠、跷跷板等多种健身器材，未保中心大楼西面铺设了一个操场，设置了塑胶跑道和篮球架。未保中心大楼里配置了图书馆、网吧、活动室等多个功能房间。为了更好地保障流浪儿童的生活，未保中心大楼还专门设置了穆斯林专用食堂和类家庭公寓。南京市救助管理站在保障流浪乞讨人员基本生活方面的工作一直走在全省前列，在省内具有一定的品牌意义。

全省各地救助机构业务开展的主要内容一直就是向流浪乞讨人员提供基本生活保障，预防他们在恶劣的社会环境中出现冻死、饿死等问题出现，保障这些人员的基本生存权益。生活照料是每个流浪乞讨人员的基本权益，能够有效传递政府的民生政策，构建社会成员社会流动与流浪的基本紧急支持体系。在保证陷入临时困境中的流浪乞讨人员获得紧急救助的同时，也能有效防止他们通过抢劫、偷窃等违法方式维持自己的生存，从而有效地预防了社会风险的发生，提升了公共安全系数。

（二）返乡支持服务

返乡服务是生活照顾之外的另一项重要救助服务。流浪乞讨人员的流浪方向主要是由中西部地区流向东部发达地区，由相对落后的农村地区流向相对发达的城市地区。因此，这部分人口基本上都是离开自己家乡，在城市中流动。送流浪乞讨人员返乡是救助的目标之一。流浪乞讨工作是一项需要多部门合作的工作，各地以市为单位广泛开展探索。南京、南通、徐州等多个城市建立了以市救助站为核心，将区（县）流浪乞讨人员救助中心（站）、街道和社区救助点纳入流浪人口救助体系中，形成四级联动机制，由市救助站对区、街道、社区三级救助机构进行业务指导和支持。同时，建立民政与公安、城管等部门联动机制，形成多部门合作联动的工作机制。在市民政部门协调下，救助机构与其他老年人、儿童福利机构建立合作关系，为流浪乞讨人员安置提供支持。从图 7.1 可以看出，救助机构的工作目标重点在于帮助流浪乞讨人员返乡或安置进福利机构。近年来，江苏省内各地救助机构加快了流浪乞讨人员返乡工作的探索与实践，基本上形成了以“返乡”为中心的返乡救助工作体系，而其中流浪儿童返乡救助体系基本在省内形成了统一的工作模式。

从图 7.1 来看，我国流浪儿童救助工作较为统一的模式是，各地在纵向上建立市、区（县）、街道（乡镇）、社区（村）四级救助网络，在横向上建立民政、公安、城管、卫生等多部门协同网络。流浪乞讨人员由纵向和横向救助网络送至救助机构，救助机构按照流浪乞讨人员常驻户口所在地为省内、市内，省外、市外等情况进行分级护送，省外的由社区（村）、街道（乡镇）、区（县）救助机构送往市救助机构，市救助机构可以送往归口

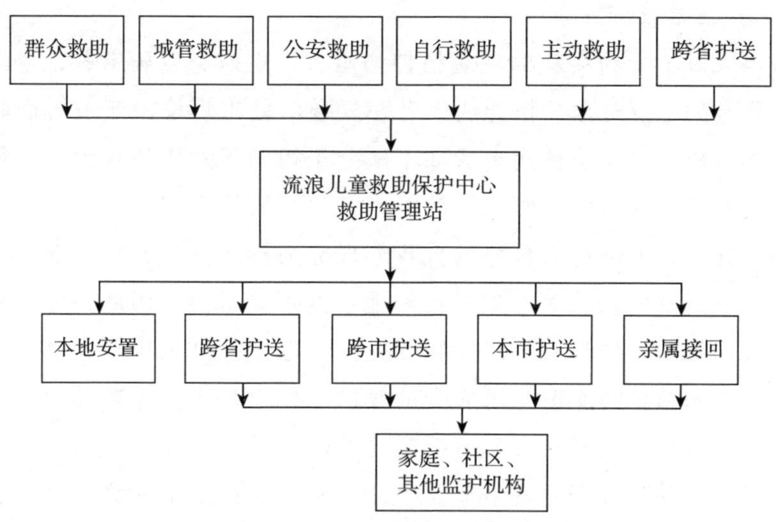

图 7.1　“返乡为中心”的流浪儿童返乡救助工作模式

的跨省护送救助机构（江苏跨省护送救助机构为南京、苏州、徐州三个救助站），跨省护送救助机构再将需要护送的流浪乞讨人员送往其户口所在地的对口跨省接收救助机构，跨省接收救助机构将省外护送来的流浪乞讨人员再按照分级护送程序，本市的由市救助机构开始逐级往下护送，或者由其家属接回，或自行返回；外市的，跨市护送至其所在市的市级救助机构，再逐级往下护送，或由其家属接回，或自行返回。

在实践中，救助机构基于受助者权益最大化和保护生命的原则，一般对未成年的流浪儿童、老年人、残疾人、精神病患者、孕妇等特殊人群进行护送服务。而对于成年的具有完全民事行为能力，且具有良好的自我返乡能力的受助人员，救助机构主要采取提供乘车车票，按照乘车类型，将他们送往火车站或者汽车站，将车票分发给他们，由他们自行返乡。新型救助管理制度下的救助返乡工作与收容遣送制度下的遣送返乡工作有着本质上的区别，收容遣送的运行逻辑是被遣返人员对城市的治安和社会管理增加了难度和风险，采用强制措施将他们及时遣返到户口所在地，能够有效降低社会风险，促进社会稳定和维护社会秩序；救助返乡的运行逻辑是保护公民的基本权益，履行政府公共服务职能，帮助这些临时陷入困境而无力返回家乡的流浪人员返回家乡，并对其中需要特殊照顾的人员提供护送服务。

（三）医疗救助服务

流浪人口中最为弱势的就是精神病患者，重病、急病患者，他们是医疗救助服务的重点对象。精神病患者在复杂的城市环境中流浪时面临着多重风险和危机，不少精神病患者在不法分子控制下从事违法活动，但他们却缺乏是非识别能力和逃脱控制的能力，他们的行为容易对社会的安全造成损害。同时，由于他们自身的自我管理能力较弱，又容易遭受复杂的社会环境诱导而发病，从而发生自伤和他伤的可能危险。因此，精神病流浪乞讨人员的救助工作具有特殊性和专业性，也是一直困扰救助机构的一个难题。其他病患者的流浪乞讨人员的救助工作也是十分重要的，这些人员在不可控的情况下或者自身无力控制的条件下可能会临时性陷入重病和急病的困扰中，并随时可能发生危及生命的风险。在新型流浪人口救助政策实施的初期，有关部门就注意到了对危重病人和精神病人的救助工作的重要性和特殊性。2006 年，民政部会同公安部、财政部等 6 个部门下发了《关于进一步做好城市流浪乞讨人员中危重病人、精神病人救治工作的指导意见》，明确通过确定定点医院的方式，对这些特殊流浪乞讨人员进行专门救助。如南京市救助站，依据相关程序将离其最近的栖霞区医院作为其定点医院，并将南京市青龙山精神病院和南京市脑科医院作为其精神病患者流浪乞讨人员的定点医疗机构。所有被发现有重病、急病和精神病的流浪乞讨人员，由公安、民政救助机构直接送往定点医院进行治疗。所产生的费用按照一定的程序由民政救助机构与医院结算。如徐州市将市民政局直属的徐州民政医院和徐州精神病院确定为流浪乞讨病人医疗救治定点医院，将危重病人及时送往徐州民政医院救治，将精神病人及时送往徐州精神病院，并在此进行安置。

随着我国社会福利制度的发展，尤其是党的十七大以来进一步强调改善和保障民生，注重对弱势群体的保护和支持，各级政府加强了对流浪乞讨人员中特殊群体的救助力度。为了强化救助工作的及时与到位，减少流浪乞讨人员因病发生意外死亡现象的出现，国家提出“先救治、后救助”的工作原则和理念。随后，各地对这一要求积极采取措施进行探索性的落实。扬州于 2011 年 1 月开始实施本市《关于城市流浪乞讨人员危重病人、精神病人救治工作规程通知》，该政策的实施更进一步推进了新时期救助管

理工作的人性化和福利性。扬州市的这项政策规定了有关危重病人、精神病人等特殊受助对象的医疗救助程序。要求公安、城管等部门负责将在执行任务过程中发现的“流浪乞讨病人”护送至相应医院就医；也可视情况通知有关部门或单位将其护送至当地定点医疗机构。精神病人或疑似精神病人送江苏省扬州五台山医院门诊鉴定，拟诊为精神病人的，依据病情给予门诊或住院治疗；危重路倒病人，在病情允许的情况下，送扬州市惠民医院就医；传染病人（含艾滋病患者）送扬州市第三人民医院就医；麻风病人送扬州市疾病预防与控制中心皮肤病性病防治所就医。定点医院应及时通知市救助管理站到定点医院对病人进行甄别。坚决杜绝因经费问题延误诊治事件发生。南京加强民政、公安、医疗等部门的协作，公安机关等在执行公务时发现危重病人、精神病患者等流浪乞讨人员第一时间送至定点医院，进行专门的检查，对需要救治的人员实施及时救助。

（四）安置服务

《城市生活无着的流浪乞讨人员救助管理办法实施细则》第十四条规定“对无法查明其亲属或者所在单位，但可以查明其户口所在地、住所地的受助残疾人、未成年人及其他行动不便的人，省内的由流入地人民政府民政部门通知流出地人民政府民政部门接回，送户口所在地、住所地安置；跨省的由流入地省级人民政府民政部门通知流出地省级人民政府民政部门接回，送户口所在地、住所地安置”。第十五条规定“对因年老、年幼或者残疾无法认知自己行为、无表达能力，因而无法查明其亲属或者所在单位，也无法查明其户口所在地或者住所地的，由救助站上级民政主管部门提出安置方案，报同级人民政府给予安置”。这两条规定将安置工作的责任进行了基本的划分，流出地和流入地针对这部分无法查明其家属、单位的流浪人员需要承担安置服务工作。事实上，由流出地接回和就地安置的政策并不能有效地执行，因为进入江苏的流浪人口多数为外省的，一般以甘肃、青海、四川、云南、贵州、广西等省区偏远农村为主。由于流出地的经济发展程度与江苏等东部地区差距较大，这些地方的家属和救助机构前往江苏省内接回流出的流浪人员不仅存在资金方面困难，也存在人手方面的困难。中西部地区流出人员多，除正常可以自行返回家乡的流浪人员外，不少流浪人员需要通过救助机构进行接送才能返回，这样必然造成资金和人手方面的双重制约。例如，贵阳救助站 2010 年救助 22000 万人次，其中农民工 13000 人次，而同期南京救助站救助量 10970 人次。2010 年贵阳救助站共接送 5008 名精神病人、残疾人、危重病人、老年人等回家，其业务范围涉及 24 个省、直辖市、自治区。[①] 因此，江苏省在护送老年人、残疾人、精神病人、流浪儿童等特殊群体返乡的工作中，主要通过分级护送机制，将外省需要护送的流浪人员分别集中到南京、徐州、苏州三个跨省护送救助机构，再由这几个跨省护送救助机构分别护送到流浪人员所在的省级跨省接收救助机构。基本不属于中西部地区的救助机构到省内的救助机构来将流浪人员接回。

救助机构提供安置服务的人群主要为精神病人和智障人员，这部分人群由于自身原因难以说清自己身份信息和户籍信息，救助机构在查询甄别过程中遇到的困难较多。他们很容易被滞留在救助机构，成为需要安置的服务对象。各地对流浪人员的安置办法并不一致，如云南，在昆明设置安置所，所有无法查明身份和户籍信息的长期滞留在救助机构的流浪人员将被送往安置所进行安置；如西安救助站主要是将流浪儿童放在救助机构集中养护。江苏对流浪乞讨人员的安置工作比较重视，各地救助机构充分依托同级福利机构资源进行安置。如 2006 年南通市政府下发《关于加强城市生活无着的流浪乞讨人员救助管理工作的意见》，对安置工作进行了细化，规定“被护送至救助管理站的受助人员，6 个月后仍查不出其身份，无家可归的 6 周岁以上的未成年人以及 2 个月后仍查不出其身份的无家可归的精神病患者、智障（呆、傻）人员，由市救助管理站报经民政局同意，送市相关福利机构安置。对于护送至市社会福利院救助的 6 周岁以下的未成年人，无法查明其身份的，市救助管理站于 7 日内报请市民政局审批安置”。这一政策为安置工作提供了法律依据，在市民政局的协调下，救助机构和福利机构建立了相对比较稳定和畅通的协调关系，安置工作能够较为顺利实施。江苏针对流浪乞讨人员的安置服务工作总体较好，一般在省内救助机构中较少出现长期滞留人员。

---

① 苗国强，《贵州救助站去年共救助 22000 人》，2011 年 1 月 2 日，http://gzdsb.gog.com.cn/system/2011/01/02/010985625.shtml，最后访问日期：2016 年 6 月 20 日。

（五）社会工作服务

社会工作服务在流浪乞讨人员中的应用主要表现在运用社会工作方法、理念、技巧开展服务和吸纳专业社会工作者或社会工作志愿力量开展社会工作服务。目前，省内开展社会工作服务较好的救助机构主要是南京、徐州、苏州等地救助机构，由于这些救助机构所在的城市社会工作高校资源较为丰富，基本上可以借助与高校建立社会工作实习、教学与科研基地共建合作关系，吸纳社会工作专业学生力量进入救助机构开展服务。总体而言，社会工作服务主要面向流浪儿童，南京救助管理站于 2006 年开始，先后与南京师范大学、南京大学等 9 所高校的社会工作院系建立了社会工作专业实习、教育、科研基地共建合作关系，并成立南京流浪未成年人保护高校大学生志愿者联盟，组建了流浪儿童救助高校志愿者队伍。9 所高校的社会工作院系每学期都会根据教学计划在不同阶段安排社会工作专业学生到救助站开展调研、参观、实习等活动，而救助机构主要将这部分力量引入流浪儿童保护中。同时，南京市救助管理站于 2007 年和 2011 年分两批次引进 7 名专业社会工作人才，并将他们安排在流浪儿童救助保护工作岗位上。各合作院校派往南京市救助管理站开展实习和服务的社会工作学生都在南京救助管理站的专职社会工作者指导和带领下开展服务，其服务主要是围绕流浪儿童所开展的个案和小组工作以及外展社会工作，根据流浪儿童个体和群体的特点与需要，进行行为矫治、心理疏导和教育矫治，帮助他们树立正确的价值观、人生观和世界观，引导他们形成正确的思维方式和健康的生活习惯，增强他们的社会适应和人际交往能力，其目标就是引导他们运用自身和外在的环境资源，激发潜能，解决自身的现实困境，增强回归社会的能力。南京救助管理站在整合高校社会工作资源上比较具有特色的是吸纳高校社会工作学生志愿者开展街头劝导救助志愿活动，自 2010 年 1 月至今，南京市救助管理站吸纳南京财经大学、南京林业大学、南京师范大学等 5 所高校社会工作学生志愿者，共开展 20 批次，近 600 人次的街头劝导救助志愿活动，有效地补充了救助工作力量，创新了救助服务方式。徐州市救助管理站与中国矿业大学和徐州师范大学社会工作专业建立合作关系，吸纳社会工作力量为流浪少年儿童进行心理咨询，弥合心灵创伤，纠正行为偏差，重点了解流浪少年儿童的思想、学习、生活等方面的情况，及时采取补救措施，避免了他们的再次流浪。

（六）源头预防与家庭评估服务

2012年民政部下发《流浪未成年人需求和家庭监护情况评估规范》，要求各地流浪儿童保护机构加强对流浪儿童的需求和家庭监护情况进行评估，这是一项富有挑战意义的工作，需要一定的专业人才介入，而且需要流入地与流出地紧密合作才能有效完成。儿童重复流浪是一种较为普遍的现象，不少被护送返乡的流浪儿童，由于不能获得继续接受学校教育的机会，或因继续遭受家庭贫困、家庭破裂等问题的困扰而被迫再次选择流浪。为减少儿童重复流浪，江苏各地救助机构不断探索新的工作机制，充分运用社区、街道救助点搭建源头预防和家庭干预体系。南京注册的温馨家园社会工作服务社，申请南京市公益创投项目资金，实施“流浪儿童回家工程”公益项目，对接“接送流浪孩子回家”和“流浪孩子回校园”专项救助行动，通过组织志愿者和与社会组织合作，对本市回归家庭的流浪儿童进行跟踪回访和支持服务，帮助他们适应家庭生活。同时，以社区为本，动员社区力量开展困境儿童和问题家庭帮扶和干预，预防家庭问题和儿童流浪。

第三节　流浪人口救助服务战略

流浪人口是我国人口的重要组成部分，据统计，我国目前有100万至150万的流浪儿童，而成年流浪人口更多，从民政部的统计数据来看，2009年至2011年年均受助成人流浪人口超过250万人次，而年均救助的流浪儿童总数在15万人次左右。随着我国经济社会的进一步发展，人口流动速度加快，规模加大，而流浪人口的规模也必然进一步加大。江苏作为东部经济较发达的省份，其政治、经济、文化、社会和生态文明建设需要大量的人才和劳动力资源，而诸如建筑、农林地矿、绿化环卫、社会服务等领域所需的普通劳动力主要由外来人口补充，其中由农村剩余劳动力转移进城市的农民工群体将成为城市外来人口的主体。农民工在城市流动过程中由于缺乏良好的社会支持，在遭遇被偷、被抢、被骗，突发疾病，找工作受挫，劳务纠纷等突发性问题时容易陷入困境，成为需要提供紧急救援的人

口。而传统的流浪乞讨人员群体和职业乞讨群体也将不断扩大。流浪人口的救助工作面临着新挑战、新机遇，作为中国适度普惠型社会福利制度的重要组成部分，流浪乞讨人员救助制度将逐步由救济性转向福利性，其救助服务的目标将由满足流浪乞讨人员的基本生存需要转到逐步增强其生活能力和改善生活质量。流浪救助的理念、方式与政策和实际运行机制将进一步朝着人性化、专业化方向发展。因此，构建流浪人口的管理与服务的战略框架具有十分重要的现实意义和理论意义，对推动江苏的社会经济发展具有非常重要的作用。

一　建立需要为本的流浪人口救助政策体系

我国经济体制改革经历了由计划经济体制走向市场经济体制并逐步深化改革的阶段，社会福利制度建设也随之由补缺型社会福利制度模式向适度普惠型社会福利制度模式转变并缓慢前行。随着党的十六大提出社会建设以来，“民生改善”和“社会服务”迅速成为政府社会政策与社会发展的关键词。特别是党的十八大提出要构建“有尊严”“幸福的”和谐社会以后，社会福利制度建设得到进一步加强。有关流浪乞讨人员的救助制度也随之得到发展和丰富。自 2003 年以来，国务院和有关部委下发了多个政策文件，形成了一套指导救助实践的政策体系（见表 7.3）。

表 7.3　2003 年至 2013 年 8 月有关流浪人口的政策

年份	政策名称
2003 年	国务院颁布《城市生活无着的流浪乞讨人员救助管理办法》
2003 年	民政部颁布《城市生活无着的流浪乞讨人员救助管理办法实施细则》
2003 年	民政部、财政部、中央编办联合下发《关于实施城市生活无着的流浪乞讨人员救助管理办法有关机构编制和经费问题的通知》
2006 年	十九部委联合下发《关于加强流浪未成年人工作的意见》
2006 年	民政部出台《流浪未成年人救助保护机构基本规范》
2006 年	民政部出台《流浪乞讨人员救助管理机构基本规范》
2009 年	五部委联合下发《关于进一步加强城市街头流浪乞讨人员救助管理和流浪未成年人解救保护工作的通知》
2009 年	民政部出台《关于在全国开展救助管理机构规范化建设的意见》

续表

年份	政策名称
2009 年	民政部下发《民政部关于促进民办社会工作机构发展的通知》
2011 年	国务院办公厅出台《关于加强和改进流浪未成年人救助保护工作的意见》
2011 年	财政部等部委联合下发《中央财政流浪乞讨人员救助补助资金管理办法》
2011 年	国家发布《中国儿童发展纲要（2011—2020 年）》
2011 年	中央八部委联合下发《关于在全国开展“接送流浪孩子回家”专项行动的通知》
2011 年	民政部下发《关于加强社会工作专业人才队伍建设的意见》
2012 年	民政部下发《关于促进社会力量参与流浪乞讨人员救助服务的指导意见》
2012 年	民政部出台《流浪未成年人需求和家庭监护情况评估规范》
2013 年	民政部等十部委《关于在全国开展“流浪孩子回校园”专项行动的通知》

从表 7.3 可以看出，国家在加快流浪人口管理与服务的过程中，主要从机构建设、人员队伍建设、资金投入等几个方面提供了政策支持。其中，毋庸置疑的是，政府对流浪儿童救助给予了空前的重视和支持，自 2006 年以来，国家连续出台了 7 个以“流浪儿童”为关键词的救助政策，在强化救助管理机构能力建设的同时，开始通过举办“回家”“保学”等专项行动维护流浪儿童权益，吸纳社会力量参与流浪儿童救助工作。

按照民生改善和社会建设的要求，以及中国适度普惠型社会福利制度的构建要求，流浪人口的政策发展方向需要进一步向社会福利的方向转变，将简单的救助服务转变为回应流浪人员需要的社会福利服务。2013 年 8 月和 2012 年 9 月，民政部会同江苏省民政厅在南京举办了两期救助管理培训班。在 8 月举办的民政部第四期救助管理培训班上，来自江苏省内的 16 个市、县救助站和来自其他 14 个省的救助站的共计 60 多名救助管理人员参加会议，在交流探讨的过程中，首先，各地救助站反馈最多的问题，就是当前实际救助的对象远远超出《城市生活无着的流浪乞讨人员救助管理办法》所规定的救助对象范围，90% 的救助对象是不属于政策规定的对象，但他们又确实需要提供临时的住宿、返乡和疾病救治等服务。其次，受助对象的需要越来越多元化，原来以返乡为核心的救助方式已经无法满足流浪人员的需要，救助政策需要进一步调整救助目标和方式。最后，救助机构处于“有执法证，但无执法权”的尴尬境地，在针对精神病、危重病人、老年

人、残疾人、儿童实施保护性救助时，遇到这些人员拒绝救助时，如果采取强制救助将导致救助机构违法；如果同意其放弃救助后出现流浪人员意外伤亡事故又可能受到法律问责或舆论问责的尴尬处境。

总体而言，运行十年多的救助管理办法是救助机构开展业务最主要的法律依据，但这一政策在应对新问题时出现了不同程度的政策失效。如流浪儿童救助，《城市生活无着的流浪乞讨人员救助管理办法》及其实施细则只是进行了简单的规定，并未精细化和操作化。随着流浪儿童救助工作的开展，其政策细化程度也需要提高，国家只能以“通知”“意见”等形式发布一些补救性和发展性的政策。如《关于促进社会力量参与流浪乞讨人员救助服务的指导意见》，实际上就是在毕节流浪儿童死亡事件等直接影响下，政府注意到社会力量的参与作用和意义，从而通过出台新政策以弥补救助管理办法中的空白，并对流浪儿童救助保护领域的社会组织和社会力量进行引导和规范。但是，这些后发的政策的法律效力都远远低于救助管理办法，因而这些政策很难贯彻落实到救助工作实践中。

构建需要为本的流浪人口管理政策，需要政府和有关部门认真总结十多年来的救助实践和政策运行情况，加快出台《救助管理条例》一类的法律法规性文件，提高救助管理政策的合法性和权威性。江苏在全国的救助管理工作中处于领先地位，在资金投入，基础设施建设，人才队伍建设方面都处在创新前列，但也是最容易走在政策前面而面对新问题、新情况、新挑战的。构建需要为本的救助政策体系，需要江苏结合自身实际，将该项政策融入江苏社会保障体制改革和社会福利制度建设的大局中。

二　构建专业社会工作服务体系

民政领域作为社会工作发展的主阵地，提供了社会工作本土化的实践载体和发展机会，两者具有天然协同发展的条件，即社会工作为民政工作发展提供理论指导和实践方法，而民政工作为社会工作本土化和职业化提供载体和路径。救助管理领域是民政部门推进社会工作发展的重要系统。2012 年年底全国拥有救助管理机构 2031 个，其中救助站 1770 个，流浪儿童救助保护中心 261 个，拥有救助床位 10 万张，2003 年 8 月至 2012 年底共救助流浪乞讨人员 1564.5 万人次，其中未成年人 135.8 万人次，危重病人及精神病人64.1万人次，残疾人103.8万人次，老年人165.3万人次，跨省接送83.3万人次。从这组数据来看，救助管理工作拥有一支庞大的救助队伍，一个数量庞大的服务对象群。目前，全国救助管理系统的人员大约为1.5万人，按照年均救助量来看，年人均救助流浪乞讨人员100人次。虽然，经过十多年的发展与探索，流浪人口的救助与管理工作取得了多方面发展，从政策发展到机构能力建设，从传统救助人员转型到救助专业人才队伍建设，从服务理念提升到服务方式创新都取得了明显成效。但是，不容忽视的是，我国流浪人口救助面临着服务成本过高与服务效率不高，服务对象需求多元化与机构服务能力不足，程序化救助走向规范化与救助服务刚性缺少人性化等多重矛盾十分突出。现阶段进入救助系统接受救助的人员，基本上是以进城务工的人员为主，这些人员往往是被偷、被骗、被拐、被抢，或者因为务工不着而经费用完，或者由于突发疾病等原因临时陷入难以解决食宿或不能正常继续自己的行程等困境。他们既不是流浪人员，更不是乞讨人员，但他们又确实需要政府提供紧急性与临时性救助服务。随着社会变迁加快，这一问题越来越凸显，一方面，流浪乞讨人员中有70%的为职业乞讨人员，他们遵循“街上磕三年头，回家盖个小洋楼”的职业敛财目标，他们拒绝救助，形成“无须救助的人成为主要救助对象”问题；另一方面，许多露宿街头的农民工，被偷、被抢、被骗，无钱医病，突发急病，务工不着，走失的精神病人和智障人员等都是需要提供临时紧急救助的对象，但是他们既不是长期流浪人员，也不是乞讨人员，不属于《城市生活无着的流浪乞讨人员救助管理办法》规定的救助对象，因而形成“需要救助的人不能纳入救助范围”问题。针对救助对象变化，救助机构需要不断调整自身的救助目标定位，尤其是要不断创新和发展救助理念与服务，只有这样才能更好地提供服务对象所需、政府所期、社会所想的服务。

社会工作作为一门以专业方法助人的科学，在我国社会福利领域得到广泛重视和应用。流浪人口救助既是一项政府所属的社会管理职能，也是一项由政府提供的面向特殊社会成员的社会福利服务。社会工作在救助管理领域能够提供专业人才力量、专业方法和专业服务。它在流浪人口救助管理服务中将具有广阔的发展前景和巨大的潜力。江苏作为社会工作教育资源十分丰富的地区，能够引导各地救助机构与其周边的社会工作院校建

立长期的合作关系，将高校的社会工作理论和社会工作志愿资源引入救助管理领域。同时，江苏经济社会快速发展，政府可以通过公益创投、培育社会组织、服务购买等方式推动全省社会工作力量参与流浪人口的救助与服务中。

江苏流浪人口社会工作服务体系构建主要有几个路径。一是构建流浪人口社会工作服务政策体系，依托《中国儿童发展纲要（2011～2020年）》《关于加强社会工作专业人才队伍建设的意见》《关于促进社会力量参与流浪乞讨人员救助服务的指导意见》《流浪未成年人需求和家庭监护情况评估规范》《关于加强和改进流浪未成年人救助保护工作的意见》《民政部关于促进民办社会工作机构发展的通知》等政策，进一步完善江苏有关流浪人口社会工作服务政策体系，以制度建设为社会工作服务发展提供支持。二是积极扩大社会工作宣传面，南京、徐州、苏州等地救助管理机构，是省内开展社会工作服务较好的机构，政府需要加大对它们的正面宣传，挖掘素材，树立典型，将具有推广性和引领性的社会工作服务案例和经验进行推广宣传，提升救助机构内部和外部社会成员对流浪人口中的社会工作的认同。三是加强民政、人社、编办、财政等部门之间的沟通联系，逐步增加全省救助管理机构系统内的社会工作人才编制数，增加社会工作人才岗位数，建立一支体制内具有较强专业能力和素质的专业社会工作人才队伍。同时加强救助管理机构工作人员社会工作教育培训，促进他们学习和运用社会工作理论知识，提高社会工作服务水平。建议以社会工作职业水平资格考试为中心的社会工作学习培训机制、激励机制，引导救助工作人员参加社会工作职业水平资格考试，优化薪酬待遇体系和技术岗位体系，突出社会工作和社工在救助管理制度体系中的作用和地位。四是要加大投入，逐步放开救助管理领域的政府服务购买，通过公益创投、项目购买、岗位购买等方式引导和吸纳社会组织参与流浪人口救助工作，尤其是要积极培育、动员和引导专业民办社工机构参与流浪人口救助，建立社会化的社会工作服务体系。

三　构建社区为本的救助服务体系

随着我国社会福利制度发展进程的加快，社会政策越来越关注弱势群体的生存状况和发展困境。在流浪人口救助中，人们越来越重视流浪儿童、精神病人等特殊群体的救助。从2003年至2013年的十年间，流浪人口救助的目标取向主要在机构救助能力提升上，无论是学界还是实践部门，其关注的重点是街头流浪中的和机构救助中的流浪儿童救助，较少地探讨家庭中和社区中的潜在流浪儿童和回归后的流浪儿童的救助问题。随着《中国儿童发展纲要（2011～2020年）》的出台，儿童福利时代的到来也标志着流浪儿童救助发展方向是构建中国特殊的流浪儿童社会福利体系。从福利多元主义视角来看，流浪儿童福利不仅需要救助机构作为福利提供主体，而且需要市场、民间组织、家庭和社区的参与。

构建社区为本的流浪人口救助体系，就是要充分利用社区资源，根据服务对象的需要，为存在流浪风险的困境人群提供干预性支持服务和为回归社区与家庭的流浪人群提供跟踪性支持，以达到预防流浪和重复流浪的目的。一是建立信息监控平台。以社区（村）居委会及其服务中心为基础，建立人工信息和网络信息平台，对社区（村）内存在流浪风险的可能人群进行监控，及时收集和反馈目标人群的需求和特点，政府和有关民间组织及时掌握社区中目标人群的需求，制订服务计划，采取服务措施，进行有效干预。目前，江苏省多个城市基本建立了市、区（县）、街道（乡镇）、社区（村）四级流浪人口救助系统。借助这一网络，将全国救助管理信息系统等流浪人口信息数据库覆盖整个网络，将有利于形成多级联动的救助格局，提升救助实效。二是建立居民教育机制。加强对居民进行流浪人口政策与法律方面的宣传和教育，增强居民关注并参与流浪人口救助的责任意识和公益意识。对一些存在家庭暴力行为、家庭关系紧张等的特殊家庭进行亲子辅导，提供家庭教育等服务，帮助他们增强调解矛盾、构建和谐家庭关系的能力。动员和引导社区居民向存在流浪风险的家庭提供物质与精神方面的支持，共同预防人口流浪。三是搭建民间组织参与平台。引导民间组织参与社区服务，将基金会、民办非企业单位、社会团体等社会服务型和公益型社会组织引入社区流浪人口救助中，为存在流浪风险的个人与家庭提供整合性资源支持服务，如教育、医疗、住房、康复等可以通过社会组织的有效服务来提供。民办社工机构可以为困境家庭和困境儿童提供个案工作、小组工作、社区工作服务，帮助他们获得资源，缓解危机。

四是构建志愿服务体系。社区是一个单位最小的小社区，它集聚了政府、市场、民间组织、家庭与个人等多方面的资源。建立资源提供与服务提供的专项性或综合性志愿服务组织网络和志愿服务队伍，充分利用社区自身资源为社区的特殊人群和家庭建立社会支持网络，这将有助于增强特殊人群和家庭的功能，减少流浪人口。

第八章
江苏社会建设之志愿服务发展战略

社会建设和社会管理的核心是民生为本。提供普惠服务是实践民生为本社会战略的基本手段。除了政府部门、社会组织提供服务外，志愿服务是一种惠及广大社会成员的服务。特别是志愿服务中人人参与、人人服务、人人建设、人人管理的精神，是社会建设和社会管理的基础。只有政府提供的服务、社会组织提供的服务与志愿者提供的服务实现整合，才能形成一个多层次、多元化、多类型的覆盖全社会的服务体系。

中国的志愿服务事业是随着中国改革开放以来逐渐发展起来的。经过三十多年的发展，中国的志愿服务体系已经建立，志愿服务也日益为人们所熟知和认同。本部分从国际国内志愿服务的发展历程出发，分析其缘起、发展阶段和目前的发展状况；对江苏志愿服务进行分析，提出江苏志愿服务发展中社会工作如何与志愿服务互相促进、社会工作者如何指引志愿服务的对策。

第一节　志愿服务的理念精神和发展阶段

一　志愿服务的历史起源

早在19世纪初，志愿服务便在西方国家出现。它直接源于宗教组织的慈善服务。这种慈善服务因民间性和宗教性而具有良好的社会基础，最后逐渐形成为一种服务社会的行动方式。西方国家的慈善事业起源较早，主

要有教会首先推动的救助贫民、保护孤儿、照顾寡妇、帮助老弱病残等服务。

16世纪，英国国王亨利八世就开始规定征收救济品由地方政府分发给救济贫民。随后，英国制定《济贫法》，规定政府主办公共救济事业，地方教区必须为所在地点居民充实救济经费，为不能工作的人和儿童准备粮食，向体力健全的人提供工作，救济无力供养自己的人等。为了协调政府与民间各种慈善组织的活动，英国在伦敦成立了“慈善组织会社”，其他城市也相继效仿；这些方式后来扩展到了美国（丁元竹、江汛清，2007）。

2001年1月14日至18日，国际志愿者协会（IAVB）在荷兰阿姆斯特丹召开的第十六届世界年会上通过了《全球志愿者宣言》（*The Universal Declaration on Volunteering*，以下简称《宣言》）。《宣言》对于增强社会对志愿精神的认知，增进政府部门、民间社团、企业、学校及媒体对志愿者服务的支持具有重要作用。《宣言》指出：志愿服务（Volunteer Service）是公民社会的基石。它可以激发人类最高贵的情操——追求全人类的和平、自由、机会和正义。因此，所有人，不分文化背景、种族、宗教信仰、年龄、性别和生理、社会或经济条件的差异都享有自由参与志愿服务的权利。全世界所有人都可以自由贡献自己的时间、自己的才能或精力、自己的金钱和自己的物质去帮助他人；最重要的是不求物质报酬去帮助他人与社会。《宣言》发起国家和志愿服务组织认为，在志愿服务开展过程中，志愿者及其服务的团体和社会负有共同的责任，即创造适当的环境，使志愿者能从事有意义的工作，并达到共同的目标；界定志愿者参与的条件，包括在什么条件下接受服务的团体与志愿者可达成或者结束他们之间的服务协议；制定政策指导志愿者的活动；为志愿者和他们所服务的对象提供妥善的安全保护；为志愿者提供适当的训练、定期的评估与肯定；消除所有生理、经济、社会和文化的障碍，确保每个人的参与机会。

二　志愿服务精神

志愿服务精神是一种自愿地、不计报酬地参与推动社会进步、促进人类自身全面发展的社会公益事业的精神。联合国前秘书长安南在2001年国际志愿者年启动仪式上的讲话中指出，“志愿精神的核心，是服务和团结的理想，是共同使这个世界变得更加美好的信念”（安南，2001）。由此可见，志愿服务作为一种自愿的、不计物质报酬而参与的社会活动，并推动人类发展、社会进步的行为，已经成为人类社会生活的重要组成部分，体现着社会的文明进步。中国青年志愿者协会将志愿服务精神表述为“奉献、友爱、互助、进步”[①]。这种精神既继承了中华民族扶贫济困、助人为乐的传统美德，也体现并塑造着社会主义市场经济下的新型道德观念，还是对人类先进文明成果的吸收。

中国很早就有与志愿服务精神紧密联系的慈善观念。在我国的传统文化中，影响较大的儒、墨、道、佛思想所蕴含的仁爱、互助、奉献、慈善思想为志愿服务的发展奠定了深厚的基础。中国儒家学说一直有“仁者爱人”、“君子喻于义，小人喻于利”、“老吾老以及人之老，幼吾幼以及人之幼”的精神；墨家学说亦有“兼爱、非攻”的主张，墨家还主张“有力者疾以助人，有财者勉以分人，有道者劝以教人”。这些观念事实上都是与志愿服务精神相同的。中国古代民间的“义仓”“义舍”“义米”“义学”是上述理念的体现。

志愿服务在本质上是一种公益慈善活动，是真、善、美的具体体现，是中国的传统文化和传统精神在当代的另一种表现形式，人们赋予了它时代的意义。我国传统文化积淀的博大、深厚的公益慈善思想为“奉献、友爱、互助、进步”的志愿精神的发扬光大奠定了坚实的基础。志愿服务的概念虽然由国外传入，但我国能够接受这种文化，志愿服务在短时间内能得到迅速发展，体现了当代中国文化的开放性。正因为志愿精神在当代中国体现了其独特的现实意义，它才在中国不断发展。

三　志愿服务的多元类型

世界各国的志愿活动形形色色，千差万别。志愿服务在世界各国都存在，但由于志愿者所在国的不同的政治、经济和社会因素等，每个国家的志愿服务形式内容可能有所区别。史密斯（Smith，2009）将其归纳为四种基本类型：互助或自助（Mutual Aid or Self-help）、慈善或为他人提供服务

① 《中国青年志愿者协会章程》第三条。

(Philanthropy or Service to Others)，参与（Participation）、倡导与运动（Advocacy and Campaigning）。

1. 互助与自助的服务

在当今许多国家和地区，互助、自助为相当多的人提供了基本的社会和经济服务及基本的社区福利。在我国，互助、自助的志愿服务主要是邻里互助型的志愿服务活动。在居委会成立居民自愿服务组织，其服务活动主要是社区内的便民服务和居民小组的“小事不出楼”的居民互助活动。

2. 慈善或为他人提供服务

“慈善”一词在希腊语中意为“爱全人类”。在志愿服务中它具有两层含义：一是爱全人类，这种爱通过个人的善举或通过捐献钱物来促进人类的福利、生活质量；二是指通过捐赠、提供服务或其他志愿活动来减轻人类的痛苦和灾难、改善人类的生活质量的活动。我国慈善活动源远流长。改革开放以来，中国的经济有了发展，部分人在政府政策的扶持和个人的努力下先富裕了起来。经济发展为发展慈善事业奠定了基础。一些民间的慈善机构或慈善团体不断涌现。成立于1994年的中华慈善总会是经我国政府批准的民间慈善机构，至今，全国各地成立各级慈善协会已经近200家，分别开展募集善款、扶贫济困、紧急救助、社会福利、其他慈善活动、对外交流与合作等。2008年5月12日的汶川大地震之后，中华慈善总会充分发挥其影响，号召社会各界为灾区捐赠物款。截至2009年4月30日，中华慈善总会接收抗震救灾捐赠款物共计10.835亿多元。其中，资金9.272亿元，物资折款1.563亿元。[①] 慈善机构组织的志愿服务吸引了不同信仰、种族、职业和文化的人聚集在一起，共同为帮助他人、扶助社会开展活动。所以，慈善也成为我国志愿服务体系中的一个重要组成部分。

3. 参与式服务

志愿服务的参与是指个人参与一个组织活动的过程，包括政府组织的活动或发展的项目。在市民社会组织发达的国家，参与志愿服务的形式更为常见。1995年哥本哈根社会发展首脑会议把“参与”列为良好管理的基本形式和社会发展的基本标志。社会的发展是人类自身的发展，必须体现

---

① 中华慈善总会，《中华慈善总会公示抗震救灾捐赠款物收支使用情况》，http://www.gov.cn/jrzg/2009-05/07/content_1307618.htm，最后访问日期：2009年11月11日。

人民的参与，在发展中应当建立公众参与机制。如1992年的里约全球环境大会就主张通过广泛的公众参与来推动环境保护。中国民间环境志愿服务组织的建设和发展就属于志愿服务参与类型。中国政府于1994年制定的《中国21世纪议程——中国21世纪人口、环境与发展白皮书》,[①] 特别强调国家要重视环境保护，注重人口质量，充分发挥青年在国家政治、经济和社会生活中的积极作用。这为后来环保志愿者的兴起和壮大提供了重要的政策支持。

4. 倡导与运动式服务

倡导与运动是志愿精神的最集中的体现。志愿服务的倡导和运动内容丰富，在发达国家包括游说政府修改和完善有利于残疾人的立法、推动世界范围内禁止地雷、为艾滋病病毒携带者提供适当的福利和服务、保护环境等。在中国的各类志愿服务组织中，中国青年志愿者协会比较擅长利用其组织力量倡导和开展大规模的志愿服务活动，由它所发起的许多志愿服务活动都具有运动的特点。

第二节　中国志愿服务的发展与特点

一　中国志愿服务的兴起

中国志愿服务活动可以追溯到改革开放以前。从20世纪60年代中期开始，出于社会主义国家对世界上其他第三世界国家的国际主义义务，中国曾经对亚洲、非洲的许多发展中国家进行大量的国际援助，内容包括军事、经济等。伴随着这些援助活动，中国政府曾经派遣大量的志愿者到国外参与相应的项目。改革开放后，中国最早的志愿者来自联合国志愿服务组织（UIV），当时联合国志愿服务组织向中国派遣了包括地理、环境、卫生、计

① 由国家计委、国家科委、国家经贸委、国家环保局负责，中国政府组织52个部门、机构和社会团体，在联合国开发署（UNDP）的支持和帮助下，编制完成了《中国21世纪议程——中国21世纪人口、环境与发展白皮书》。1994年3月25日，经国务院第16次常务会议审议通过。为推动《中国21世纪议程——中国21世纪人口、环境与发展白皮书》的实施，国家还制订了《中国21世纪议程优先项目计划》。

算机和语言等领域的志愿者来中国工作；后来，其他国家的志愿服务组织也陆续派遣志愿者来到中国服务。

中国志愿服务是伴随改革开放而恢复和发展的。1987 年广州市诞生了第一条志愿者电话服务热线，1988 年天津市诞生了第一个“为您服务”志愿者小组，1990 年深圳市诞生了第一个正式依法注册的志愿者社团（深圳市义务工作者联合会）。进入 21 世纪（2001 年是联合国组织命名的“国际志愿者年”），推动开展志愿行服务已成为国际社会的共识。从这一意义上讲，中国志愿者行动已成为国际性志愿服务行动的一个组成部分。中国志愿服务发展有两个基本发展路径：一是青年志愿者行动，二是社区志愿者行动。

1993 年 12 月，共青团十三届二中全会正式通过了《在建立社会主义市场经济体制进程中我国青年工作战略发展计划》，并决定实施以“青年志愿者行动”为主要内容的“跨世纪青年文明工程”。1993 年 12 月，2 万余名铁路青年率先打出了青年志愿者的旗帜，在京广铁路沿线开展了为旅客送温暖的志愿服务活动。青年志愿者从此进入人们的视野。之后，40 余万名大中学生利用寒假在全国主要铁路沿线和车站开展志愿者新春热心行动，青年志愿者行动迅速在全国展开。1994 年 12 月 5 日，中国青年志愿者协会成立。它是由志愿从事社会公益事业与社会保障事业的各界青年组成的全国性社会团体，是联合国国际志愿服务协调委员会（CCIVS）联席会员组织。该协会通过组织和指导全国青年志愿服务活动，为社会提供志愿服务，推动社会建设和社会管理，是“人人参与服务，人人参与管理”的典范。

社区志愿者是在 20 世纪 80 年代后期由国家民政系统开展的社区服务工作中产生的。1993 年 8 月，民政部、国家计委、国家体改委、国家教委等十四个部委联合发布了《关于加快发展社区服务业的意见》，推动了社区服务工作的全面开展。1994 年 4 月，民政部和中国社会工作协会发出《关于进一步开展社区服务志愿者活动的通知》，要求各级政府切实加强领导，把社区服务志愿者活动推向一个新阶段。社区服务志愿者活动得到了广大居民的认同。经过 20 多年的培育和发展，目前社区志愿者已经成为国内志愿服务组织中最主要的力量之一。全国社区志愿服务组织在提高城市居民社会福利水平，推动城市社区建设、社区管理等方面发挥了积极作用。

二　中国志愿服务的发展阶段

中国的志愿服务是随着中国的改革开放而发展起来的。中国志愿服务经历了从具体服务活动的开展到志愿服务体系的建立，从短期化到持久化、从形式化到效益化、从行政化到人性化、从经验化到科学化的发展过程（李潇潇，2007）。其中，志愿服务也随着三十多年的改革开放而创新了不同的主题：最初，我国对志愿者的定位是“新形势下雷锋精神的继承和发扬”、是“无私奉献”；之后，社会又倡导“赠人玫瑰，手有余香”，认为志愿者在奉献他人的同时，收获了内心的愉悦和精神价值的实现；21世纪初，提出了“建立志愿服务体系”的目标，志愿服务已经成为社会生活的重要参与方式。如果按照阶段特征来看，中国的志愿服务发展经历了以下五个阶段（江汛清、周宏峰，2009）。

1. 改革之初的社会公益转型期（1978～1986年）

中国的改革开放是在极端条件下启动的。由于“文革”十年，不仅人们的生活水平下降、物资匮乏，而且人们心中积聚起强烈的改变生活现状、追求生活富裕的愿望。从1978年到1986年，批判陈旧僵化的思想观念，激发物质创造的热情，成为影响广大民众特别是青年的主流思考。虽然有识之士对社会公德被淡忘、友爱互助意识淡薄深感忧虑，提出了商品经济发展中要发扬传统美德、建设互助风尚的建议，但未能引起广泛关注。这时候，各种机构沿用“学雷锋、做好事”的方式，年年开展“学雷锋”活动，却止步于形式化、短期化，出现了“雷锋叔叔三月来四月走”的现象。即使社会中仍然有些乐于助人、热心公益的人士，也被社会忽略，甚至被认为是“傻帽”“不够进化”。因此，中国的公益服务、友爱互助只有实现观念变革，创新发展，才具有新的生命力。

2. 志愿服务探索发展期（1987～1993年）

在改革开放前沿，中西文化交汇的广州、深圳，一批热心青年率先探索志愿服务的形式，逐渐受到民众的欢迎和社会的认可。他们从香港、澳门了解到“义务工作”具有公益服务的性质，并主动参考和借鉴，结合对“学雷锋，做好事”的改进，“志愿服务”的萌芽破土而出。1987年，广州市诞生了全国第一条志愿者电话服务热线，广州10多名热心的青少年服务

工作者在团市委、市教育局的支持下，牵头建立“中学生热线服务”，后来发展成为遍布全市的“手拉手青少年辅导中心”，就这样探索出了3月5日“学雷锋纪念日”之后志愿服务的延续途径；1989年，天津市和平区新兴街道诞生了全国第一个社区志愿服务团体；1990年，深圳市诞生了全国第一个正式注册的志愿者社团——深圳市义务工作者联合会；1992年，在香港义工的直接指导下，广东省佛山市诞生了“义工团”。内地许多省市也陆续产生了不同类型、名称各异的志愿服务组织。这样，通过社团的建立推动志愿服务的持续发展，成为改革开放后社会公益事业现代转型的标志。但是，萌芽状态的“志愿服务”由于是青年或者其他年龄人群自发组建、自发服务，力量仍然很薄弱，社会影响力也有限。但是这种志愿服务的探索促进了商品经济社会中新型友爱互助风尚的形成，提供了宝贵的经验。

3. 志愿服务的组织推动期（1994～2000年）

在共青团中央的发起和推动下，中国青年志愿者协会于1994年成立，中国青年志愿者行动步入其发展过程的第二个时期，即持续发展和深化阶段，这也标志着中国志愿服务进入了一个新的发展阶段。这期间民政系统推动的社区志愿服务和中国红十字会推动的专业志愿服务也在发展。共青团推动的志愿行动在几年的时间内，依托各级共青团组织，建立起全国、省、市、县四级青年志愿者协会，部分地区延伸到社区、农村，建立镇（街）青年志愿服务中心和社区（农村）青年志愿服务站。借助团组织的动员能力和网络覆盖，志愿服务的区域扩展体现出明显的效果，但是也存在比较突出的问题。一方面，单纯依托共青团的志愿者网络，导致社会各界对志愿服务的误解，认为其仅仅是团工作的一部分，是青年群体的事，从而削弱了社会的广泛参与性。另一方面，共青团注重活动轰动效应、短期效应的习惯，导致青年志愿者行动的“运动化”、“形式化”和“临时化”等明显特征，缺乏深入持久的发展机制。

这一阶段志愿活动的主力是由共青团中央发起的青年志愿者行动。虽然其行动仍存在短期化、形式化等诸多问题，但不可否认，在这一时期，真正实际投身服务的志愿群体并不多，从这一角度来说，青年志愿者行动为中国普及志愿事业奠定了基础。

4. 志愿服务多元发展期（2001～2007年）

伴随着中国改革的深化，志愿服务国际化趋势越来越明显。一些国际上具有重要影响的志愿服务行动对于中国志愿服务的发展产生了不可忽视的推动作用。安南在2001国际志愿者年启动仪式上的致辞中说："志愿者，志愿服务组织和志愿行为的产生及其蓬勃发展是出于全球化时代下人们这样一种更加强烈的合作需要，在大多数国家，全球化的裨益并不履及每一个穷人，除非有一种积极的力量给他们带来这种机会。而在此过程中，这一力量的大部分必须要靠志愿者们来提供。"① 2001年的"国际志愿者年"庆祝活动促进了中国青年志愿者协会等与联合国志愿服务组织的合作，推动其开展在中国境内的志愿服务宣传推广，也促使社会各界发现志愿服务是涉及全民大众事业而不仅仅是青年群体的事情。

政府部门和社会组织越来越重视志愿服务，其他机构与组织也热衷于推动志愿服务。民政部加快发展社区志愿服务的步伐，并于2005年3月成立了中国社会工作协会社区志愿者工作委员会（后更名为"志愿者工作委员会"）；红十字会和慈善总会扩大了公益志愿团体的力量；妇联成立了"巾帼志愿服务总队"；等等。另外，企业和民间组织对于发展志愿服务的热情也日趋高涨。这一时期，中国迎来了志愿事业多元发展的时代，打破了传统单一职能部门支持服务的限制。

5. 志愿服务的全民参与期（2008年至今）

2008年的两件大事促使志愿服务活动分部门、分群体各自探索的徘徊局面迅速改变。一是突如其来的"5·12"汶川大地震，二是筹备许久的北京奥运会。汶川大地震发生后，千百万志愿者踊跃奔赴救灾第一线，有些是志愿服务组织派遣的，但更多的是自发前往服务。在救灾过程中，志愿者与解放军官兵、医护人员一道协同作战，发挥了极其重要的作用。这其中，有企业志愿者，也有宗教团体志愿者；有青年志愿者，也有中老年志愿者和妇女志愿者，甚至还有少儿志愿者；有大学生志愿者，也有居民、农民志愿者。数以万计的志愿者在灾区提供的帮助以及产生的社会影响非常大，也让所有中国人一夜之间发现志愿服务如此重要。在北京奥运会上，志愿者同样发挥了重要的作用。数百万志愿者参与了奥运会和残奥会服务，

---

① 《联合国秘书长安南在2001国际志愿者启动仪式上的讲话》，人民网，http://www.people.com.cn/GB/shizheng/252/6135/6139/20010918/563834.html，最后访问日期：2001年9月18日。

让各国领导人、运动员、媒体记者、现场观众、场外群众都对志愿服务有了新的认识。2008 年是中国志愿服务腾飞和发展的关键年度。而其最主要的标志，就是全民参与的志愿服务时代的来临。中国共产党在十六届三中全会上提出了“建立与政府服务、市场服务相衔接的社会志愿服务体系”①。在十七大上提出了“完善社会志愿服务体系”（胡锦涛，2007）。2008 年由中央文明委牵头，团中央、民政部配合共同建立志愿服务的新机制，志愿服务走向了全面发展的阶段。

第三节　江苏志愿服务的发展和特点

一　志愿服务与多元服务整合

志愿服务是志愿者在自觉、自愿的基础上，自主选择志愿的组织，参与志愿服务组织开展的各项活动。这一特点既是“服务他人、奉献社会”的价值追求的体现，也是志愿者行为的自觉性、自主性的体现。江苏将个人志愿服务与组织志愿服务相结合，形成了三种类型：个人志愿者是指在志愿服务组织登记，不以获得报酬为目的，以自身知识、技能、体能等，自愿帮助他人和服务社会的个人。项目志愿者是自愿参加志愿服务项目，在承办项目的志愿服务组织登记并取得志愿者资格，经组织安排参加岗位服务的志愿者群体。注册志愿者是个人自愿通过基层志愿服务组织注册，成为上级志愿者协会的成员，长期坚持参加志愿服务活动的有组织的社会成员群体。

二　组织建设与组织协调整合

志愿服务应接受一定程度的管理，从而使活动能够有序、高效、合法地进行。中国志愿服务发展过程中组织化的特点，是官方志愿服务组织逐渐社会化、自主化，以及民间志愿服务组织逐渐与政府合作开展志愿服务。

① 中共十六届六中全会（2006），《中共中央关于构建社会主义和谐社会若干重大问题的决定》。

志愿服务的自上而下和自下而上相结合的普及模式，在中国志愿服务的推广和普及过程中占主导地位。2003 年至今，江苏省志愿者行动协调委员会、江苏省志愿者协会、江苏省社区矫正志愿者协会、江苏省巾帼志愿者协会相继成立，江苏省教育厅实施了大学生苏北志愿服务等计划。通过行业志愿服务协会和志愿服务项目，吸收了更多专业人才参加志愿服务，细化和深化了志愿服务的内容，推进了社会建设和社会管理。社会对志愿服务等公益事业的认同和参与程度也在不断提升。

三　普惠服务与特色服务整合

志愿服务活动提供了公民教育的新方式、新途径。改变了过去单纯“灌输式”的教育模式。以青年志愿者行动为例，青少年在参与志愿服务的过程中，通过与其他志愿者的交往学习友善心态，通过与服务对象的交流学习坚强生活，通过克服困难坚持服务的过程培养坚定意志，通过参与志愿服务组织的协调沟通学习培养合作观念。志愿服务促进了社会保障和社会服务体系的建立和完善，促进了新型人际关系的形成和社会的稳定发展。更多的志愿者主动参与志愿者行动，学会了奉献爱心，帮助他人。

江苏志愿服务一种是普惠式的，全体社会成员都可能是服务对象，如环境保护宣传志愿服务、防火救灾宣传志愿服务等。另一种是选择性服务，即特色服务，主要包括扶贫济困、扶弱助残、帮老助幼、支教助学、抢险救灾、环境保护、科技传播、医疗卫生、治安防范、心理咨询、社区服务、大型社会公益活动等社会公益服务。以项目形式开展的志愿服务内容有：“真情助困进万家”“百万青年志愿者助残行动”“志愿者为老服务”“金晖行动”“法律援助志愿者服务计划”“青年文明号服务卡助万家”“爱心助成长志愿服务计划”“为大型活动提供志愿服务活动”“‘一助一’和‘多助一’结对帮扶服务”“海外援助志愿服务”等活动。

第四节　社会建设与管理背景下的江苏志愿服务战略

江苏志愿服务既有与中国志愿服务相同的特点，也有在江苏经济社会

发展背景下的自身特色。结合社会建设和社会管理，本项研究认为江苏志愿服务战略模式的主要内容有如下几点。

一　社会建设和社会管理是志愿服务新导向

江苏志愿服务战略要基于个人志愿服务者、项目志愿服务者和注册志愿服务者三种身份，以社会建设和社会管理为志愿服务内容导向，以社会建设和社会管理对象为志愿服务目标，突出通过志愿服务进行社会建设，通过志愿服务进行社会管理的宗旨，将志愿服务者视为社会建设和社会管理的重要力量。

江苏志愿服务发展战略的核心点是：党和政府在推动这一事业过程中发挥核心作用。党和政府既是领导社会建设和社会管理的主要力量，也是推动社会服务发展的主要力量，参与志愿服务的发展。江苏各级党委和政府推动志愿者协会建立，统筹社会资源，提供协调与支持，是促进志愿服务发展的必不可少的因素，以此形成新的社会建设和社会管理机制。

二　社会建设与社会管理是志愿服务新空间

新时期，江苏志愿服务发展将有新要求和新内容。社会建设和社会管理相对应，志愿服务组织还有更广阔的发展空间。健全的组织是推动志愿服务事业发展的有力保障。第一，开展志愿服务组织创新，孵化更多更基层的志愿服务组织，基于社区，就地服务。第二，开展志愿服务组织服务创新，以社会工作的个案社会工作、小组社会工作、社区社会工作为服务方法，社工带动义工，共同服务社会。第三，开展志愿者服务管理创新，将志愿服务管理纳入社会建设和社会管理体系，继续探索行政化推动、社会化运作和事业化管理的路子，建立街道社区志愿服务综合中心。

江苏志愿服务活动是随着中国的改革开放、社会转型而兴起和发展的。同时，江苏志愿服务需要随着社会建设与社会管理的发展进一步扩大服务范围，深化服务内容，在志愿服务的类型和内容上不断发展，形成社会救助、社会教育、专业服务、公益创投四大类服务和项目体系。

在服务范围拓展上，以幸福江苏为大范围，加快志愿服务信息化建设，使志愿服务实现资源共享，努力实现志愿者、服务对象和服务项目的有效对接。建立公益项目创投机制，使志愿者依赖安排服务项目的现状转变为志愿者主动发掘服务需要、开发服务项目。在拓展服务范围的同时，创新管理理念，实施社会管理机制下志愿服务的项目管理机制，志愿者可以成长为项目经理，对服务项目全程负责，在帮助他人的同时，实现社会服务与社会管理的结合，提升成功感和充实感。

人人可做志愿者，志愿服务为人人。不分性别、不分年龄、不分职业、不分地域、不分国籍，生活于此，参与于此，服务于此，建设于此，管理于此，幸福于此。

第九章
三大弱势群体福利提供政策与区域均衡研究

第一节　社会福利转型及相关研究

一　从“小福利”到“大福利”

自西方“社会福利”（social welfare）概念引入中国以来，我国一直就有“小福利”和“大福利”的争议，然而自2006年“适度普惠型”社会政策提出以来，从“小福利”向“大福利”转型的趋势无论是在实践领域还是在学术领域都日益明显。所谓“小福利”又称“狭义社会福利”，是指“专为弱者提供的带有福利性的社会服务与保障”；而“大福利”又称“广义社会福利”，则专指“帮助人们满足社会、经济、教育和医疗需要的项目、待遇或服务制度”。实际运行中，“小福利”一般多采取“补缺型”（residual social welfare）和“选择型”（selective benefits）的福利设计，在保障范围上仅涉及老年人社会福利、儿童社会福利和残疾人社会福利；而“大福利”则多为“制度型”（institutional social welfare）和“普惠型”（universal benefits）的福利设计，既包含资金保障制度也包括服务保障方式，在范围上包括社会保障、福利服务、教育服务、住房服务、健康服务和就业服务。就中国而言，从“小福利”向“大福利”转变不是简单地从一种类型转型到另一种类型，而是形成了新社会福利类型组合。

在实践领域，我国“小福利”向“大福利”进行转变的过程总体上是非常清晰的。从1956年至今，我国的三类弱势群体的社会福利建设历经三个阶段。①第一个阶段是1956年到1977年的计划经济“小福利”阶段，这一阶段公有制经济为“小福利”提供了有力的支撑，城市中限量供应、统一价格、单位提前列支、政府补助制度的结合，农村地区限量供应、集体经济、政府补助制度的结合，都有效地保证了我国有限经济基础上的“小福利”供给；同时，这一时期我国老年人五保政策、儿童保护政策、残疾人救济政策的先后颁布和落实，都为我国三类群体福利供给的后续发展提供了制度支撑。②第二个阶段是1978年到2005年的市场经济“小福利”阶段，在这一阶段我国的经济体制先于政治体制和社会制度而转轨，因此尽管经济发展速度较快但是社会福利的供给却由于“单位制”福利的破裂而发展缓慢。受困于“低水平、广覆盖、严管理、可持续”政策方针的约束，三类群体的社会福利基本坚持了“补缺型”和“选择型”的发展策略。[①] ③第三个阶段是2006年到2011年的市场经济“大福利”阶段，以2006年民政部“适度普惠型”政策提出为契机，我国三类人群的社会福利开始构建一种“底线公平”和“需要导向”的福利制度，开始在普惠程度、责任分配、制度设计上出现了重大变革：首先，我国在福利的责任分配中加大了国家作为福利主体的基础作用，并将政策从“解决问题为主”向“满足需要为主”转变；其次，我国福利覆盖人群和福利保障内容开始扩大；[②] 最后，我国在完善资金保障制度之际，还不断推出了大量涉及社会福利服务的政策，从而强化了三类人群社会福利供应的有效性和可及性。

① 本研究认为，这一时期体现出的“补缺型”和“选择型”特征各表现在三个方面。“选择型”特征方面：首先，从普惠范围来看，我国这一时期的覆盖人群主要是“五保”或“三无”老人、孤儿和残疾人，覆盖人群的范围非常小；其次，从普惠内容来看，我国这一时期的内容范围相对较小，只在实际上覆盖了三类人群的生活和照顾而在健康保健、康复护理、社会参与上严重不足；最后，从普惠水平来看，我国这一时期的整体水平较低，维持生活的福利在水平上仅仅能够维持基本生存。“补缺型”特征方面：第一，从制度设计来看，我国这一时期的社会福利主要是进行资金保障，而缺乏服务的供应，因而具有明显的缺陷；第二，从责任分配来看，我国这一时期国家的责任是具有滞后性的，而家庭、社会起到了基础作用；第三，从制度统一情况分析，我国这一时期基于区域的福利差异不大，但是基于身份、城乡之间的差异异常明显。

② 在覆盖人群方面，当前社会福利正在从“五保”或“三无”老人、孤儿和残疾人逐步扩大到全部老年人、儿童和残疾人，在内容上则从生活和照顾逐步发展到健康保健、康复护理、社会参与，在水平上也有较大提高。

在学术领域，对“小福利”向“大福利”转型的研究虽然相对实践领域略现落后，但是近年来也在悄然发生着变化。我国理论界传统上对“社会福利”的界定主要坚持“小福利”的概念，将社会福利视作社会保障制度的一部分。这种构建思路适应了我国20世纪80年代以来“以经济建设为中心”的宏观背景，为我国集中力量提升国民经济水平储备了原始资金。但是近年来，随着学者们对于社会福利研究的不断探索，“小福利”在解决现实问题中暴露出来的诸多难以为继的问题，使“大福利”的概念越来越多地受到学术领域的重视和青睐。尚晓援早在2001年就对“小福利”和“大福利”的概念进行过学术上的辨析，景天魁等人则明确提出应当将“小福利”向“大福利”的迈进看作中国特色社会福利的发展方向，王思斌也主张采用“大福利”的概念去建构中国未来的福利体系，彭华民则坚持转型期我国社会福利应当实现从“小福利”到“大福利”的嬗变。这些研究都看到了我国社会福利转变的共同趋势，因而都主张我国学术领域应当加速对福利转型的研究。

本研究认为，在当前我国实践界和理论界都出现“补缺型”向“适度普惠型”社会福利转轨之际，[①] 应当将“大福利”概念作为我国未来社会福利的主要研究方向，将社会福利界定为“既包括以货币形式帮助社会群体解决需要满足问题的核心制度，也包括通过提供劳务、实物和其他形式的服务满足社会成员社会需要的行动”。但由于我国独有的“适度”与“渐进式”发展策略，现阶段我国社会福利的转型还必须依托三类弱势群体作为支点予以扩展，并在首先扩大儿童、残疾人、老年人社会福利“普惠化”“制度化”“统一化”程度的基础上，来推动特殊群体福利向一般群体福利的转型。因此，本研究还是主张在坚持“大福利”概念的前提下将三大传统弱势人群（儿童、残疾人、老年人）的社会福利作为研究要点，将研究三类人群社会福利从“小福利”向“大福利”的转轨作为研究方向。

---

① 从理论上讲，“补缺型”应当对应“制度型”，“选择型”应当对应“普惠型”，但是由于我国2006年以来民政部所制定的政策方针是从“补缺”向“适度普惠”进行转型，因而本研究在此仍然坚持了这种在理论上略显悖谬的观点。本研究认同彭华民教授在2011年社会学年会上的观点，认为中国社会福利“不是简单从一个类型转向另一个类型，而是形成了新社会福利类型组合”。

二 “大福利”既有研究的漏洞

尽管实践领域和学术领域都已经开始注重“大福利”的构建，并从多个角度探讨了三类人群社会福利的未来建构问题，但是目前有关“大福利”的研究仍然具有很多明显的漏洞。第一，从研究议题上看，我国对于“大福利”的研究议题主要是“小福利”向“大福利”转型的意义和必要性，对我国现有区域经济发展不平衡状况下怎样去转型，目前还是缺乏系统有效的论述和回应。这样，就使现有“大福利”的研究仅仅停留于“是什么”，而不能渗透到“怎么做”，因而也不能让学术界完整地看到“大福利”的宏观轮廓，所以“大福利”的普惠性和制度性如何在中国得以建构就受到了直接的质疑。第二，从研究切入点来看，我国“小福利”向“大福利”的转轨过程不但是“基于机制的福利安排”向“基于需要的福利安排”的转变，[①] 也是“均值思维”向“方差思维”的转变，因而这种转型方式必须面临既有政策体制和改革成本的困扰，加入了改革和转型的社会风险，这也决定了我国的福利转型必须带有“适度”和“渐进”的特征，必须注重以传统三大弱势群体这一现行体制的施政重点作为逻辑起点来开展研究，而这点也往往被当前的学术研究所忽视。第三，从研究方法上看，我国对于“大福利”的研究目前更多集中于理论思考而非实践研究，理论界缺乏大量的实证材料去证明“大福利”的建设步伐和实现路径，这样就使我国目前的“大福利”理论缺乏直接的量化支持，因而“小福利”向“大福利”的转型过程就难免受到一定程度的攻讦。

从上述三个研究漏洞我们发现，一些重要甚至核心的议题仍然在“大福利”的讨论中比较缺乏，使一些学者对“大福利”未来如何构建表示担忧。[②] 从理

---

① 我国原有的“小福利”制度实际上是将社会保障按照制度之间的差异进行划分的，如社会保险、社会救助、社会福利之间是在设计理念、权利义务关系上都决然不同的制度安排，因而坚持的是基于机制的福利划分方式；而“大福利”制度实际上是从不同人群的需要出发来进行整合与设计的，是通过分别建构老年人、儿童、残疾人等特殊人群的福利，进而扩大普惠程度和统一现行制度来加以实现的，因而坚持的是基于人群需要的福利划分方式。

② 笔者在写作过程中参加了2011年社会福利年会，不少学者在会议上提出了有关这种转型的很多尖锐问题，其中包括我国“大福利”转型的普惠速度应当如何控制，“小福利”向“大福利”转型过程中的部门利益关系应当如何协调，“大福利”转型中的“碎片化”向“统一化”应当如何过渡。

论上梳理，中国社会福利从“小福利”向“大福利”转型，其实质是向“普惠型”和“制度型”的混合福利转型。其中，“普惠型”实现的途径由三个标准进行衡量，分别为衡量普惠程度的福利供应水平、衡量普惠范围的福利覆盖人群、衡量普惠内容的福利涵盖项目；而“制度型”的实现也需要观察三个具体标准，分别为衡量福利供给方式的制度总体设计、衡量国家责任的责任分配比例、衡量福利均衡供应的制度统一程度。本研究认为，以上六个核心研究要点既是我国“大福利”建构研究中“怎么办”的核心问题，也是学术界目前最为迷茫的问题。

本研究的视角仅仅抓住上述六个重大问题之一的“均衡性”问题，试图去量化地探讨制度如何由“碎片化”向“统一化”转型。而要想建构“统一化”的发展路径，理论界首先需要明确我国基于人群身份、城乡户籍、区域不同而存在的既有差异程度和内容，因而当前最为紧迫的工作就是认清我国三大群体社会福利的身份差异现状、城乡差异现状和区域差异现状。换言之，由于我国固有体制中的身份认同、城乡户籍、东西部对外开放时间不同，我国社会福利在身份上、城乡和区域间很可能会形成一定的分化，并进而影响到“大福利”建构的整体布局。而从目前的有关研究来看，基于身份差异和城乡差异的研究已经发现了社会福利中存在的差异，其“三步走”的发展战略也在学术领域得到了较为广泛的认可，但是社会福利区域差异的研究却始终处于被忽略的地位。

基于此，本研究在承认“小福利”向“大福利”转轨趋势的前提下，力图去研究我国社会福利的“区域差异现状”,[①] 进而为阶段性地推动我国福利资金保障和服务保障的区域均等化提供研究基础。具体来讲，由于我国经济发展呈现自东向西逐步弱化的趋势，那么基于现有的“经济至上”理论,[②] 三类人群的社会福利本身就很可能出现明显的差异。于是，本研究

① 由于篇幅的限制，有关身份差异问题和城乡差异的研究将在其他文章中进行讨论。

② “经济至上”也可以称为“唯经济发展论”，这种观点认为“经济发展是一切社会进步的先决条件”。在本书的修改过程中也有学者指出，这种“经济至上”的逻辑在西方被称为“工业化逻辑”，即“福利制度的构建是发展到一定阶段的产物”，但是本书认为把这种逻辑称为“工业化逻辑”并不合适，因为我国社会福利建设受到改革开放后市场经济和官员晋升机制的强烈影响，在制度构建的过程中盲目将经济发展（或 GDP 发展）视为发展的代名词，而忽视了社会政策的构建和完善。作者认为这才是我国“经济至上”的主要表现，和西方“工业化逻辑”有一定的差别。

将着重关注于以下三个小问题：①我国三大群体的社会福利在整体上是否呈现了自东向西逐步变差的趋势；②我国三大群体社会福利整体上是否与经济发展水平呈现密切的决定性关系；③我国三大弱势群体社会福利的区域差异程度是否也具有一定的区别。通过这一系列逻辑性问题的分析，本研究希望明确三大弱势群体社会福利的区域差异，并对福利转型的区域发展框架提供指导意见。

第二节　三大弱势群体福利提供的比较

一　三大弱势群体福利提供比较的指标

要进行三大弱势群体的区域比较研究，首先需要确定研究分析的对象，其次要明晰研究分析的指标，最后要厘清研究分析的方法。本研究的分析对象确定为全国31个省区市（不含香港、台湾和澳门）的社会福利状况，并在区域分析中按照国家统一的划分标准将全国31个省区市划分为东部地区、中部地区、西部地区进行分别讨论。① 由于各个群体的社会福利内容众多，研究选择其中最重要且具代表性的儿童教育福利、残疾人康复福利和老年人供养福利，并将资金保障和服务保障都纳入实际的分析视域中。

从研究指标来看，本项分析的研究指标被划分为13个一级指标和45个二级指标（见表9.1）。

其中，儿童教育福利的一级指标为4个，分别为财政状况指标、校舍状况指标、物资状况指标、师资状况指标，累计旋转平方和为84.72%；残疾人康复福利的一级指标有5个，分别为视力残疾指标、听力残疾指标、精神残疾指标、肢体残疾指标和智力残疾指标，累计旋转平方和为81.54%；而老年人供养福利的一级指标有4个，分别为社会保险指标、救助津贴指标、医疗保障指标、社会服务指标，累计旋转平方和为75.52%。二级指标中，

① 本研究按照国家的统一标准划定东部、中部、西部地区。其中，东部地区包括海南、福建、广东、江苏、北京、上海、山东、浙江、天津、辽宁、河北共11个省份，中部地区包括国家“振兴东北计划”中的黑龙江和吉林，以及“中部崛起”计划中的河南、湖北、湖南、安徽、山西、江西共计8个省份，西部地区为纳入“西部大开发”的其余12个省份。

表 9.1　本研究的指标设计与主成分分析

指标	儿童教育福利			残疾人康复福利			老年人供养福利		
	指标	具体指标	主成分	指标	具体指标	主成分	指标	具体指标	主成分
指标 1	财政状况指标	助学金情况	0.781	视力残疾指标	视残康复医疗	0.785	社会保险指标	养老保险覆盖	0.740
指标 2		社会捐赠情况	0.606		视残康复矫正	0.814		养老保险运行	0.849
指标 3		财政拨款情况	0.913		视残康复训练	0.815		养老保险发放	0.677
指标 4		社会捐赠情况	0.912	听力残疾指标	听障康复训练	0.801		医疗保险运行	0.643
指标 5	校舍状况指标	图书室情况	0.686		听障康复培训	0.813	救助津贴指标	低保制度覆盖	0.671
指标 6		实验室情况	0.773		听障康复支持	0.762		低保制度运行	0.564
指标 7		微机室情况	0.744	精神残疾指标	精神医疗康复	0.869		五保制度运行	0.780
指标 8		语音室情况	0.867		精神康复照料	0.902		津贴制度运行	0.664
指标 9	物资状况指标	图书量情况	0.910		精神社会康复	0.812	医疗保障指标	医疗资源分配	0.512
指标 10		计算机情况	0.968	肢体残疾指标	肢残医疗康复	0.870		医疗资源利用	0.639
指标 11		固定资产情况	0.795		肢残机构康复	0.902		门诊资源覆盖	0.543
指标 12	师资状况指标	教师数量情况	0.833		肢残社区康复	0.515		社区医疗运行	0.648
指标 13		教师性别情况	0.700	智力残疾指标	智残家庭康复	0.886	社会服务指标	服务机构人员	0.592
指标 14		教师质量情况	0.900		智残机构康复	0.910		服务机构覆盖	0.554
指标 15	—	—	—		智残社区康复	0.829		服务机构公益	0.881
指标 16	—	—	—	—	—	—		服务性别公平	0.661

儿童教育福利为 14 个，残疾人康复福利为 15 个，老年人供养指标为 16 个。

从研究分析的方法来看，本研究主要采取均值分析、回归分析和指标分析三种分析方式。其中，均值分析主要用 SPSS 软件来对比各个分析单位的平均值和差异显著性，以期发现其主要差异；回归分析主要对三类社会福利的 45 个主要指标与人均 GDP 进行回归分析，试图发现三类社会福利与经济发展水平之间是否存在着决定性联系；指标分析主要对三类社会福利内部的各个指标进行指标计算，意图找寻到其各自差异的总体水平。

二　三大弱势群体福利提供政策与区域均值分析

由于我国改革开放以来区域之间的发展水平具有较大的差异，且这种差异大致呈现“东优西劣”的格局，那么三类社会福利也有可能会遵从这种趋势而呈现自东向西逐步恶化的趋势。研究首先就围绕着这一议题，通过区域均值分析的方式来探讨总体上三类社会福利呈现的区域分布规律。

从均值分析的结果来看，尽管东部地区社会福利的优势较为明显，但由于中西部地区差异有限，因而三类社会福利水平在整体上并没有呈现自东向西逐步递减的趋势。其中，东部地区在儿童教育福利的 14 个指标中有 13 个居于领先地位，而西部地区领先的指标为 1 个；在残疾人康复福利方面，东部地区有 12 个指标居于领先地位，中部地区为 1 个，而西部地区为 2 个；东部地区在老年人供养福利的 16 个指标中有 10 个居于领先地位，中部地区为 3 个，西部地区也仅为 3 个。同时，研究发现虽然在所测量的 45 个指标中仅有 19 个具有统计学意义，但是东部地区占据优势地位的指标却高达 35 个，由此可以发现东部地区比中西部具有较强的领先性（见表 9.2）。然而，中西部地区却没有出现明显的区域差异，在绝大部分的指标测量中中部地区和西部地区均呈现了整体落后的态势。

表 9.2　三类社会福利的区域均值分析

指标	儿童教育福利				残疾人康复福利				老年人供养福利			
	Sig.	东部	中部	西部	Sig.	东部	中部	西部	Sig.	东部	中部	西部
指标 1	0.154	38.41	21.02	122.9	0.009	11.76	6.24	5.51	0.104	34.06	23.43	19.00
指标 2	0.060	51.61	14.76	15.99	0.576	0.31	0.31	0.46	0.141	21.42	23.08	26.60
指标 3	0.033	4727	2428	2709	0.645	0.16	0.09	0.14	0.091	79.88	76.26	67.28
指标 4	0.023	5247	2584	2787	0.174	2.08	2.39	1.65	0.222	17.74	16.64	19.66
指标 5	0.000	15.73	13.49	10.21	0.563	3.32	2.58	2.86	0.033	1.59	2.70	2.71
指标 6	0.005	18.85	16.44	10.71	0.108	0.47	0.78	0.80	0.727	23.13	21.22	21.39
指标 7	0.004	12.66	9.19	7.87	0.183	0.64	0.59	0.57	0.382	75.62	74.61	69.75
指标 8	0.001	4.25	2.32	1.70	0.051	0.90	0.84	0.82	0.378	14.10	5.74	10.12
指标 9	0.000	19.73	13.97	11.11	0.023	0.57	0.47	0.44	0.368	6.59	12.37	9.09
指标 10	0.000	8.18	3.52	3.07	0.018	0.69	0.13	0.26	0.434	2.10	0.54	0.56
指标 11	0.017	5599	3093	3333	0.243	2.06	0.73	1.84	0.136	2.58	0.61	1.24
指标 12	0.159	16.76	17.66	19.46	0.194	4441	5646	7358	0.008	79.04	71.99	66.44
指标 13	0.019	63.79	55.09	51.74	0.000	12.11	5.58	6.51	0.687	2576	933	2222

续表

指标	儿童教育福利				残疾人康复福利				老年人供养福利			
	Sig.	东部	中部	西部	Sig.	东部	中部	西部	Sig.	东部	中部	西部
指标 14	0.039	20.47	12.27	10.23	0.000	9.93	3.89	3.65	0.089	1.41	1.40	0.68
指标 15	—	—	—	—	0.542	5.21	4.15	4.48	0.113	59.27	79.29	75.66
指标 16	—	—	—	—	—	—	—	—	0.010	35.83	24.03	28.95

具体来比较三类社会福利体系，目前我国儿童教育福利的“东优西劣”趋势是最为显著的，而残疾人康复福利和老年人供养福利则不甚明显。其中，儿童教育福利中具有统计学意义的区域差异指标有 12 个，占指标总数的 85.71%，且有 50% 的指标是低于 0.005 的高度显著指标；残疾人康复福利的区域差异指标则有 5 个呈现了低于 0.05 的显著性，占总指标数目的 33.33%；而老年人供养福利的区域差异测量中仅有 3 个具有低于 0.05 的统计学意义，其比例仅为 18.75%。由此可以认定，我国儿童教育福利水平自东向西逐步递减的趋势更为明显，其区域差异亟须社会福利政策来弥补。

从区域差异的指标来看，儿童教育福利在校舍建设和物资配给方面的“东优西劣”趋势最为明显，所测量的 7 项指标均呈现了统计学意义上的差异，且其中 6 项指标具有低于 0.005 的高度显著性；残疾人康复福利方面的区域差异则主要体现在智力残疾人福利指标上，其测量的 3 项指标中有 2 项呈现 0.000 的显著性水平；而老年人供养福利由于整体差异都比较小，因而无法认定显著的区域差异指标。研究发现，儿童教育福利的校舍建设、物资配给和智力残疾人社会福利三个指标具有最为明显的“东优西劣”递减趋势，而其他一级指标的这一趋势没有得到充分反映。

综合来看，研究在均值分析中发现：①从整体来看，我国东部地区的社会福利呈现明显的领先地位，但由于中西部之间的社会福利水平差异不大，因而整体上并不具有自东向西逐步递减的趋势；②从社会福利的类型来看，我国儿童教育福利“东优西劣”趋势是最为明显的，残疾人康复福利其次，而老年人供养福利的这种趋势则没有体现出来；③从具体指标来看，儿童教育福利的校舍建设、物资配给和智力残疾人康复福利三项指标充分的体现出了“东优西劣”趋势，但绝大部分指标并没有体现出此种趋势。

三　三大弱势群体福利提供的分省份回归研究

对区域均值分析研究后发现，三类社会福利并未明显地呈现“东优西劣”的格局，但是这种情况很可能是由个别省份的极值造成的，因而有必要通过省份和经济发展水平之间的关系来探讨经济是否对三类社会福利具有决定作用。研究采取省份回归分析的方式，通过求取各个省份人均地区生长总值和社会福利各项指标之间的回归关系来进行深入分析。

对社会福利进行回归分析后发现，目前三类社会福利与经济发展之间的回归关系并不十分明显。在总共 45 个分析指标中，只有 17 个指标具有低于 0.05 的统计学意义，仅占总体指标数目的 37.78%；而低于 0.005 的高度相关指标仅为 6 个，只为总体指标数目的 13.33%。在 17 个具有统计学意义的指标中，儿童教育福利为 8 个，占据总数目的 47.06%，而残疾人康复福利为 5 个，占据总数目的 29.41%；老年人供养福利为 4 个，占据总数目的 23.53%（见表 9.3）。因而，研究认为三类社会福利在总体上并没有受到人均地区生长总值的决定性影响。

表 9.3　三类社会福利的省份回归分析

指标	儿童教育福利		残疾人康复福利		老年人供养福利	
	具体指标	T 检验	具体指标	T 检验	具体指标	T 检验
指标 1	助学金情况	0.259	视力残疾康复医疗	0.086	养老保险覆盖情况	0.008
指标 2	社会捐赠情况	0.305	视力残疾康复矫正	0.103	养老保险运行情况	0.969
指标 3	财政拨款情况	0.360	视力残疾康复训练	0.903	养老保险发放情况	0.068
指标 4	社会捐赠情况	0.467	听力残疾康复训练	0.971	医疗保险运行情况	0.276
指标 5	图书室情况	0.000	听力残疾康复培训	0.817	低保制度覆盖情况	0.882
指标 6	实验室情况	0.098	听力残疾康复支持	0.056	低保制度运行情况	0.263
指标 7	微机室情况	0.030	精神残疾医疗康复	0.034	五保制度运行情况	0.903
指标 8	语音室情况	0.005	精神残疾康复照料	0.524	津贴制度运行情况	0.021
指标 9	图书量情况	0.002	精神残疾社会康复	0.024	医疗资源分配情况	0.299
指标 10	计算机情况	0.003	肢体残疾医疗康复	0.117	医疗资源利用情况	0.108
指标 11	固定资产情况	0.000	肢体残疾机构康复	0.027	门诊资源覆盖情况	0.733

续表

指标	儿童教育福利		残疾人康复福利		老年人供养福利	
	具体指标	T 检验	具体指标	T 检验	具体指标	T 检验
指标 12	教师数量情况	0.292	肢体残疾社区康复	0.296	社区医疗运行情况	0.001
指标 13	教师性别情况	0.029	智力残疾家庭康复	0.062	服务机构人员情况	0.148
指标 14	教师质量情况	0.042	智力残疾机构康复	0.045	服务机构覆盖情况	0.969
指标 15	—	—	智力残疾社区康复	0.035	服务机构公益情况	0.000
指标 16	—	—	—	—	服务性别公平情况	0.541

具体分析三类群体的社会福利状况，研究发现儿童教育福利随经济发展水平的变化最大。其中，在儿童教育福利与经济发展的回归分析中，呈现低于0.05 显著性的指标有8 个，占总体指标的57.14%；残疾人康复福利与经济发展呈现明确回归关系的指标则为 5 个，占据总体指标的 33.33%；而老年人供养福利与经济发展呈现密切关系的指标数量为 4 个，占总体 16 个指标的 25.00%。可以看出，儿童教育福利随经济发展波动的幅度相对较大，而老年人供养福利的波动则最小。

进一步解读二级指标，研究发现目前儿童福利和残疾人福利的部分指标与经济发展水平呈现较为明显的关系。其中，老年人供养福利中没有与经济发展呈现统计学意义关系的一级指标；而儿童教育福利中的物资情况、校舍情况与经济发展水平呈现了明显的关系，物资情况的 3 项指标全部低于0.005，均属于高度显著的指标，而校舍情况的4 项指标中有3 项低于0.05，也显示出较高的区域显著性；残疾人康复福利中，精神残疾福利、智力残疾福利各有两项指标与经济发展水平呈现较为显著的关系。

总体而言，通过回归分析研究发现：①从整体上看，三类人群的社会福利并没有与经济发展水平呈现显著的回归关系；②从社会福利的类型来看，儿童教育福利随经济发展的波动较大，而老年人供养福利的回归关系则最小；③从具体指标来看，儿童教育福利和残疾人康复福利的部分指标与经济发展水平呈现了较为明显的关系。

四　区域指标分析

虽然三类人群社会福利“东优西劣”的趋势不尽明显，且经济发展水平并不具有决定性的影响作用，但是却似乎存在着较为明显的“东部优势”。因而，研究希望进一步探讨这种“东部优势”，并通过对三类人群社会福利的对比来探悉区域差异的程度。①

从指标分析的结果来看，目前我国三种类型社会福利的区域差异程度有所不同。其中，东部地区的儿童教育福利的指标总得分为1500.03分，比中部地区高51.10%，比西部地区高43.06%，西部和中部地区的差异则仅为5.62%；在残疾人康复福利方面，中部地区约为东部地区的72.18%，约为西部地区的91.93%，西部与中部地区之间的差异为8.77%；而东部地区老年人供养福利的指标总得分为1393.68，比中部地区的1273.20高9.46%；比西部地区高16.61%，中西部之间的差异大致为6.53%（见表9.4）。可以发现，三类社会福利的区域差异虽然整体上均较为明显的，但各个福利类型区域差异的程度却有很大的不同。

从我国不同类型社会福利来看，老年人供养福利的区域差异目前体现得最不明显，残疾人康复福利其次，而儿童教育福利的区域差异则最大。其中，老年人供养福利在区域间的最大差异为16.61%，累计差异约为32.59%；儿童教育福利的区域最大差异为51.10%，累计差异度达到了99.78%；而残疾人康复福利的最大差异为38.55%，累计差异则为74.70%。儿童教育福利的区域差异是老年人照顾福利的3.06倍，是残疾人康复福利的1.33。通过比较可以发现，区域差异从大到小依次为儿童教育福利、残疾人康复服务、老年人供养福利。

进一步分析各个一级指标，目前儿童教育福利和残疾人康复福利中的部分指标具有较强的区域差异。其中，最大差异值高于50.00%的指标有5个，分别为儿童教育福利中的物资指标（51.70%）、校舍指标（67.93%）和财政指标（126.43%），残疾人康复服务中的肢体残疾人康复福利（124.96%）和智力残疾人康复福利（81.86%）；区域之间累计差异值高于80.00%的指标有4个，分别为儿童教育福利的校舍情况（129.03%）和物资情况（99.45%）、肢体残疾人康复福利（158.85%）和智力残疾人康复福利（86.19%）；而老年人供养福利所有指标的累计差异值只有医疗保障

① 为了更为精确地研究，研究采取指标赋值的方式，设定各个二级指标中最大值为标准值100，其余指标按照比例关系求取出具体的得分。

最高（102.54%），体现了较较小的区域差异。

表 9.4　三类社会福利的区域指标分析

人群	区域	具体指标					总计及差异
		指标 1	指标 2	指标 3	指标 4	指标 5	
儿童教育福利		财政情况	校舍情况	物资情况	师资情况	—	
	东部(分)	331.33	395.80	372.90	400.00	—	1500.03
	中部(分)	146.33	270.30	245.81	330.31	—	992.75
	西部(分)	241.43	235.70	272.01	299.42	—	1048.56
	最大差异(%)	126.43	67.93	51.70	33.59	—	51.10
	累计差异(%)	228.65	129.03	99.45	65.01	—	99.78
残疾人康复福利		视力残疾	听力残疾	精神残疾	肢体残疾	智力残疾	
	东部(分)	268.15	245.81	300.00	300.00	300.00	1413.96
	中部(分)	180.62	275.27	266.30	133.39	164.96	1020.54
	西部(分)	234.23	255.18	256.86	187.37	176.45	1110.09
	最大差异(%)	48.46	11.98	16.80	124.90	81.86	38.55
	累计差异(%)	92.62	23.67	33.13	225.48	158.85	74.70
老年人供养福利		社会保险	救助津贴	医疗保障	社会服务	—	
	东部(分)	370.76	358.67	353.27	310.98	—	1393.68
	中部(分)	335.67	330.74	240.43	366.36	—	1273.20
	西部(分)	340.01	356.49	232.27	266.44	—	1195.21
	最大差异(%)	10.45	8.44	52.09	37.50	—	16.61
	累计差异(%)	20.79	16.84	102.54	72.03	—	32.59

说明：最大差异的计算为（最大值/最小值 -1）*100%；累计差异为三个地区之间差异的加总，即（最大值/次大值 -1）*100% +（最大值/最小值 -1）*100% +（次大值/最小值 -1）*100%。

简单总结，研究在指标分析中发现：①从整体上看，我国目前不同区域间的社会福利呈现了显著的差异，且东部地区同比中西部地区具有明显的优势；②从社会福利的类型来看，目前老年人供养福利的区域差异是最小的，而儿童教育福利的差异则最为显著；③从具体指标来看，区域差异比较明显的指标集中在儿童教育福利和残疾人康复福利上。

五 结论

“大福利”的建构需要明确当前我国现有三大弱势群体社会福利的现状，其中区域差异就特别需要在学术领域进行认真讨论。本研究在采取均值分析、回归分析和指标分析后发现了三个基本特点：①尽管“东部优势”相对明显，但由于中西部地区之间的区域差异比较有限，因而我国三类人群的社会福利水平并没有显著的呈现自东向西逐步递减的趋势；②我国经济发展程度与三类人群社会福利水平的相关关系比较有限，不能认定经济发展水平对社会福利呈现决定作用；③我国三类社会福利的区域差异有一定差别，儿童教育福利的差异较为明显，残疾人康复福利次之，而老年人供养福利的差异相对较小。

从“小福利”向“大福利”的转型过程中，我们应当充分认识到现有三种社会福利的基本特点，并在此基础上逐步优化社会福利政策。首先，从整体区域差异来看，同比东部地区，中西部地区呈现了整体上的落后，并突出地反映在儿童教育的硬件设施和精神、智力残疾人康复指标上，同时老年人供养福利（尤其是社会保险和救助津贴两方面）在区域之间形成了均衡。这一方面表明我国的社会福利政策目前在协调区域间社会福利中尚有巨大的可提升空间，另一方面也表明通过建立统一的福利政策可以有效促进区域之间社会福利的平衡发展。其次，从经济发展和社会福利关系来看，经济发展水平尽管对社会福利的建构具有一定的影响，但绝非决定性的影响，因而不能以发展经济为借口放缓甚至放弃社会福利的建设。我国“大福利”的发展目标就是为了构建“普惠”的、“制度”的保障体系，因而社会福利不能够由于区域间经济发展的差异而形成“补缺”的、“选择”的制度。这不但应该是在理念上实现的蓝图，也是可以在技术上实现的构想，本项研究也在数据上进行了充分的证实。最后，从不同类型福利的区域差异来看，我国不同社会福利项目依旧具有不同的发展进程和统一进程，这点需要在政策上加以认清，并合理安排政策出台的顺序和力度。从数据上看，我国目前三种社会福利之间的确具有一定的分化，儿童教育福利的区域差异要远大于其他两者，因此应当在解决时优先考虑，政策出台时要更为有力。

通过对“大福利”区域统一构建思路的分析，研究得出了以下建议。首先，实现“大福利”的建构，中央政府必须通过倾向性的政策优先解决我国中西部地区的社会福利供应问题，加大对中西部社会福利供应的财政补贴，多元化地解决中西部地区面临的财政和物资问题。其次，各个地方政府不能够借口经济发展而忽视社会福利的建设，应当加强对地方政府社会福利构建进程的考核，对地方政府的福利发展思路和发展速度进行监督与指导。最后，我国应当优先发展中西部地区儿童教育福利的校舍状况、物资状况和智力残疾人康复福利，加快统一我国区域间社会福利的发展进程和统筹层次，使三类人群的社会福利供应在区域间更为均衡。

社会治理篇

第十章
江苏社会建设之社区服务发展战略与政策

第一节　江苏社区服务发展创新必要性

一　社会建设的微观机制：社区建设

回顾人类社会发展与社区发展的关系历程，依次是前工业化时期，依靠社区谋求社会发展；工业化时期，弱化或消解社区，依靠国家、市场制度促进社会发展；近几十年，重新发现社区、重建社区，促进社会发展。由此得出，国际经验所采取的是经由社区发展达成社会发展的路径。自改革开放以来，我国所开展的社区建设，“不仅与社会结构转型、管理体制转轨、社会组织功能分化的社会演进密切相关，而且与民众主体意识的逐渐萌芽和民间组织自治化趋向不断增强的社会现实相互促进”（李雪萍、陈伟东，2008）。也就是说，我国的社区建设，实际上是国际认可的社区发展，即我国选择经由社区建设来促进社会建设。

从外延上看，民政部门将社区建设定义为，“在党和政府的领导下，依靠社区力量，利用社区资源，强化社区功能，解决社区问题，促进社区经济、政治、文化、环境协调和健康发展，不断提高社区成员的生活水平和生活质量的过程”（多吉才让、李宝库，2001：43～44）。从内涵上来看，与社会建设一样，社区建设也是秉持公平正义的理念，解决社会共同体所面临的问题，构筑人际关系和谐、互助合作的新的社会共同体。即在宏观层面上，通过社会建设，实现社会发展，构建和谐社会；在微观层面上，通过社区建设，实现社区发展，构筑和谐社区。社区建设是社会建设的微观机制，社会建设必须以社区建设为基础，微观的社区建设是宏观的社会建设的出发点和落脚点、切入点和抓手。

二　社会建设的基础层面：社区服务

社区社会服务简称社区服务，为了更好地明晰社区服务的性质，首先必须明确界定“社区服务”这一基本概念。2006 年国务院发布的《关于加强和改进社区服务工作的意见》规定，社区服务包括政府提供的社区公共服务，社区组织开展的互助性服务、志愿服务，社会力量兴办的微利性商业服务，社区营利性商业服务四个方面。其中社区公共服务包括：社区就业服务，社区社会保障服务，社区救助服务，社区卫生和计划生育服务，社区文化、教育、体育服务，社区流动人口管理和服务，社区安全服务等七项。在学者关于社区服务的诸多界定中，李迎生的定义更加全面，更具有参考价值。他将社区服务界定为“在社区范围内发生的、多元主体参与的各种社会服务的总称，含公共服务、福利服务（狭义）、公益服务、商业服务、互助（志愿）服务等不同类型”（李迎生，2009）。为了全面、科学地理解社区服务，他还进一步将社区服务划分为广义、中观和狭义三个层面，社区公共服务、社区公益服务和社区商业服务三大类别（见表 10.1）。其中“广义的社区服务涵盖一切社区服务；中观层次的社区服务是除商业服务之外的各种社区服务，属于广义的社区福利服务；狭义的社区服务仅指面向弱势群体的无偿或低偿福利服务”（李迎生，2009）。

我国的社区建设始于社会服务的发展。“抓社区建设首先要抓好社区服务，以社区服务为突破口，巩固和完善社区服务阵地，发挥社区服务在社区建设中的龙头和示范作用”（李宝库，1999）。随着改革的不断深入，社会、政治、经济格局不断发生变化，我国社区建设的工作重心不断随之调整，依次可分为三个发展阶段。第一阶段（1986 ~ 1995 年）的重点是发展社区服务，尤其是便民利民服务（商业性服务）为重中之重。第二阶段（1996 ~ 1999 年）的重点是探索和改革社区行政管理体制。自从 2000 年在全国全面推进社区建设之后，社区建设进入第三阶段（2000 年

至今)，其重点为社会服务的发展创新，与第一阶段的显著不同之处在于，此时的社会服务更多的是社会公共服务和社会公益服务，即广义的社区福利服务。

表 10.1　社区服务的分类

<table>
<tr><th colspan="2">服务类别</th><th>服务对象</th><th>服务主体</th><th>经费来源</th><th>服务性质</th></tr>
<tr><td colspan="2">社区公共服务</td><td>社区全体居民</td><td>政府部门及其延伸机构</td><td>政府财政</td><td>公益（福利）性</td></tr>
<tr><td rowspan="4">社区公益服务</td><td>社区福利服务（狭义）</td><td>社区弱势群体</td><td>社区自治组织、NPO、志愿组织等</td><td>各种来源</td><td>公益（福利）性</td></tr>
<tr><td>社区准商业服务</td><td>社区全体居民</td><td>社区各类组织</td><td>各种来源及服务收费</td><td>公益（福利）性</td></tr>
<tr><td>社区互助服务</td><td>社区全体居民</td><td>社区居民</td><td>居民捐助</td><td>公益（福利）性</td></tr>
<tr><td>社区志愿服务</td><td>社区全体居民；主要为弱势群体</td><td>社区内外的志愿组织</td><td>各种来源</td><td>公益（福利）性</td></tr>
<tr><td colspan="2">社区商业服务</td><td>社区全体居民；主要为非弱势群体</td><td>营利性组织、企业等</td><td>服务收费</td><td>公益（福利）性</td></tr>
</table>

三　社区服务的发展创新：民生推进

改革开放，特别是21世纪以来，随着我国经济体制由计划经济向市场经济转轨、社会结构从传统型向现代型转型，社会资源配置模式发生了深刻变化，“社区制”取代了“单位制”，越来越多的社会成员从对所属单位具有极强依赖性的“单位人”转变为自主性越来越强的“社区人”，越来越多的社会管理和公共服务事项沉淀到城乡社区，越来越多的居民生产生活需要集中到城乡社区，且日趋个性化、多元化，城乡社区日益成为各种社会群体的聚集区、各种社会利益的交汇点、各种社会矛盾的集聚点、各种社会组织的落脚点、社会建设的着力点，社区社会服务开展的程度直接关系到社会成员的生活质量、社会认同以及社会的和谐稳定。在城乡基层社会结构发生深刻变化的新形势下，社区在社会建设中的基础性作用更加凸显，承担的社会服务管理任务更加繁重，维护社会和谐稳定的功能更加突出。因此，社区建设尤其是社区社会服务的创新发展尤为必要，以积极回应新时期的机遇和挑战。

地处东部沿海发达地区的江苏省，近年来随着其工业化、信息化、城镇化、市场化、国际化进程的逐步加快，政治环境、经济环境、社会需要不断发生变化，深入推进社区建设，积极实践社区社会服务发展创新的重要意义十分凸显，其必要性主要表现在以下几个方面。

第一，江苏发展的战略定位为社区建设发展和社区服务发展创新提出了更高的工作标准。“十二五”期间，江苏由全面建成小康社会向基本实现现代化迈进，协调发展、惠民优先将成为这一时期发展的主要特征之一。其中协调发展包括两个方面：统筹兼顾，坚持城市化与新农村建设相结合，加快形成城乡经济社会发展一体化新格局；加快苏北振兴、苏中崛起、苏南提升，逐步实现不同区域基本公共服务均等化，进一步缩小区域发展差距，在更高层次上推进区域协调发展。紧紧围绕民生幸福这一发展的根本目的，坚持以人为本、民生优先，着力保障和改善民生，提高基本公共服务均等化水平，使发展成果惠及全体人民，实现经济发展与民生改善的有机统一。面对这样一个战略定位，《江苏省城乡和谐社区建设发展“十二五”规划》提出，牢固树立“创业创新创优，争先领先率先”的新时期江苏精神，坚持以自治促和谐，以创新促发展，以服务促管理，以机制促成效，着力抓好居民民主自治制度建设、社区体制机制创新、服务管理体系完善等重点工作，努力实现江苏省城乡社区建设率先发展的目标。到2015年，全省90%的城市社区、80%的农村社区达到省级和谐社区标准，实现整体发展水平持续保持全国领先。

第二，经济实力的显著增强为社区建设和社区服务发展创新奠定了坚实的物质基础。2010年，江苏省地区生产总值41425.48亿元，年均增长13.5%，人均地区生产总值超过5万元；财政总收入为11743.22亿元，突破万亿元大关，其中地方一般预算收入是4079.86亿元。[①] 按照江苏省“十二五”时期的发展目标，到2015年，全省地区生产总值要达到6.58万亿元，年均增长10%左右，经济发展质量和效益明显提升，人均地区生产总值超过8万元。城市化和城市现代化水平进一步提高，社会主义新农村建设

① 《江苏统计年鉴（2011）》，http://www.jssb.gov.cn/2011nj/nj01/nj0102.htm，最后访问日期：2016年6月22日。

取得明显成效，城乡发展一体化取得实质性进展；城市化水平达到63%。深入推进社区建设和实践社区社会服务发展创新，是江苏省经济发展到一定阶段的必然要求。而江苏省经济实力的不断增强，使推动社区建设发展和实践社区社会服务发展创新的能力进一步增强，为其奠定了坚实的物质基础。

第三，社会需要的深刻变化为社区建设和社区服务发展创新注入了强大的内在动力。经济社会快速发展的同时，江苏省城市化步伐也不断加快，城乡社区一体化发展格局基本形成。同时，人口流动性日益明显，人口结构、区域结构都发生了巨大变化，社会生活中出现了一些新情况、新问题。随着居民生活水平的提高，群众对于社区建设的服务需要日益呈现多元化、专业化、个性化的趋势。这些需要，成为推进社区建设发展和实践社区社会服务发展创新的重要依据，也是社区建设和社区社会服务发展创新的内在驱动力。

第二节　江苏社区服务发展创新战略

一　江苏社区社会服务发展创新的条件

目前，江苏省共有21675个城乡社区，其中城市社区6031个，农村社区（村委会）15644个。“十一五”期间，江苏各地积极落实国务院《关于加强和改进社区服务工作的意见》（国发〔2006〕14号）和省政府《关于加强社区服务促进和谐社区建设的意见》（苏政发〔2007〕84号）精神，社区社会服务体系建设取得显著成效，为社区服务发展创新战略提供了良好的条件。

一是社区服务设施建设取得显著进展。截至2010年底，江苏省共有各类社区服务设施16896个，社区服务设施覆盖率达78.1%，覆盖率高居全国之首。其中，社区服务中心944个，比上年增加445个；社区服务站5368个，比上年增加739个；其他社区服务设施10584个，比上年减少4117个。城镇便民、利民服务网点107657个，比上年减少1493个（见表10.2）。

表 10.2 2005 年至 2011 年社区服务设施

单位：个

指标	2005 年	2006 年	2007 年	2008 年	2009 年	2010 年	2011 年
社区服务设施	23506	20546	21087	23819	19829	16896	15876
社区服务中心	454	580	628	732	499	944	1601
社区服务站				3903	4629	5368	
其他社区服务设施				19184	14701	10584	
城镇便民、利民服务网点	71447	65991	72854	125582	109150	107657	79940

说明：其他社区服务设施是指除养老、便民等民政业务外的服务设施，如卫生、文化、社保服务中心站等。

资料来源：《江苏统计年鉴》、历年《中国统计年鉴》。

二是社区服务内容不断拓展。社区救助服务、社区就业服务、社区养老和社会保障服务、社区卫生服务、社区文化、教育、体育服务、社区平安服务、社区自助互助服务等公共服务、公益服务的推进，不同程度上满足了居民的各种服务需要。此外，建立社区服务社会化引入机制，扶持、培育和发展了一批贴近居民的社区服务项目。统筹城乡社区服务，将城市社区服务向农村拓展延伸方面也取得了一定成效。

三是社区服务队伍不断壮大。截至 2010 年底，江苏省共有社区居民委员会成员 109003 人，成为推动社区建设和社区服务的重要力量。

四是社区服务方式不断改善。不少地方依托街道综合性社区服务中心、社区综合服务站，实行“一站式、一门式”服务，将社区信息化纳入地方信息化建设的总体发展规划，有些社区已开始探索利用现代信息技术，推动社区信息化建设，方便快捷地满足居民多样化需要。有的地方通过政府购买服务、设立项目资金、开展项目补贴等方式，引导社会组织、企事业单位和居民参与社区管理和服务活动，大大激发了社区服务的活力，增强了社会组织的服务能力。

五是社区服务政策体系取得了重大突破。江苏省围绕社区卫生、社会救助、劳动就业、文化教育、社区服务设施等内容出台了相关政策，各地也相继出台了积极推进社区服务的政策措施和实施意见，社区服务的政策法规逐步完善，各级党委、政府对社区服务的重视程度越来越高，社区居民对社区服务的认同感和对社区的归属感越来越强。

尽管，近年来江苏省社区服务管理体系建设取得了丰硕成果，得到了方方面面的充分肯定，但也还存在许多不足和一些亟待解决的矛盾和问题。如社区服务体系建设有待进一步健全，保障能力不强；社区社会组织的培育和发展有待进一步加强；社区服务的专业化、多元化水平有待进一步提高；社区队伍专业化、职业化建设水平有待进一步提升等。

二　福利多元主义视野下的社区服务创新

1. 福利多元主义的兴起及主要内容

在福利国家危机以及对福利国家的批评中，福利多元主义理论（welfare pluralism）应运而生。福利多元主义理论有时也称混合福利经济（the mixed economy of welfare），自20世纪70年代以来在社会政策领域中日益扮演着越来越重要的角色。在西方社会政策领域中，福利多元主义主要指福利的规则、筹资和提供由不同的部门共同负责，共同完成（彭华民等，2009：17）。

福利多元主义概念最早出现在1978年英国《沃尔芬德的志愿组织的未来报告》中，这一报告主张把志愿组织纳入社会福利的提供者行列。对福利多元主义进行清晰界定和明确论述的是罗斯（Rose），他在《共同的目标、不同的角色——国家对福利多元组合的贡献》一文中，提出福利由国家、市场和家庭三部分提供。在罗斯研究基础上，伊瓦思（Evers）提出了福利三角的分析框架，并将其置于文化、社会经济和政治的背景中，将三角中的三方具体解构为对应的组织、价值和与作为行动者的社会成员的关系（见表10.3）。约翰逊（Johnson）在福利多元主义三分法的基础上，在其代表作《转变中的社会福利：福利多元主义的理论与实践》中提出了福利多元主义的四分法，即除了国家、市场、家庭之外，志愿组织也是福利的提供主体，丰富了多元主义的理论内容。

表10.3　伊瓦思的福利三角

福利三角	组织	价值	关系
（市场）经济	正式组织	选择、自主 （Choice，Anonymity）	行动者与（市场） 经济的关系

续表

福利三角	组织	价值	关系
国家	公共组织	平等、保障（Equality，Security）	行动者与国家的关系
家庭	非正式/私人组合	团结、共有（Solidarity，Community）	行动者与社会的关系

资料来源：Evers，A. 1990. "Shifts in the Welfare Mix：Introducing A New Approach For the Study of Transformations in Welfare and Social Policy，" in A. Evers & H. Wintersberger（eds.），*Shifts in the Welfare Mix：Their Impact on Work，Social Services and Welfare Policies.* Bloomington：Campus Verlag，pp. 7－30。

已有的大量研究多从供给的角度去研究福利多元主义，尽管从供给的角度去分析福利多元主义十分重要，但是非常有必要超越这种“单维度”论述，把其他维度，如融资和规制同样纳入考察的范围（鲍威尔，2011）。

2. 社区社会服务创新的分析框架

社区社会服务创新作为一个系统工程，不仅是社区社会服务本身的创新，更是社区社会服务体制、机制的创新。首先，需要明确社区社会服务创新内在的核心价值观是社会公平，即公平为社区社会服务政策的定位提供了一个道德指南针。社会公平在社区社会服务方面具体表现为在竞争性的服务需要和待解决的问题间公平分配社会资源。其次，实现和促进社会公平也是社区社会服务创新永恒追求的目标之一。

根据福利多元主义理论的提供、融资和规制三个维度，借鉴吉尔伯特和特雷尔（2003：83～86）所提出的社会福利政策分析框架，构建社区社会服务创新的分析框架。其分析框架的选择维度是社区社会服务的对象、社区社会服务的类型、社区社会服务的供给主体、社区社会服务的资金筹集、社区社会服务的管理与社区社会服务的效果评估。即谁得到了社区社会服务、所分配的社区社会服务的类型是什么、如何生产和提供社区社会服务、如何筹集社区社会服务资金、如何管理社区社会服务体系、如何评估社区社会服务的效果。

三　江苏社区服务发展创新战略基本内容

1. 社区社会服务对象的创新

首先，进一步厘清和明晰不同社区社会服务的受益者资格。社区公共

服务，其服务对象是全体社区居民，但对于不同的社区公共服务又有着自己专门的服务对象。如面向困难群众的社区救助服务，面向失业人员的社区就业服务等。相关法律法规和政策文件对此有明确的界定，各地只需结合实际情况加以落实。社区公益服务，其服务对象多为全体社区居民，其服务对象的资格，多是由不同的社区服务项目的供给主体加以界定的。社区商业服务，其服务对象是全体社区居民，按照市场化机制，构建起经营者（或生产者）与消费者的关系，满足居民的生产生活需要。

其次，切实保障社区社会服务对象享有充分的知情权。因信息不对称，许多符合服务条件的人不知道他们享有服务的资格，而无法成为实际的社区社会服务对象，进而错失享受某些社区社会服务的机会。因此应加大社区宣传力度，采用各种有效方式，积极做好社区社会服务的推广，社区社会服务的提供主体应积极发现有服务资格的居民。

最后，不断拓展社区社会服务对象。对已有的社区社会服务项目，不断改进工作方法和服务形式，吸引潜在的社区社会服务对象，满足其生活需要。改变以往社区服务辐射的更多是社区明星居民、社区积极分子等状况。结合当地民生需要，积极开发更多新的社区社会服务项目，以服务更多的群众。

2. 社区社会服务内容和形式的创新

推进社区社会服务内容的多层次化。随着经济转轨、社会转型的不断深入，社区居民的需要日益多元化、多层次化，要求构筑包括以民生保障为主要内容的社区公共服务、以居民互助为主要形式的社区志愿服务、以满足居民多种需要为主要目标的社区社会化服务在内的多层次的社区社会服务体系。《江苏省城乡和谐社区建设发展“十二五”规划》对社区社会服务在“十二五”期间要达到的目标也有明确规定。首先，拓展社区基本公共服务，包括社区救助服务，社区就业服务，社区计生服务，社区养老服务，社区文化、体育和教育等服务，社区流动人口服务，农技咨询和生产资料服务，实现“居民群众对城乡社区基本公共服务满意率达 90% 以上”的目标。其次，开展城乡社区志愿服务，大力推行城乡社区志愿者注册制度，实现“全省城市社区志愿者注册率占居民人口 15% 以上，农村占 10% 以上”的目标。

推进社区社会服务形式的多样化。社区社会服务的形式有直接的，也有间接的。其中社区社会服务的直接形式各种各样，根据形式和可转移性特征，大致可以分为五类：现金、代用券、具体物品、具体服务、机会和权利，其为服务对象所提供的选择自由程度依次降低，如现金赋予服务对象最大限度的选择自由，而为满足服务对象的需要而提供的具体服务和给予服务对象激励和支持的机会都具有不可转移性。目前，江苏省的社区社会服务形式，以现金和实物的传统形式占据主导地位，而支持性的具体服务项目虽不断增多但影响仍然有限。由于具体社区社会服务项目可以更好地提升服务对象的自助能力，提高其预防和抵御各种社会风险的能力，因此在推进社区社会服务形式多样化的同时，尤其需要大力拓展和丰富各种专门的、有针对性的具体社区社会服务项目。

社区社会服务的间接形式，则是间接援助个人和群体的社会干预和社会政策等，其本身并不直接提供服务，但由于和社区社会服务的规划过程休戚相关，进而可以间接帮助到服务对象。在社区社会服务创新中，不应忽视社区社会服务间接形式的重要性。

3. 社区社会服务输送策略的创新

社区社会服务的输送指的是社区社会服务的生产、提供过程，早在20世纪50年代，国外研究者就在理论上将公共服务的生产与提供加以区分，认为政府承担着提供公共服务的责任，但不必亲自践行公共服务的生产。如理查德·A. 马斯格雷夫指出，“公共需要的提供……并不要求它必须有公共生产的管理，正如公共生产的管理并不要求它必须有公共需要的提供。在决定各自的适当范围时，应根据各自非常不同的标准”（Musgrave，1959）。社区社会服务输送策略的创新则是指提供主体的多元化、生产主体的多元化和生产方式的多样化，具体表现在以下两个方面。

首先，社区社会服务供给策略的创新是坚持社区社会服务提供主体的多元化。根据福利多元主义理论，政府、市场、第三部门、互助组织和非正式部门（包括家庭、邻居和社区等）都是社区社会服务的提供主体。政府主要是社区公共服务的提供主体，主要是出台法律法规和政策文件给予法律保障，为服务的提供创造便利条件，提供专项资金给予物质保障，对服务进行监督、评估等。市场主要是提供便民利民的社区商业服务，满足

居民多种生产生活需要。第三部门即非营利组织、志愿组织，通过整合资源，提供面向弱势群体的社区福利服务（狭义）、社区志愿服务和社区准商业服务等社区公益服务。互助组织和非正式部门则根据居民的需要开展多种形式的自助互助服务，增强居民彼此互相依存的感觉，增强对社区的归属感。

第二，社区社会服务输送策略的创新是推进社区社会服务生产主体的多元化、生产方式的多样化。尽管社区社会服务的提供主体也可以作为社区社会服务的生产主体，但并不是所有的提供主体都可以成为最佳的生产主体，基于对优质和高效服务的追求，应充分发挥不同主体的优势和所长，更好地为居民提供优质、高效、专业化、个性化的服务。鉴于政府失灵理论、市场失灵理论和第三部门失灵理论，服务的生产主体不是单一的，而是多元化的。政府所扮演的角色更多的是掌舵者而非划桨者，做好统筹规划，向更加高效、灵活、专业的各类公益社会组织购买服务，以更好地满足居民日益多样化、个性化的服务需要。“除了政府向专业机构购买社会服务以外，要积极调动各种正式与非正式资源，动员家属、朋友、邻里以及各种志愿性组织积极参与，培育和发展社会服务的内生性、持续性支持网络。”（景天魁，2012）一方面，政府应大力培育和发展各类公益社会组织、志愿组织，尤其是社会工作专业组织，“十二五”期间苏南、苏中、苏北平均每个城市社区至少分别培育发展社会组织 8 个、6 个和 4 个以上；全面提高农村社区社会组织备案数量，每个农村社区至少培育发展社会组织 2 个以上。同时积极总结各地的创新实践方式，如推广和规范公益创投项目等。目前，非营利组织面临着难得的发展机遇，其发展现状远不能适应社会发展的要求，其自身亦迫切需要服务机制的改革与创新，包括服务理念、服务方式、服务态度等的创新。另一方面，社区居（村）民委员会作为基层群众自治组织，要积极引导和扶持社区自助互助组织、社区志愿者队伍，为其长期发展搭建平台，充分发挥党员的模范带头作用，营造并强化社区自助互助的氛围。

4. 社区社会服务资金筹集方式的创新

社区社会服务资金筹集方式的多元化，即坚持社区社会服务资金筹集的多渠道、广门路。一般而言，社区社会服务资金主要有三种基本的来源：

政府税收、自愿捐款和服务收费。政府所提供的社区公共服务，依靠的资金来源是税收，由于其具有强制性，因而是最稳定的。社区公益服务的资金来源渠道是最广泛的，可以来自政府税收，也可以来自个人捐助、企业捐助、基金会捐助，还可以来自部分服务收费。社区商业服务的资金来源是服务收费。福利多元化的实质是筹资渠道的多元化，尽管社区公共服务主要依赖政府财政拨款，但也可以通过吸收社会捐款作为补充财源；同样，虽然非营利组织、志愿组织主要吸纳各种形式的社会捐款，但也越来越多地以承接政府服务外包的形式获得财政资助。

随着全球化进程的加快，国际组织在社区社会服务资金中将日益发挥越来越大的作用。国际公益组织如世界银行、联合国儿童基金会等资助在华公益项目的开展。我国公益组织应积极在法律和政策框架内与国际组织开展合作，拓宽融资渠道，更好地开展社区社会服务。在高速发展的信息化社会里，除了利用传统的筹资方式外，还应积极充分利用互联网这一平台，如通过微博、网络论坛等发布相关服务项目信息，以最快的速度向更多的人宣扬公益服务的理念，聚集更多的关注和力量。

5. 社区社会服务管理体系的创新

当前，由于作为不同利益主体的社区社会服务供给主体多元化，原有管理体制的条块分割，出现多个供给主体哄抢某些社区社会服务，而一些社区社会服务则无人问津的局面，不仅造成了公共资源的浪费，而且居民的服务需要没有得到很好的满足，因此必须加强统筹管理，推进社区社会服务管理体系的创新。社区社会服务管理体系创新过程中，应构建“党委领导、政府负责、社会协同、公众参与”的网络体系，各主体间明确职责和权限，在法律框架内，在尊重当地历史、文化习俗基础上，积极有序地参与社区社会服务创新。简单说来，社区社会服务管理主要涉及四大主体，即社区社会服务对象、社区社会服务生产者、社区社会服务提供者、社区社会服务监督者，四者的互动构成了动态的社区社会服务管理流程。基于社区社会服务对象的需要，社区社会服务提供者拟定可行的社区社会服务，继而社区社会服务生产者在相应的政策、人力、财力、物力等的支持下直接将服务传递到社区社会服务对象，满足其需要。社区社会服务监督者则贯穿在整个过程中的每一个环节。尤其是政府作为公共利益的代表者、社

区社会服务的提供者，对社区社会服务的生产者的直接服务状况具有监督、管理的权力。

社区是居民生活的共同体，是提供社区社会服务的基层平台，因而社区社会服务管理体系创新，首先必须建立现代社区治理结构。全面推广“一委一居一站一办”的新型社区服务管理体制，即以社区党委为核心、社区居（村）委会为基础、社区管理服务站（综合服务中心）和综治办为平台、其他各类社会组织和社区居民广泛参与的社区服务管理体制。居委会主要职责是做好所在社区的群众自治及管理社区内公共事务、开展社区服务；社区管理服务站，主要承接政府部门的公共服务和相关行政管理事务，建立“权随责走、费随事转”的工作机制，将人、财、物等资源直接下沉到社区，确保社区管理服务站为城乡居民提供便捷周到的生产生活服务；综治办主要负责社区社会综合治理和维稳工作，推进平安社区建设。“十二五”期间，江苏城乡社区“一委一居一站一办”覆盖率要达90%以上，有条件的地区力争实现全覆盖。该管理体制坚持并体现了“党委领导、政府负责、社会协同、公众参与”的社区建设领导体制和工作机制。

6. 社区社会服务效果评估的创新

社区社会服务效果评估，一般有内评估和外评估两种形式。内评估是由服务生产者进行的服务评估，旨在对服务结果进行评估和总结，改善服务质量，考核服务目标的达成情况，赢得公众的认同，进而继续获取多方的支持，积极树立自身的对外形象。外评估，主要是来自社区服务提供者（如政府）或第三方的评估，目标是检测服务执行的成效，以及资金、物质等资源是否得到妥善使用。政府在社区社会服务提供者中的地位举足轻重，是社区社会服务生产者的重要评估方，考核服务生产者如社会公益组织等的服务质量，是否达到了预期服务目标，检验政府所提供的政策、资金等支持所实际产生的社会效益。第三方的评估，一般由专门评估机构或相关学者、专家实施，具有相对的科学性、专业性、客观性。第三方的评估，较之于社区社会服务提供者的评估，会兼顾到专业理念、专业方法的运用对服务对象产生的影响等。在政府向社会组织购买社会服务的实践中，多采用政府评估和第三方评估相结合的方式，既有服务发包方的效益视角，又有专业人士的专业视角，从而使评估更加全面、客观、科学。

社区社会服务的出发点是满足居民的需要，加之居民作为社区社会服务对象，是服务的直接和最终受益者，也是重要的评估主体。尤其是在某些社区社会服务，如行动型、发展型项目中，服务对象处于主体地位，因而居民对服务的满意度评估，是社区社会服务效果评估体系的重要组成部分。居民作为社区社会服务的评估主体，还可以进一步激发其参与社区社会服务的热情和唤起公民权利和责任的意识。

第三节 江苏社区服务发展创新模式

江苏省开展社区服务、社区建设工作起步较早，是全国城市社区服务、社区建设的发源地和试验田。1986 年 5 月，全国社区服务工作从南京市秦淮区双塘街道率先启动，开创了历史先河。1999 年 1 月，全国社区建设又在南京市鼓楼区率先正式拉开（赵顺盘，2007：133）。二十多年来，江苏省社区服务、社区建设工作一直走在全国前列，全省 19 个区（市）、20 个街道、35 个社区被命名为首批全国和谐社区建设示范单位，示范城区（市）数量和示范单位总数分列全国第一。如今，江苏省各地都在积极进行社区社会服务创新的实践，涌现出了一个个创新案例，其中南京市玄武区锁金村街道的“锁金模式”尤为突出。

南京市玄武区锁金村街道成立于 1984 年，地处南京市主城区东北部，西临玄武湖，南依紫金山麓，辖区面积 6 平方公里，下设 7 个社区居民委员会，街道常住人口 7.6 万人，流动人口 9000 余人。该街道曾荣获“全国和谐社区示范街道”“全国社区服务示范街道”等多项国家级荣誉，一直作为“明星街道”成为玄武区各项改革的试点。

一 社区管理体制改革创新

在当前社会建设、社区服务创新的大背景下，锁金村街道结合已有的工作基础和锁金村的实际情况，作为玄武区的改革试点，积极率先进行社区管理体制改革。该改革分为两个层面：一是街道层面的“五个中心”建设；二是社区层面的“委居站办”格局重构。改革始于街道层面，然后带动

社区层面。目前街道层面的改革已经完成。

1. 街道层面改革的内容

第一，打破原有的科室化设置，构建“五个中心”管理机制。同类归并，实施去科室化“缩”建。街道将过去分散在各科室的条口职能，按照同类、同质、同性的原则进行“扁平化”整合，组建“五个中心”：（区域）党建中心、（区域）经济发展服务中心、民生服务和文化中心、城市环境管理服务中心、综合治理和矛盾调解中心。其中，（区域）党建中心归并街道承担的党的建设职能相关的组织党建、纪检监察、精神文明、宣传信息、工会妇联、统战关工、科普社教、共青团等各项工作。（区域）经济发展服务中心归并街道承担的经济管理职能相关的招商引资、税收管理、企业服务、企业统计、科技创新与人才服务、安全生产等各项工作。民生服务和文化中心归并街道承担的社会服务和文化建设职能相关的民政、劳保、计生、文化等工作。城市环境管理服务中心归并街道承担的城市建设和环境管理职能。建立工商、公安、卫生、环保、房产、城建等部门联席办公制度。综合治理和矛盾调解中心归并街道承担的社会安全管理职能相关的综治、司法、信访、维稳、610、禁毒、流管等各项工作。

第二，整合资源，推进社区社会服务的社会化发展。街道所设的五个中心，在各自工作领域内，不断推进社区社会服务的社会化创新。通过优惠政策、资金、物质支持，以购买服务等方式，不断引进和培育与本中心公共管理职能相关联的枢纽型、领军型的社会公益组织，使其直接提供多元化的社区社会服务，满足居民的多元化生产生活需要，“五个中心”需对社会公益组织所能提供的服务进行统筹布局、分类指导、监督管理和评估。

第三，树立服务型理念，街道干部直接下移到各中心开展服务工作。街道“五个中心”由街道分管领导担任中心主任，其他街道干部前移到各中心直接开展工作。同时，对街道干部进行社会工作专业培训，帮其树立服务理念、更新工作方法，进一步推动街道干部由管理者向服务者转型，由单一行政工作者角色向行政工作者兼社会工作者的双重角色转型。随着街道干部直接面向群众开展工作，为其服务，逐步完善岗位设置、绩效评估、激励机制等体系工作不断推进。

第四，回收社区居民委员会承接的行政事务，还其基层自治组织的身份，激发社区活力。一方面，“五个中心”主动与社区进行对接，将原来上级政府及其职能部门下沉到社区的各类事务进行分流、规范和整合，减轻社区本不应有的负担。另一方面，将南京市“12345”政府热线等重点督办的事项、不应由社区承办的事项等各类公共服务逐步收回，相应交由“五个中心”统一承担。

2. 社区层面改革的内容

社区层面的机制改革是“锁金模式”的重要内容和载体，主要目的是实现社区居民委员会的去行政化，还其基层群众自治组织的身份，让其有更多的时间和精力去整合资源，组织、引导、提供社区社会服务，丰富社区社会服务内容，提高社区社会服务水平，更好地满足居民多样化的生产生活需要。社区层面的机制改革，主要内容是通过对整体性回收社区承担的公共服务，帮其减轻机制性行政负担，重新明确社区的主要职能。因而，社区层面的机制改革重点包括三个方面：一是重构社区“委居站办”服务格局，并完善社区党委、居委会、管理服务站和综治办的职责定位；二是社工的角色转型和优化配置；三是完善社工服务绩效督导体系。

第一，重构社区“委居站办”服务格局。

（1）重新定位社区“委居站办”职责。按照“党委领导、政府负责、社会协同、公众参与”的发展要求，社区党委以区域党建为方向，强化总揽全局、协调各方的领导核心作用，充分发挥党组织和党员在社区社会服务中的先锋模范作用；社区居委会以发展城市基层民主为方向，强化社区居民自治，培育和发展社会组织提供社区社会服务，提升居民参与社区事务的热情，增强居民对社区的归属感。社区管理服务站按照“大社区”建设的理念，进行归并整合；社区综治办按照上级职能部门的职责定位要求，开展好综合治理和矛盾调解服务。

（2）社区重构，优化社区“委居站办”服务格局。实施“两上两下”，即社区党委部分职能向上，统筹协调、资源整合等重要事项向上，由街道区域党建中心整合；服务职能向下，由社区党委负责，社区居委会向下，强化居民自治，培养和发展社会组织提供社区社会服务，协办政府公共事务，进行社区矛盾调解。社区管理服务站向上，由街道“五个中心”归并整合，强化其公共服务作用，将地缘较近的锁一、锁二、锁三、锁四、锁

五、南林大等社区的社区管理服务站各项职能收归街道“五个中心”，在地缘较远的新庄社区和紫鑫城社区各设一处社区管理服务站；社区综治办向下，贴近居民生活，强化其综合治理和矛盾调解作用。

第二，实施社工角色转型。与街道“五个中心”建设和社区“委居站办”服务格局相对应，将社工分为三大类，与“五个中心”工作人员一起，重新进行统一配置。

（1）实施社工分类管理。第一，社区居委会社工。每个社区设社区党委书记（兼任社区居委会主任）、副书记、矛盾调解员三个岗位，配备2~3名社工，承担社区委、居、办相关服务职能。第二，街道中心社工。按工作需要，按照前台直接受理服务、后台协调办理的格局，在民生服务和文化中心，设立社会救助、老年人、残疾人、优抚等民政类前台社工2名，劳动和社会保障类前台社工7名，人口计生类前台社工2名，环境卫生类前台社工2名。中心社会服务站设站长1名，负责综合管理事务。第三，网格化服务社工。街道各中心所有后台服务社工均为网格化服务社工。改变目前以横向（网格化）为主、兼顾纵向（条口）的管理模式，建立以纵向垂直分责、体系内横向网格的管理格局，设立社工服务片区，该服务片区不是以社区为单位进行划分，而是结合服务区域面积、楼幢数、人口数、工作难易程度等，划分为8大片区，每个片区设民政类、计生类、劳保类、环境卫生类社工1名，每个片区设立4个服务网格，每个网格设立1名社工。

（2）明确社工职责。第一，社区居委会社工。强化其居民自治、矛盾调解和引导社会组织发展的职能。第二，街道中心社工。前台受理社区居民服务事项，开展互动式组团服务，后台协调网格化服务社工，信息共享。第三，网格化服务社工。实施“信息共享，服务代理，组织共建，责任共担”。“信息共享”要求网格内采集信息、片区内共享，即每名社工在网格内负责社区服务需要综合信息采集，上报信息，在片区内实现信息共享，网格内社工负全部责任。“服务代理”要求每名社工印制好社工名片，携手持终端，进门入户，各项公共事务由网格内社工代为受理，交由业务主管社工办理；“责任共担”要求片区内业务主管社工综合处理，负有60%的责任，其他社工协同配合，负连带责任，其中网格内社工负有30%的连带责任，网格外其他社工负有10%的连带责任。在发展社会组织方面，实施

“社工+组织+义工”培育模式，建立激励机制和评定标准，鼓励社工带头培育社会组织，并逐步将社工培育发展的社会组织数量和质量等纳入社工绩效考核范围。

（3）建立网格社工和居委会社工服务辅助体系。一是建立好人力资源辅助体系。为避免社工人力资源不足、服务不到位的机制性问题出现，建立“一个群众组织”和“一个服务体系”来协助社工服务。其中一个群众组织即以“社会组织”的形式组织居民，为网格内的社工配备一支骨干队伍，由社工和骨干队伍共同开展常态性的服务；一个服务体系即逐步建立起社会志愿者队伍、社区居民小组，楼院门栋上下贯通、互联互动，社区居民人人参与的梯次式服务体系。二是建立好社工信息化手持终端系统辅助体系。要求每名社工印制好社工名片，携手持终端，进门入户，开展服务。

第三，完善社工服务效绩督导体系。建立服务规范、业务绩效和群众满意度“三位一体”的社区和社工考核体系。引入绩效考核第三方督导组织，促进社工管理模式由社工的过程管理和绩效考核并重转变为以绩效督导为主、过程管理为辅，以减轻街道内部社区管理考核压力。

绩效督导内容主要包括三个方面：①服务规范考核，包括日常考勤、服务礼仪、基础服务等，由民生服务和文化中心负责；②业务绩效考核，由相关业务主管中心负责；③群众满意度考核，由专业督导组织负责，强调专业社工的服务成效，主要依据是社工服务对象的综合意见反馈等。

二　社区服务供给机制创新

锁金村街道自社区服务产生以来，就注重从社区的实际情况出发，不断探索自己的社区服务发展模式。

1. “万家帮”服务品牌的由来

1986年民政部第一次提出了在城市开展社区服务工作的要求，1987年民政部在武汉召开部分城市社区服务会议，明确了社区服务的内容和任务，标志着社区服务的正式形成以及在全国范围的推广。1990年实施的《中华人民共和国城市居民委员会组织法》规定居民委员会（简称居委会）应当开展社区服务活动，这使社区服务上升到法律层面。1993年底民政部等部委联合下发的《关于加快社区服务业的意见》，推动了社区服务从单纯的福

利型服务向福利型服务与有偿性服务相结合的转变。在此期间，一些城市社区兴办“社区经济”，商业性、市场性服务有所发展，而福利性服务却有所萎缩。社区服务产业化在20世纪90年代到21世纪初一度盛行（景天魁，2010：354～355）。正是在这个大背景下，锁金村街道于20世纪90年代初成立了万家帮社区服务中心，主要是为新建立的小区提供便民利民服务。1996年，万家帮社区服务中心改建，经工商局注册成为公司，但锁金村街道一直沿用“万家帮”这个品牌来不断积极拓展社区服务项目。

2. 混合福利的典范——老年人社区服务项目

锁金村是标准的老龄化地区，其中60岁以上老人占总人口的12%，因此锁家村街道从该实际出发一直以特色的社区居家养老服务项目作为主打社区服务项目，先后建成了锁金护理院、锁金老少照料中心、万家帮社区养老服务中心、“金手杖”老年俱乐部、社区居家养老服务站等特色服务项目。其中，锁金护理院由锁金村街道与锁金村社区卫生服务中心合办，主要面向生活半自理和完全不能自理的社区老人提供养老、护理、医疗、临终关怀等贴身服务，可同时容纳120多人入院。锁金老少照料中心可同时为30多名老年人提供全托、日托、康复、护理、健身等多项服务，积极组织老人读书、看报、唱歌、唱戏等，利用与街道幼儿园同处一个院内的优势，老人可定期与幼儿一起开展各种娱乐活动，老少同乐。“金手杖”老年俱乐部组建了互助社、志愿者服务社、书画协会、门球协会、摄影协会、京剧票友协会等多个组织，开展老年人互助、保健、文体、旅游等多项服务，极大地丰富了老年人的精神生活和物质生活，提高了老年人的生活质量。

万家帮社区养老服务中心于2005年10月成立，服务项目不断拓展，输送服务的主体也不断呈现新的组合。第一个阶段是政府作为服务的生产者和提供者。政府输送服务在2011年，由街道扶植培育的非政府组织——家园和谐促进中心来承担该中心的运作，即采取政府购买非政府组织服务的形式。具体来说，为社区老人提供的服务有：通过沙盘游戏提供心理保健服务；运用小组社会工作的方法，培训社区社工开展老年人心灵茶吧；举办老年大学。在万家帮社区养老服务中心的平台上，积极利用驻地高校资源，汇集了三支青年志愿者队伍——南京人口管理干部学院凤尾竹慈善义工服务队、南京林业大学青年志愿者协会、南京师范大学心理气象员志愿者服务队，还有一个社会义工组织——爱心园老年心灵呵护志愿服务队，一个社区居民志愿者组织——小霞癌症康复驿站。2012 年，万家帮娱乐养老生活馆的建立，使得万家帮居家养老服务中心再一次发生了质的变化。锁金村街道与社会养老企业——庄泰（现为万家帮健康咨询服务有限公司）联合成立万家帮娱乐养老生活馆，借鉴社会企业运作养老服务市场的经验，由社会企业为老人提供服务。万家帮社区养老服务中心，参照江苏省 4A 级社区居家养老服务中心评定标准落成，建筑面积达 600 平方米，其中二楼为家园和谐促进中心为社区老人提供公益服务的场所，一楼则是万家帮娱乐养老生活馆，由庄泰运营，为老人提供公益性和微利性服务。锁金村街道以优惠低价把场地租赁给万家帮娱乐养老生活馆，且与庄泰达成合作协约：在公共健身、场地、硬件等设施方面，为老人提供的服务全部是公益性的；在个性化服务和项目如旅游、健康食品等方面，以微利形式提供；同时每年必须把社会企业利润中的 10% 用于为老人提供服务。具体来说，万家帮娱乐养老生活馆目前为社区老年人提供的公益性服务有：免费为老年人提供健康知识讲座，每周定期为老年人免费播放电影，老年人可免费使用生活馆内的保健器械，老年人可以自由在生活馆内聊天、议事等；微利性服务则包括：为老年人提供赴安徽等低价的短途旅游项目，供应健康食品，价格均低于市场价格。当前该社会企业运营收支平衡，利润部分主要来自企业的其他产业，其更加注重的是通过社区托养老人的资源平台，尝试摸索出“政府倡导、企业参与”的养老新模式。该社会企业本着仅向老人收取少量费用的原则，计划陆续推出更多的个性化服务，研制开发挂有“万家帮”品牌的生活必需品，如大米、食用油、鞋子、老人户外用品等。

锁金村街道以万家帮社区养老服务中心为平台，成功地汇集了政府、非政府组织、社会企业、志愿组织、自助互助组织等多元福利提供主体一道开展老年人社区服务，创新了社区服务的多元主体供给机制。

三　社区资本积累模式创新

锁金村街道社区服务的创新，得益于其不断积极创造和培育社区社会资本。正如普特南指出：“社会资本指的是社会组织的特征，例如信任、规范和网络，它们能够通过推动协调和行动来提高社会效率。”（Putnam，1993：

35－36）从个体和群体的划分层次来看，社区社会资本是群体视角的社会资本；从微观、中观和宏观的划分层次来看，社区社会资本是中观层次的社会资本。参照林南（Lin Nan，1999：35）对社会资本的界定，我们可以将社区社会资本理解为嵌入社区结构中的、可以在有目的的行动中摄取或动员的资源。姜振华（2008）在借鉴 Naray 和 Cassidy 社会资本指标体系的基础上，提出了城市社区社会资本包括五个维度：社区关系网络、社区规范、社区归属感、社区志愿服务和社区信任。

社区作为一种以地域为基础的社会生活的共同体，社区社会资本存量及其分布状况是和谐社区建设、社区服务供给的重要影响因素。积极创造和培育城市社区社会资本，对推进和谐社区建设、更好地提供社区服务具有积极作用，具体表现在以下几个方面。第一，社区社会资本有助于社区成员之间建立社区关系网络。社会关系网络能够提供给人们所需要的认同、信任、情感等社会支持，有利于以增强相互间的信任、情感、依赖等为目的的表达性行为获得成功（Lin Nan，2001：69－71）。第二，社会资本有助于增强社区居民的社区认同感和归属感。社区归属感作为联系社区成员的感情纽带，可以增强社区成员之间的交往频率，也可以增强社区居民对社区事务的关注、扩大社区参与。第三，社会资本有助于增强社区居民的普遍信任。普遍的社区信任主要包括社区居民之间、居民与社区组织之间的信任，其信任程度越高，越能有效地推动社区建设和发展。

锁金村街道社区社会服务发展创新的推进，得益于其多方面培育社区社会资本，形成了具有自身特色的“锁金模式”，其核心内容是“多元主体参与，共建幸福锁金”。

1. 积极推进社区管理体制改革

通过开展街道层面的“五个中心”建设和社区层面的“委居站办”格局重构提高社区管理与服务水平。特别是通过社区居民委员会的去行政化，重塑其群众自治组织的身份，建立并不断完善社区参与机制，落实社区居民自治。健全、落实民主选举、民主决策、民主管理和民主监督制度，积极拓宽社区居民参与的途径和渠道。在社区践行居民直选，保证居民充分享有选举权；社区居委会的政务、财务、服务等事项全部公开，保证居民的监督权；定期召开居民代表大会，保证居民享有参事议事的权利。此外，积极开展社区活动，增强社区居民的认同感、归属感，推动社区居民参与。依托各类社区组织，开展丰富多彩、健康有益的群众性文化、体育、科普、教育等活动，使更多的社区居民参与进来，在丰富社区居民的物质生活和精神生活的同时，提升社区居民对社区的情感。

2. 积极培育社区非政府组织

锁金村街道一直以来都采取多种措施积极发展非政府组织，包括降低非政府组织登记门槛，协助其获得合法身份；树立与社区非政府组织合作的意识，尊重其组织的独立性；建立对非政府组织的政策、资金等支持体系，如通过直接购买服务的方式购买岗位、为其提供场地等。非政府组织家园和谐促进中心，便是锁金村街道大力扶植和培育的，其不仅承接街道的社区养老工作，还利用沙盘游戏室在假期里为社区儿童提供心理保健服务，不定期组织亲子互动活动等。该中心及其工作人员深得社区老年人和儿童的喜欢。政府购买非政府组织服务项目的形式，在满足了老年人、儿童服务需要的同时，大幅度地提升了社区参与度，增强了社区信任，包括居民和非政府组织之间、居民和政府之间、政府和非政府组织之间的信任，增强了社区的凝聚力。

3. 大力发展社区志愿组织，广泛开展社区志愿服务

锁金村街道位于南京市老城区，所辖社区是传统老社区，邻里之间相对比较熟悉，这为社区志愿组织的成长提供了肥沃的土壤。在街道、各社区居委会、社区居民骨干的一起支持下，建立起了一个个优秀的志愿组织，如锁金三村社区韩先林志愿者工作室，免费为社区居民提供代办服务，咨询服务，民事调解、水电维修、健康保健、流动人口服务，校外教育辅导、文化体育等服务；紫鑫城社区的小霞癌症康复驿站，以组织康复学习、交流抗癌经验、开展文体活动等形式，为癌症患者提供集体抗癌的环境。同时，锁金村街道积极整合驻地高校的大学生志愿者资源，如大学生志愿者参与到社区的“放学来吧”项目中，为社区孩子提供课业辅导；大学生志愿者也成为社区居家养老中心活动中的重要辅助力量。此外，各社区居委会也会经常针对社区老人、儿童、残疾人和有需要帮助的居民开展各种形式的志愿服务。

4. 引进社会企业发展模式，提供社区服务

社会企业介于传统的企业和非营利组织之间，是提供公共服务的一种

新途径。按照英国贸易与工业部（Department of Trade and Industry）的定义，社会企业是把社会目标放在首位的企业，其财务盈余用于对社会事业和所服务社区的再投资，而不是分配给股东和企业所有者。获取利润对于社会企业来说只是达成社会目标的手段（赵萌，2009）。发展社会企业能够激活供给机制，做到以需要为中心，以低成本、高效率的形式提供广泛的公共产品，补充政府公共物品供给的不足，且社会企业具有较高的财政自给能力，不需要或较少依赖政府和慈善组织等传统的外部自给来源（高海虹，2011）。锁金村街道的万家帮娱乐养老生活馆，便采用社会企业运营的模式，有针对性地为社区老年人提供多样化的服务和产品。

5. 重视社会工作专业理念与方法的运用

科学的社会工作专业理念、方法在社区服务中的运用，是优质社区服务的保障，有助于提高社区居民对服务的满意度，增强其对社区服务提供者的认可。锁金村街道一直以来注重社区服务的专业化发展，定期为街道、社区所有工作人员进行社会工作专业知识和方法培训，提升其专业素养。同时，家园和谐促进中心还会组织社区社工运用社会工作小组方法为社区老年人开展心灵茶吧活动，这一方面使社区老年人享有专业服务，另一方面使社区社会工作人员的专业实务技巧不断得到锻炼和提高。

第十一章
江苏社会建设之社会组织发展战略与政策

第一节 江苏社会组织发展创新的必要性

社会组织作为社会建设重要主体之一，是社会自我管理、自我服务和利益表达的组织化形式，它的发展状况是衡量社会发育是否成熟的一项重要标准。改革开放以来，我国社会领域发生的最大变化之一莫过于社会组织的兴起。作为"鱼米之乡"、经济大省的江苏，在经济持续快速健康发展的同时，牢固树立以人为本、注重民生、促进和谐的社会管理新理念，坚持发展与稳定并重、富民与安民共进，多年来在社会建设与社会管理方面大胆创新，为全国树立了诸多示范。"十一五"期间，江苏省社会组织的数量以每年10%以上的速度递增，社会组织蓬勃发展。截至2011年9月底，江苏省已注册登记各类社会组织总量位列全国第二，其中社会团体、基金会数量均位列全国第一（张宝娟，2012）。江苏"十二五"规划纲要中明确提出，要加强和创新社会管理，推动社会组织健康有序发展。在我国经济社会转型的历史时期，加强和创新社会管理的一个重要方面，就是加强社会组织发展创新。

在当代社会发展和公共管理中，只有政府、市场和社会组织三类主体良性互动，发挥自身优势，合理分配公共管理职能，才能实现社会公共事

务协调管理，促进社会和谐、可持续发展。社会管理创新中的一项重要任务就是要不断完善社会组织体系，尽可能调动社会组织的积极因素，让社会组织等社会主体真正履行“润滑剂”“减震器”的独特功能，并有效发挥政府与社会沟通的桥梁作用，协助政府实现对社会的良好治理。要看到，社会组织的发展创新及其社会服务职能的发挥，对于最大限度激发全社会创造活力、最大限度增加和谐因素，具有十分重要的意义，也具有必要性和必然性。

一　社会稳定的内生要求

当前，中国正处于社会快速转型和经济转轨的关键时期，社会日益分化多样，迫切需要通过多种形式对社会成员和社会群体进行有效整合，以理性合法的方式，反映并满足他们在经济、政治、文化、社会生活多方面的需求，实现社会需要的组织化，社会组织就是在这种客观要求中应运而生的。首先，它在构建社会主义和谐社会中具有不可替代的作用和独特优势。从世界各国实践看，在现代化社会中，社会结构呈“橄榄形”，社会较为稳定，经济发展较快。相反，社会阶层两极分化，贫富差距较大，社会结构呈“哑铃形”的社会则很不稳定。当前，我国社会组织不断壮大，中等收入人群的比例不断增加，有利于建立“橄榄形”的现代社会阶层结构，协调各方利益关系，释放社会压力，从而缓解社会矛盾，促进社会和谐发展。其次，社会组织促进了民政政治建设的发展，是政治发展的新动力。它为公众有序参与提供了组织平台，扩大了民主，有利于激发他们对公共事务的兴趣，促进其对公众利益的责任感，构建社会成员间的互惠、信任和横向参与的网络，加快民主政治发展进程。

二　政府合作型治理的应然之举

社会组织发展创新为政府职能转变提供了较好的承接平台。在现代社会管理体制中，合作治理成为未来发展的趋势，同时，优化政府职能结构和向社会简政放权也是加强社会建设的重要内容。随着“小政府、大社会”改革目标的不断推进，政府管理职能不断精简，原来由政府主导的社会事务性、服务性工作，可以通过政府引导、政府购买、社会组织主导这一形式释放，由社会组织（如社区居家养老服务中心）承接。社会组织的发展既能在一定程度上弥补“政府缺位”，又能在一定范围内弥补“市场失灵”；既能减小政府成为社会矛盾焦点的概率，又能较好处理市场不能或无力处理的问题和矛盾。相对于政府行政运行，社会组织的运行方式能够降低社会管理的成本；相对于市场调节，社会组织的调节方式能够更好地保证社会公益的目标，也有利于把社会公平正义落到实处，让广大人民群众共享发展成果，更好地弥合分歧、化解矛盾、控制冲突、降低风险、增加安全、增进团结。根据发达国家发展的经验，只有大量的组织参与到公共服务和社会管理实务中来，才能有效弥补公共服务及社会管理的“市场失灵”和政府“缺位”，形成政府与民间“共同治理”的结构，推动传统政府向现代公共服务型政府转变。

三　居民多层次服务的有效回应

社会转型、企业转制的变革促使“单位中国”趋于瓦解，数以千万计的“单位人”变成“社会人”。一方面，居民因文化层次、经济水平、健康状况、年龄、性别、兴趣爱好等不同，其需求呈分散、多样化、琐碎和专业化的特征，为了满足不同类型居民的利益诉求和多层次的服务需求，需要提供差异化的服务，由政府整齐划一的公共服务制度所提供的公共服务在服务类型、专业化水平等方面都已经远远不能满足需求；另一方面，随着教育水平的不断提高，公众对自身社会价值实现和社会公共事务的关注度越来越高，很多人希望参与到公共事务中来。面对原有社会管理体制的困境和公民多层次的服务需求，社会组织自身的优势得到了体现。社会组织比较自主和弹性的服务供给机制正好弥补了政府无法用制度化提供服务的不足，与此同时，社会组织在整合社会资源、促进社会民主、提升社会活力方面也能发挥重要作用。基于个人兴趣、社会需求和社会责任感而自发成立的社会组织在数量和种类上的极大丰富，能有效地激活社会的自我治理功能，激发社会活力，增强社会的组织性和民众的归属感。因此，社会组织发展创新满足了居民多层次的需要。

以上分析向我们昭示，社会组织发展创新是推动江苏社会建设，加强政府社会管理创新，促进社会优化组合和推动社会民主的重要力量，也是

江苏实践“两个率先”[①] 的应有之意和重要保障。

第二节　江苏社会组织孵化模式

一　江苏社会组织孵化的实践历程

理论上，社会组织是加强社会建设，创新社会管理方式的重要力量，而要真正发挥其理想的功能，实现从“对社会管理控制”向“为社会和群众服务”转变，从由政府“撑船”向由政府“掌舵”转变，关键在于社会组织的培育、壮大和社会服务能力的提高，因此，社会组织孵化和培育成为各地社会管理创新的重中之重。近十年来兴起的社会组织发展热潮进一步带动了全国社会组织培育（孵化）工作的开展，在经历了理念引进、创新开拓之后，目前已进入了逐步推广的阶段。目前，深圳、上海、北京等地，有政府参与或社会自发组织的社会组织培育工作已在广泛展开。而作为社会组织迅速发展的江苏，在坚持政府主导、政社联动，鼓励民间力量积极探索思想的指引下，其社会组织培育的历史脉络展现的是从无到有、从零星的少数地区向全省逐步拓展的壮观图景。

社会组织的发展离不开制度环境的影响。新制度主义学派的主要代表人物道格拉斯·C. 诺斯（2008）说：“制度是一个社会的游戏规则，更规范地说，它们是决定人们的相互关系的系列约束。制度是由正式的约束（道德的约束、禁忌、习惯、传统和行为准则）和正式的法规（宪法、法令、产权）组成的。”而政府法规则是构成社会组织制度环境的重要组成部分。2004 年，南京市民政局发布了《关于培育社区群众组织和中介服务组织的意见》，2006 年，江苏省民政厅发布了《关于进一步加快慈善类民间组织发展的意见》。这些意见的出台引导了社会组织培育工作的健康成长。2009 年 10 月，爱德基金会发起创办的南京爱德社会组织培育中心，成为江苏第一家社会组织孵化基地。2010 年 12 月，该项目的成功经验获得首届中

① “两个率先”即率先全面建成小康社会，率先基本实现现代化，2003 年提出。它是江苏为全面贯彻落实中共十六大精神，根据该省经济社会发展基础提出的奋斗目标。

国社会创新奖。爱德社会组织培育中心的创建，回应了南京建邺区日益增多的公益需求，在全省起到了示范带动效应。2010 年 7 月，民政部、江苏省人民政府《共同推进江苏民政事业率先发展合作协议》提出“设立社会组织孵化基地”。2011 年，江苏省委、省政府《关于实施社会管理创新工程切实加强群众工作的意见》提出实施“社会组织培育管理行动计划”，要求“制定社会组织扶持发展政策，采取建立社会组织孵化基地等措施，扶持社会组织有序发展”，截至 2012 年 6 月，江苏省两年内已建 37 个孵化基地，覆盖 13 个地级市中的 11 个，孵化社会组织 57 家，仅在南京，市、区两级办起 8 家孵化基地，孵化社会组织 36 家，其中，有 20 家已毕业“出壳”。[①]政府将“社会组织孵化基地建设”列入社会组织培育管理重点创新项目，创建了“政府支持、民间兴办、专业管理”模式，采取资金、项目、人才、场所等多元化扶持方式。随后，在各级民政部门的大力倡导和支持下，许多企事业单位和专家社工以孵化基地建设和公益慈善项目为载体，纷纷投入到社会组织培育的工作中。例如，无锡将市本级、江阴市、宜兴市和新区作为社会组织孵化基地建设试点，设立了社会组织孵化器奖励资金，对作用发挥比较好的孵化器，实行以奖代补，力争全市各类社会组织在“十二五”期间总数翻一番。而常州则按照“总体布局、分类实施、分级共建”的思路，在农林、体育等系统推进孵化基地建设。苏州提出了“全国社区建设示范市（区）都要创建 1 个社会组织孵化器”的目标要求，制发了“社会组织孵化器建设指引”，将社会组织孵化器的建设内容界定为“六有”，即有规范的名称、有孵化场地、有孵化设施、有一定的孵化能力、有一定数量的孵化对象、有一整套基本制度。淮安市对入驻孵化基地的社区居家养老服务站在组织规划、项目管理、教育培训等方面给予了指导和培训，验收合格后，采取“以奖代补”的方式，由区政府对每个社区居家养老服务站一次性给予 5 万元的现金补助。宿迁市与行业协会的业务主管部门共建系统性社会组织孵化示范基地，由业务主管部门提供场地、设施，民政部门对落户的组织进行指导，实行“引进—孵化—评估—出壳”的工作模式。

---

① 《江苏社会组织，新苗成长盼甘霖》，中国社会组织网，http://www.chinanpo.gov.cn/1921/54292/newsindex.html，最后访问日期：2016 年 6 月 28 日。

二　社会组织培育模式梳理及比较

江苏各地在培育发展社会组织的实践中探索了诸多模式，积累了丰富的经验，俗话说“温故而知新”，对江苏社会组织培育模式进行深入剖析，探索促进社会组织健康有序发展的有效途径，对于促进江苏社会组织发展创新具有重要现实意义，也可为中国的社会建设和社会管理创新提供一些经验指导。目前，社会组织培育模式大致有政府主导型培育模式、政府与基金会合作型培育模式及社会组织主导型培育模式三种。江苏社会组织孵化模式大致包括前两类。三种模式在基本理念、培育机构的独立性、专业性、获取资源的能力及在培育中扮演角色等五个方面各具特点。

（一）政府主导型培育模式：张家港公益组织培育中心

政府主导型的社会组织培育模式，指的是由政府直接或单由政府出面组织培育机构对社会组织进行培育的一种模式。这种模式在北京、张家港等地均有实践，在北京，主要是由北京市委社会工作委员会社会建设办公室负责进行，张家港的公益组织培育中心的运作模式就属于这一种。

张家港市属于江苏省苏州市下辖的县级市，是位于长江和沿海两大经济带交汇处的一座新兴港口工业城市，2011 年，实现地区生产总值 1850 亿元，按常住人口计算，人均 2.3 万美元，地方一般预算收入 142 亿元。[①] 经济实力常年位居中国百强县（市）前列，城市建设和科教文卫等事业发展也位于全国前列。随着经济的发展，张家港居民的社会需要也日益增长，如对养老、医疗、教育等服务的需求，不仅数量上快速增长，质量上的要求也越来越高；同时，经济发展导致的城市新移民等问题也困扰着该市，影响该市的持续发展。因此，张家港试图通过大力发展以社会组织为载体的社会工作事业，来提供广泛的、高质量的社会服务，同时解决社会问题，张家港市公益组织培育中心也就应运而生。该培育中心成立于 2011 年 3 月，由张家港市社会工作者协会举办，由于张家港市社会工作者协会实际上由张家港市民政局运作，该协会会长、秘书长等主要组成人员为该市民政局党组成员，因此可以认为该中心实际上是由张家港市民政局主导成立的。

① 《港城概况》，中国张家港，2013 年 11 月 13 日，http://www.zjg.gov.cn/home/infodetail/?InfoID=c1a3b4d8-6b5e-4edc-b125-1f5fe4b84696，最后访问日期：2016 年 6 月 28 日。

虽然张家港市的社会组织培育工作不是政府直接运作的，而是由政府单独出面成立张家港公益组织培育中心，由该中心执行培育工作，但是整个培育工作的决策权和执行权实际上在政府手中。

1. 政府主导型培育模式的基本理念

政府主导的社会组织培育模式下，培育机构进行培育工作的基本理念是着力培养承接政府职能的服务型组织，同时调控社会组织发展格局。政府推动社会组织建设的基本目的在于通过民间社会组织建设，动员民间社会力量，提供公共服务，以承接政府职能转移中转移出的政府服务职能，满足公众的基本需要。此外，通过直接参与社会组织的培育工作，政府也可以直接参与到社会组织行业的建设中，从而为政府介入社会组织进行管理，对社会组织发展进行调整控制提供了良好的条件。

2. 政府主导型培育模式下培育机构的独立性

政府主导的社会组织培育模式下，培育组织作为一个实体不具备独立性。培育组织成立的政策、资金条件完全来自政府，培育组织的主要组成人员也完全由政府工作人员担任，这就导致培育组织本身不具备独立的决策权、行动权，培育组织实际上等同于执行社会组织培育工作的一个政府分支部门。

3. 政府主导型培育模式下培育机构的专业性

政府主导的社会组织培育模式下，培育组织的专业性存在不足。组织培育过程中的专家团队多采取外聘的方式，培育组织本身在社会工作专业上能力不足。而外聘仅仅能解决具体的培训事项，培育工作的整体规划和执行必须有一定的社会工作和社会组织专业知识和能力，在这方面，由政府官员充任的培育组织领导层明显不具备这样的专业性。

4. 政府主导型培育模式下培育机构获取资源的能力

政府主导的社会组织培育模式也保证了培育工作的资源充足。由于是政府出面进行社会组织培育，培育工作的政策层面上放得比较开，也有如提前备案等一些政策优惠；在资金上，政府通过财政手段，可以采取直接补贴、提供场地、提供购买服务项目等多种手段对于组织进行资金支持；而社会组织在运作过程中遇到的形形色色问题，也都可以通过政府获得比较好的解决。

5. 政府主导型培育模式下培育机构扮演的角色

在政府主导的社会组织培育模式下，培育机构的主要角色是监护人。由于这种模式的培育在专业性上的不足，草根组织在培育机构中能获得的所谓专业培训通过市场或其他方式也可以获得，既然这样，草根组织还积极加入培育中心，很重要的原因在于将培育中心作为一个监护人。国内的草根组织往往自发形成，必然会一直面临着资源不足、能力匮乏、合法性缺失的困境，能力缺乏可以在不断的实践中获得锻炼，但资源不足和合法性缺失却难以解决。加入由政府主办的社会组织培育中心，一方面，可以通过中心获得办公场地、项目资金、专业培训等支持；另一方面，依靠中心获得备案乃至注册的合法性身份，不过监护人的特性也会导致培育的组织为了庇护和资源，即使到了“出壳”的程度也不愿意离开培育中心，从而导致出现培育中心不断扩大的情况。

（二）政府与基金会合作型培育模式：南京爱德社会组织培育中心

六朝古都的南京，文化底蕴丰厚，其经济发展也位居全国前列，2010 年，全市地区生产总值达到 5010 亿元，地方财政一般预算收入达到 518.8 亿元，城市居民人均可支配收入 28312 元，比上年增长 11%。农民人均纯收入 11128 元，比上年增长 12.9%。[①] 经济的快速发展带动了居民社会服务需求的增长，社会服务需求的日益增长和经济发展导致的社会问题的出现也对南京市社会建设提出了更高的要求。为提高本市社会建设水平，南京市在市级层面设有社会建设与社会工作委员会，并成立了社会建设工作领导小组，以市委书记、市长为领导小组组长。南京爱德社会组织培育中心就是由爱德基金会[②]和南京市民政局、建邺区民政局合作成立的。培育中心的成立由民政部门支持批准，中心的工作场地也是由政府免费提供的，而入驻中心的组织也能够享受到先备案后注册的优惠待遇；民政部门会向培育中心提出要

① 《南京市概况》，大众网，http://www.dzwww.com/2012/jsx/hdjs/201208/t20120829_7379766.htm，最后访问日期：2016 年 6 月 28 日。

② 爱德基金会成立于 1985 年 4 月，是一个由中国基督徒发起的，社会各界人士参加的社会组织。它致力于促进中国的医疗卫生、教育、社会福利和农村发展工作。其项目遍布全国 31 个省区市，总的来看，每年有数十万人能从该组织受益。在组织性质上，爱德基金会是一个公益性质的公募基金会。它的发起者是曾任全国政协副主席、中国基督教三自爱国运动委员会主席、中国基督教协会会长的丁光训主教，基金会是中国较早的公募基金会。

求，培育组织要注重服务社区，同时，培育中心有重大会议时，一般也都有民政部门领导出席，该中心组织结构在决策层面有中心理事会，下设主任办公会议负责日常运作，下面再设立宣传拓展、能力建设、培育、社会组织促进和行政管理五个专门部门。不过实际运作中，该中心的工作人员一共五人，全部来自爱德基金会，中心的日常运作由爱德基金会任命的主任负责，中心的重大决策都由爱德基金会和南京市建邺区民政局做出，中心开展重大活动一般都需要爱德基金会和南京市民政局的领导出场。因此虽然是一个在建邺区民政局注册的具有法人资格的民非组织，但在组织上，南京爱德社会组织培育中心基本上相当于爱德基金会负责社会组织培育工作的二级部门，在重大决策上也需要基金会和政府做出，并不具有独立性。南京爱德社会组织培育中心将自己的使命定位为：促进社会组织的发展，探索社会建设的路径，推动公民社会的成长。其还提出了“社会组织壮大发展，成为和谐社会建设的重要力量”的愿景，以“一起工作，一同成长”为口号。组织的使命、愿景和口号都是紧紧围绕着促进社会组织发展这一中心任务展开的，而促进社会组织发展的目标是推动公民社会成长、构建和谐社会。比较而言，该模式具有下列特点。

1. 政府与基金会合作型培育模式的基本理念

在政府与基金会合作型的培育模式下，培育机构着力培养草根、服务型组织，促进公民社会建设，建设和谐社会。由于是政府与基金会合作推进，该模式下的培育机构一方面从政府的角度出发，着力培养能够承接政府转移职能的服务型组织，另一方面从基金会的角度出发，更加重视民间草根组织的培养，出身草根，又以提供社会公共服务为目的的社会组织尤其受到重视。在培育的宏观目标上，该类培育模式的基本方向是促进公民社会建设，通过社会组织带动公民社会的建设，最终目的还是要回到政府提出的和谐社会的目标上来，因此在培育组织的时候，培育机构还是会慎重选择，避免培育出影响当前社会稳定局面的组织出来。

2. 政府与基金会合作型培育模式下培育机构的独立性

政府与基金会合作型培育模式下的培育机构，本质上不具有独立性。这类组织一般是由政府相关部门（如民政部门）和某一家或几家大型民间组织（如公募基金会）所成立或与其下属的社会组织共同发起成立的，这

就决定了这类培育型组织头上有两个上级的存在，而且这两个上级都是比较强势的机构。在两个强势的上级的主导下，尽管这类培育型组织可能是独立注册具备法人资格的，但基本还是需要听命于上面的指示，至于具体听命于政府还是社会组织抑或都得听从，取决于政府与该社会组织的具体分工。

3. 政府与基金会合作型培育模式下培育机构的专业性

政府与基金会合作型培育模式下的培育机构，其专业性一般都能达到一定的水平。政府部门之所以不直接出面成立培育机构而选择与基金会等社会组织合办，一般是因为政府部门认识到自身在社会组织建设方面的专业性不足，需要通过专业性的社会组织介入。因此共同推进模式下的培育组织在社会工作和社会组织培育建设方面的专业性一般都能够达到一定的水平，专业性社会组织培育中心的工作人员都是具备社会工作和社会政策专业能力的高等学历人员，在实际培育过程中能够对被培育组织进行较系统、专业的培训。

4. 政府与基金会合作型培育模式下培育机构获取资源的能力

政府与基金会合作型培育模式下，培育机构进行培育工作所能获得的资源比较有保障。在培育机构头上的政府与强势民间组织两个上级虽然影响到了组织的独立性，但也能够保证组织资源的充足性。政府方面可以提供政策和一定程度的政府购买服务的支持；社会组织，特别是本案例中的公募基金会，则可以为组织提供大量的项目资金支持，保证培育机构可以通过项目的方式提供给被培育组织，在输出资源的同时锻炼被培育组织本身的能力。

5. 政府与基金会合作型培育模式下培育机构扮演的角色

与前一种培育类型类似，政府与基金会合作型培育模式下的培育机构不仅仅承担着学校的角色，而更扮演着类似于沟通草根民间组织与政府以及强势民间组织（公募基金会、人民团体等）的中间人的角色。一方面，就加入这类培育中心的草根组织而言，加入中心的目的除了专业化训练外，一是在中心中获得合法地位，二是获得资源支持。培育中心之所以能够满足草根组织的这种需求，正是因为它一是代表了政府可以赋予草根组织以合法性，二是可以代表政府和基金会向草根组织提供资源，这两种途径都是间接的，培育中心在这个过程中起到的就是承上启下的作用。另一方面，就政府部门和基金会等民间组织而言，政府部门通过培育中心完成了自身促进社会组织事业发展，实现社会服务多元化的社会建设目标，也完善了对辖区内的社会组织的管理；而基金会等民间组织通过培育中心，扩展了自身的业务范围，同时更多新的社会组织的培育“出壳”，也可以营造更加良好的公益氛围。总之，无论是从草根社会组织，还是从政府与基金会等强势社会组织出发，政府与基金会合作型培育模式下的培育机构都是沟通二者的中间媒介，起到了中间人的作用。

（三）社会组织主导型培育模式：恩派公益组织发展中心

恩派（NPI）公益组织发展中心（以下简称恩派）首先诞生于上海，它是在政府主管部门、国内外资助型机构、企业界、学界等关键“用户群”的支持下发展起来的一个公益性组织集合体，该组织 2006 年注册第一个机构——上海浦东非营利组织发展中心，以此为开端，为初创期和中小型民间公益组织提供多方面的支持。该组织给自身确定的使命是“助力社会创新、培育公益人才”，提出的愿景为“中国的社会创新者都能拥有一个政策鼓励、资源匹配、服务齐备、舆论推崇的成长环境”，并特别提出了组织的八大基因“草根立场、主流意识、行动倡导、增量为主、职业精神、社区为本、永不下场、为退而进”。经过 5 年多的发展，截至 2011 年，恩派公益组织发展中心已陆续发起成立了上海恩派社会创新发展中心、上海屋里厢社区服务中心、上海公益事业发展基金会、北京恩派非营利组织发展中心、深圳恩派非营利组织发展中心、成都恩派非营利组织发展中心等社会组织，其工作理念和工作方法在全国不同地方得到了广泛推广和借鉴。

恩派虽然是一个草根性的社会组织培育机构，但其成立也得到了有关政府部门的支持，其中主要是上海市浦东新区政府的支持。浦东新区面积为 1210 平方公里，占上海全市的 1/5 左右。常住人口 517.5 万人，其中外来常住人口 214.64 万人。2009 年地区生产总值达 7038.19 亿元，地方财政收入达到 380 亿元。经济总量占上海全市的 1/4 以上。[①] 与其龙头地位相适应的是经济改革、社会政策方面也一直走在全国前列。浦东新区从 2005 年

---

① 《经济发展二十年》，浦东门户网站，2011 年 02 月 15 日，http://gov.pudong.gov.cn/understandPuong_PDJJ/List/list_0.htm，最后访问日期：2016 年 6 月 28 日。

到2007年相继制定了《关于促进浦东新区社会事业发展的财政扶持意见》《关于着力转变政府职能建立新型政社合作关系的指导意见》《关于促进浦东新区民间组织发展的若干意见》《关于政府购买公共服务的实施意见》等政策措施，逐步开放社会组织发展门径，优化政府购买服务等政策，为浦东新区的社会组织发展创造了良好的环境，恩派落户在上海的机构——上海浦东非营利组织发展中心就是在这种背景下于2006年在浦东新区民政局注册成立的。就全国来看，浦东新区在社会组织方面的政策是相对比较积极的，这也为恩派在之后的快速发展奠定了良好的基础。这些政策既是浦东新区本身发展的需要，也为全国其他地区的实践工作提供了先行的经验借鉴。社会组织主导型培育模式的典型代表——恩派公益组织发展中心作为国内最著名的社会组织培育机构，开创了中国公益组织孵化器的崭新业务，是行业内的领军组织。与行业内其他与政府无法完全分割开来的培育组织不同，作为一个基本由自我发起成立，自主发展的民间性的培育组织，恩派具备一些独特之处。

1. 社会组织主导型培育模式的基本理念

在社会组织主导型的培育模式下，培育的主要对象更加侧重于草根性民间组织，培育的最终目标是建立市民社会。由于自身的草根出身，产生和发展过程中的艰难会使得组织的草根痕迹更加明显，组织在基本理念、基本工作内容上都特别强调草根性，如恩派在自身的基本理念中首先强调自身的草根立场。另外，组织的培育对象也会特别注重草根组织，如恩派培育的组织基本都是基层发起的，具有比较明显的社区性、服务性，这与之前政府主导培育的组织模式中，将发展已经较成熟的组织纳入培育中心完全不同。草根出身也促使培育机构将构建一个适合草根组织群体发展的社会环境作为自身的高级工作目标。

2. 社会组织主导型培育模式下培育机构的独立性

社会组织主导的培育模式下的培育主体具有较强的独立性。由于是自发成立或以自发为主，与其他组织或部门协调成立的组织不同，这样的培育机构与生俱来对外界力量和资源没有依赖，也就有了独立的基础。组织本身的领导层大多来自公益和学术领域，组织获取的资源均是组织通过各种渠道筹集、争取而来，这就为组织在发展过程中保持自身的独立性提供了可能。而自身的独立性也决定了组织的发展能够沿着行业规律和本身的自我设计路径前进。

3. 社会组织主导型培育模式下培育机构的专业性

社会组织主导的培育模式下的培育工作专业性较强。第一，这类组织成立之时，就多由相关专业人士发起，成立本身就保证了组织的专业性；第二，作为草根社会组织，缺乏权威政府部门的特别支持，这类组织也必须将专业性作为卖点，以实现自身的发展；第三，由于这类培育组织具有较强的独立性，不会受到行政、市场因素的过多干扰，因而保证了组织的工作能够合乎专业规律而开展，组织的发展也能沿着专业的路径进行。

4. 社会组织主导型培育模式下培育机构获取资源的能力

社会组织主导的培育模式，其培育机构在获取资源上面临着资源的广泛性与相对缺乏性两方面问题。一方面，由于自身较为独立，培育机构可以在法律允许的范围内，不受约束地从各方面获取培育工作和自身发展所需要的资源，政府、企业、社会，只要法律允许，组织能力可及，就可以去争取；但另一方面，由于本身的草根性，在缺乏权威和知名度的情况下，获取资源的难度就会比较高，而且为了保证自身的独立性与专业性，组织也不能接受一些与公益无益甚至有害的资源援助，这就导致组织可获取的资源反而相对缺乏。

5. 社会组织主导型培育模式下培育机构扮演的角色

社会组织主导的培育模式下，培育机构也并不是单纯的学校角色，而是类似于一个公益生态系统的构建者。本身的草根出生，要实现自身的发展就需要一个良好的公益生态系统，这决定了民间的社会组织培育机构对公益生态系统的必需性；而本身的独立性和专业性也决定了民间社会组织培育机构具备构建一个公益生态系统的可能性。于是，类似恩派这种较早开展公益组织培育的机构，在以培育工作为核心的同时，也兼顾公益创投、公益媒体以及公益交流平台的建设，以自身为原点，努力构建整个公益生态系统，从而实质上成为这个系统的构建者角色。

（四）社会组织培育模式比较分析

中国是一个幅员辽阔的国家，东、中、西不同地区的经济、社会发展程度各不相同，即使在同一省份，也会因为地域政策的不同而出现差异，

因此在一些新生事物的初创阶段，不同地区会有不同的经验，进而形成不同的模式，大浪淘沙，有的模式经过时间的检验，成为全国推行的制度；有的经过长期实践，仍然没有得出统一的最合适的结论。但不论怎样，不同模式都是针对地域情境的有效探索，对它们进行更加深入的比较分析，可以为今后社会组织培育提供经验借鉴和理论指导。

1. 三种模式的相似性

作为社会组织培育的三种主要模式，它们在出现的宏观背景、培育的基本理论及培育的主要目标等方面具有共同的特点。

第一，三种培育模式产生发展的宏观社会背景是一致的。它们都产生于全国经济快速发展下社会发展不足导致社会问题频出的背景。社会力量需要自组织从而实现社会管理创新和社会建设的目标，社会组织的培育就成为题中之义。顺应这个宏观社会背景，不同地区都在进行社会建设探索，也就诞生了以上三种培育模式。

第二，三种培育模式遵循的基本理论是一致的。三种培育模式都是将社会工作和社会政策专业中关于社会组织培育的定义、基本理论和工作方法作为自身工作的基本出发点。虽然在具体工作中采用的方法可能不同，但遵循这些基本理论思路是一致的，例如都认同采取社会工作中个案、小组、社区的工作方法，对儿童、青少年、老人等不同人群提供专门化的社会服务方案。这种理论上的一致性表现在培育过程中培育流程大致一致，培育过程中传播的社会组织的基本知识也一致。

第三，三种培育模式的主要目标也是一致的，即培养出符合社会需求的社会组织，承担政府分流出来的社会职能，健全社会服务体系。

2. 三种模式的差异

从社会组织培育的基本理念、社会组织培育的独立性、社会组织培育的专业性、社会组织培育获取资源的能力以及社会组织培育机构在培育中所扮演的角色这五个维度出发，可以对政府主导、社会组织主导以及政府与基金会共同推进三种社会组织培育模式进行如表 11.1 所示的对比分析。其中基本理念体现了培育机构工作的根本出发点，独立性则说明不同培育模式中培育机构在社会中所处的位置，专业性体现了社会组织培育工作的功能所在，获取资源的能力则体现了培育工作的主要内容、内涵，培育机构在培育过程中主要扮演的角色则是对培育模式总体特征的整体描述（见表11.1）。

表11.1　三种社会组织培育模式比较

	政府主导型培育模式	政府与基金会合作型培育模式	社会组织主导型培育模式
基本理念	培养承接政府职能的服务型组织，同时调控社会组织发展格局	培养草根、服务型组织，促进市民社会建设，建设和谐社会	培养草根组织，促进市民社会建设
独立性	弱、成为政府附属	不完全的独立性，倾向于政府还是民间组织（如公募基金会）依具体情况而定	强
专业性	弱	一般，依具体情况而定	强
获取资源的能力	强、途径单一	强、途径丰富	一般，途径丰富
扮演的角色	监护人	沟通上下的中间人	公益生态系统构建者

第一，三种培育模式中培育机构秉持的主要理念不同。从三种培育模式的三个典型案例可见一斑，政府主导的张家港市公益组织培育中心的培育理念首先强调了政府引导和支持，突出了政府的规划约束作用，而社会组织主导的恩派强调了草根倾向，特别重视草根组织和基层社会服务组织的培养。政府主导的培育模式下，培育工作的主要方向是培养能够承接政府转移出来的服务性职能的组织，同时对于社会组织的发展进行一定程度的调整控制；政府与基金会共同推进的培育模式中，作为共同出力支持的两方，在根本方向上，政府主要关注通过社会组织建设实现社会的稳定和谐，而基金会则关注市民社会的培养，至于哪种取向占主流，则要看具体的培育组织中政府和社会组织哪一方在资源和专业性上能占主导地位了；社会组织主导培育模式下，培育中心的根本出发点是希望通过社会的自组织，充分调动社会的力量，从而实现社会的力量与国家、市场的力量相平衡，从而实现市民社会的目标，在这样的根本目的下，大力发展独立性、组织性、宣传和活动能力更强的草根组织，是社会自组织的有效形式，也就成为社会组织主导下的培育模式的主要工作取向。不同的培育理念决定了不同培育模式所塑造的社会组织行业形态也不相同。

第二，三种培育模式在工作独立性方面也有较大差距。政府主导型的

社会组织培育往往沦为政府的附属分支机构；政府与基金会共同推进的培育组织，则会因政府和基金会各自的出动力量不同，附属于其中之一，也不具备完全的独立性；而社会组织主导的培育组织一般具有较强的独立性，可以独立做出决策。政府主导型的社会组织培育机构，其基本的资源（包括政策法规、办公场地、启动资金、项目资金、社会关系等）基本完全来自政府，机构的主要负责人也与政府有密切的关系，甚至根本就是政府官员兼任，这样的培育机构当然没有独立性，只能作为政府的附属分支结构而存在；而政府与基金会共同推进的培育组织，根据主要资源和主要负责人来自政府基金会的比例不同，或倾向于政府或倾向于基金会，不过，由于毕竟不会出现资源和负责人完全来自一方的现象，在两种势力之间，这种培育模式下的培育机构还是具有一定程度的不完整的独立性的；社会组织主导的培育组织，基本资源可以通过政府、基金会等多方面筹措，主要负责人多是热心公益的独立人士，可以排除政府和市场企业的干扰而进行独立决策，其独立性在三种培育模式中是最强的。不同的独立性决定了不同培育模式中培育机构在社会中所处的位置，而不同的社会位置也就决定了培育机构发挥能量空间的大小。

第三，三种培育模式各自的工作专业化水平也不尽相同。政府主导型的社会培育组织由于缺乏专业人才的直接介入管理，专业化水平一般不高，如张家港市公益组织培育中心必须借助外地公益界和学术界的力量才能设计出整套培育方案，整体的培育课程也是由外地公益界和学术界人士讲授的；政府和基金会合作型的培育机构中，由于有基金会的参与，专业性一般是能够得到保证的；而社会组织主导的社会组织培育机构专业性一般都比较强，因为这类培育组织的发起者一般本身就是公益界或学术界的知名人士，本身专业水平高，也能够网罗一批热心这一事业的专业人士，因此在培育方法、工作模式中就能够熟练使用包括社会工作、社会福利等专业在内的专业知识，其专业水平甚至不差于西方成熟的国际性非政府组织。不同的专业化水平决定了不同培育模式下所能产生的社会组织的专业化程度，显然专业化水平越高的培育模式，培育出的社会组织专业化程度也就越高，所能起到的服务社会、建设社会的作用也就越强。

第四，三种培育模式下培育机构获取包括资金、人际关系在内的社会资源的广度和难易程度也是不同的。政府主导下的社会组织培育机构能够比较方便地从政府部门获得资金、场地的支持，但考虑到政治等原因，它们在市场上寻求企业赞助以及国际性基金会支持就会受到很大的限制；政府与基金会共同推进下的培育机构则是便捷性和灵活性兼具，一方面，政府和基金会类的民间组织作为合作方都可以直接给予培育机构自主权；另一方面，培育机构也可以作为一个公益实体通过项目招投标的方式争取外部资源，受到的限制一般不大；社会组织主导型的培育机构在获得资源支持方面则没有顾虑，只要在法律允许的范围内，可以争取的资源都可以争取，不过这种情况下争取资源一般不像政府直接拨款支持那么容易便捷，往往需要通过复杂的项目招投标才能够取得。不同的获取资源能力，影响到了培育社会组织的数量和质量，虽然不是说获取资源能力越强，所能培育的社会组织数量就越多、质量就越强，数量和质量还要受到专业性的因素影响，但丰富的资源对于社会组织发展也是必需的基本条件，更加丰富的资源能够在一定程度上弥补其他方面的不足，而资源的丰富程度也影响到培育的社会组织未来的发展。

第五，三种培育模式中培育机构的基本角色实际上是不同的。虽然同为培育工作的主体，在培育过程中都承担着类似培养社会组织的“学校”的角色，但是具体到不同培育类型下的组织，具体角色还是有很大差异的。政府主导下的培育机构往往承担草根组织“娘家”与“监护人”的角色，加入这类培育机构的组织可能已经开展了较长时间的工作，但缺乏合法性身份，加入培育机构的主要目的也就是能够在组织中获得合法的身份，得到“娘家”以政府的权威予以的庇护，同时，作为“监护人”，对于名下的社会组织也具有调控的权威；政府与基金会共同推进下的培育机构则承担了沟通草根组织与政府以及强势的民间组织（如公募基金会）之间的“中间人”的角色，由于这类培育机构所能提供的资源一般都是从政府和强势的诸如基金会之类的民间组织转介而来，草根组织也是希望通过培育机构从政府那里获得合法性身份，从基金会那里获得发展的项目和资金，这样，培育机构就成为沟通上下左右的“中间人”；社会组织主导下的培育机构，则需要承担起整个“公益生态系统构建者”的宏大身份，本身的草根出身，注定了这类培育组织只有通过培育出更多的社会组织才能逐步完善整个公

益生态系统，从而实现自身的发展，这样的培育机构就成为公益生态系统的构建者，也是受益者。

（五）社会组织培育模式的创新经验及未来发展

本书通过对张家港市公益组织培育中心、恩派公益组织发展中心和南京爱德社会组织培育中心三个典型社会组织培育机构进行个案分析，得出了政府主导型、社会组织主导型、政府与基金会共同推进型三种社会组织培育模式，分析了三种模式各自的特点，并对三种培育模式进行了对比。通过对比可以看出，政府主导型、社会组织主导型和政府与基金会共同推进型三种社会组织培育模式都是当下中国地方在社会管理创新和社会建设方面的有益探索，也是中国未来社会力量崛起发展的探索。综览三种培育模式，可以从中梳理出一些有益的经验。

第一，政府在社会组织培育工作中具有领导作用。不论是政府主导型的培育模式还是社会组织主导型的培育模式抑或是政府与基金会合作型的培育模式，政府在整个培育工作大局上都应处于领导地位。政府主导型培育模式不用多说，在后两种模式中，政府的领导地位表现在两个方面：一是直接参与到培育工作中，主导提供场地、资金、项目等资源；二是领导协调整个地区的社会组织培育格局，通过法律法规、政策等手段，开放和监督社会组织培育工作，起到间接的宏观领导作用。例如在张家港市公益组织培育中心，政府为培育中心提供了工作场地、初始资金、项目资金等资源，通过领导培育中心工作人员，起到领导整个培育工作的作用；而不论是在南京爱德社会组织培育中心还是恩派公益组织发展中心，政府都对社会组织发展和培育工作有详细的政策法规规定和优惠政策支持，只有在这些政策的宏观指导下，培育机构才能开展工作，这里的政府起到了间接的宏观领导作用。

第二，动员社会力量尤其是专业社会工作者的力量在社会组织培育工作中具有关键作用。发展社会组织的主要目的是促进社会的自组织来组织、动员社会的力量，要达到这个目的，在进行社会组织培育工作的同时就需要动员社会力量参与其中。另外，要把社会组织建设成为能够独立工作的专业性团队，就必须确保培育工作的专业性，考虑到培育的社会组织大多以提供公益性社会公共服务为目的，培育社会组织就应该促进专业的社会工作力量的介入，使用专业社会工作的理念、方法来培育组织，才能达到培育专业化组织的目的。在这一点上，三种培育模式下的培育机构都特别重视专业社会工作理念、方法的培训，通过引进高校和其他团体的专业社会工作专家，进行专业社工培训，起到了良好的效果。

第三，要因地制宜合理协调政府与社会力量在培育工作中的关系。就是要根据本地本身社会发展程度，社会力量参与的积极程度，分配政府和社会力量在培育工作中的工作分量。如在上海、南京等社会发展比较成熟的地区，政府积极利用社会自身的力量参与甚至主导社会组织培育工作，这既能保证培育的专业性、独立性，也能大大地节省政府本身的工作成本；而在如张家港等大多数社会发展尚不成熟的地区，政府可以将培育工作主动接下来，通过政府的主动引导、引进外来先进理念和资源的方法，将社会组织培育工作引上正轨，之后再根据发展情况做适时调整。

综合来看，三种模式各有特点。中国本身的广袤复杂，决定了政策、工作方法也很难具有全国性的普适性，因此任何一种单一模式都无法解决中国的整体性问题。在社会组织培育工作中，三种培育模式产生于不同经济、社会发展程度的地区，在其他不同的地区使用可能会产生意想不到的问题。不过，考虑到轰轰烈烈的社会管理创新浪潮其落脚点还是在于社会管理，在这样的浪潮下，社会组织和社会组织培育工作必然会在全国其他地区广泛开展开来。根据中国类似中央发起的运动式工作的经验判断，可以预测今后一段时间，政府主导型以及政府与基金会合作型的社会组织培育模式应该会是主流，而社会组织主导型的社会组织培育大概只会存在于沿海个别城市，但会作为最为专业、最有效率的培育模式长久存在。各地的社会组织和社会组织培育工作也会逐渐根据本地的情况灵活调整。

第三节　江苏社会组织发展战略与政策建议

近年来，江苏社会管理和社会建设在良好经济基础之上获得了快速发展，取得了丰硕成果，创造了“网格为先，服务为先”的“仙林模式”，也获得了首届中国社会创新奖等诸多殊荣。随着江苏民政事业的加速发展，

社会建设和社会管理面临更严峻的挑战和压力。江苏省民政事业发展“十二五”规划社会组织管理子规划指出：按照“健全社会组织、提升能力、培育扶持、规范管理、发挥作用”的总要求，以创新管理体制为动力，以优化政策环境为保障，以提高服务能力为重点，以满足群众日益增长的公共服务需求为目标，逐步建立起层次丰富、覆盖广泛、充满活力、作用明显的社会组织体系，充分发挥其在江苏省经济社会发展中的积极作用。要使这一理想目标变为现实，必须从江苏省经济社会发展实际需要出发，在借鉴已有成果基础上，更新观念思路，创新体制机制，注重整体推进，只有这样，才能引导社会组织更好发挥积极作用。未来应在以下几个方面努力。

一　优化社会组织布局结构，加大扶持力度

根据“十二五”规划社会组织管理子规划，到2015年，全省注册登记社会组织49000个，其中社会团体23900个，民办非企业单位24600个，基金会500个，平均每万人拥有社会组织6.4个；社区社会组织备案数达45000个，平均每个城市社区社会组织数：苏南8个以上，苏中6个以上，苏北4个以上（江苏省民政厅社会组织管理局，2010）。与“十一五”期间社会组织实际发展相比，发展最快的是民办非企业单位，其次是基金会，最后是社会团体（见表11.2）。

表11.2　江苏省“十二五”时期社会组织发展目标

单位：个，%

组织类型	“十一五”期间数	“十二五”末数量	增长幅度
社会团体	19268	23900	19.4
民办非企业单位	16622	24600	32.4
基金会	359	500	28.2
总计	36249	49000	80

因此，根据社会组织增长幅度，按照社会需要和群众需求，并结合各地各部门的社会建设和管理实际，分层分类建立社会组织扶持发展政策，重点推进慈善公益类社会组织、中介服务类社会组织和基层服务类等重点领域社会组织的发展。积极制定政府向社会组织转移职能、购买服务、项

目招标等制度，探索建立社会组织扶持发展基金、社会组织孵化基地、社会组织公益创投等机制，促进社会组织强化功能、优化服务。以社会主义新农村建设与和谐社区建设为平台，继续降低登记门槛，简化登记程序，扶持发展农村专业经济协会、社区社会组织等基层服务类社会组织。设立社区社会组织培训基金，建立大型社会组织对基层社会组织的资助机制。

二　扩大社会组织社会参与，激励自我创新

一方面，以贯彻《江苏省慈善事业促进条例》和《江苏省志愿服务条例》为主线，增强政府投入的示范效应，引导企事业单位、其他社会力量及个人设立基金会等慈善公益组织，显著提高慈善救济、社会福利、环境保护、科技、教育、文化、卫生、体育等领域的社会组织发展水平；以加强行业协会立法和配套制度建设为抓手，大力推进政府职能转移和政社分开改革，建立龙头企业牵头、行业自治、自我约束、自我成长的行业协会发展机制；拓展社会组织参与社会管理、提供公共服务的范围，提高社会组织的主体地位，引导资金、项目、人才等资源向社会组织持续流入。另一方面，要激励社会组织自我创新。各级培育一批社会组织著名品牌，激励广大社会组织加强自身建设，提高公信力和美誉度；将社会组织建设与享受税收优惠、财政扶持、政府职能转移等待遇相挂钩，激发社会组织自我创新活力；分类培育社会组织负责人，建立从业人员人才库和人才市场，促进人才合理流动和优化配置；健全社会组织的考评、奖励机制，建立社会组织人才引进、培养、奖励、晋升机制，加大“以奖代补、以奖促建”力度，促进社会组织走上自我创新、追求卓越的良性发展轨道。

三　强化社会组织多元管理，推进问责制

一方面，推进对社会组织的问责制，实施管理多元化。这方面的工作以推行社会组织信息的公开为基础，引进捐赠者、服务对象、社会公众、新闻媒体等多方位问责，实施公开监督，健全社会组织的社会问责 - 监督机制；在政府部门先行开展等级评估工作的基础上，鼓励发展社会中介评估机构，逐步健全第三方评估机制，提高评估工作的规范化水平和公信力；以加强依法监督为抓手，落实登记管理机关、业务主管单位以及财政、税

务、银行等部门的监管职责，健全社会举报和执法监察制度，形成及时调查、及时反馈、及时查处机制，切实完善社会组织的社会监督体系。

另一方面，实现社会组织行政管理信息化，加强社会组织管理的门户网站和信息平台建设，普遍开展社会组织登记、年检等网上办公事务，实现行政权力网上运行、行政管理信息发布、登记信息查询、社会咨询和网上举报等服务功能。推进行政执法和行政服务向电子信息化转型，搭建登记管理机关、业务主管单位、相关部门及社会组织之间的电子信息沟通渠道，贯通各级行政管理信息平台，实现信息共享和数据交换，基本实现社会组织管理信息化，以保障公众问责和监督制度的实行。

四　提升社会组织服务功能，加强能力建设

第一，要强化社会组织社会调节功能、政府助手功能和合作平台功能。加强政府指导和社会宣传，充分发挥各级各类社会组织人际沟通、协调利益关系、引导舆情民意、化解社会矛盾的积极作用，提高和谐社区、和谐社会建设水平。同时，充分利用社会组织人才集聚的优势，组织各类专业人才，协助政府开展调查研究、课题认证和发展规划，为政府制定方针政策提供智力支持；积极发挥社会组织的桥梁纽带作用，加强社会组织与各类群体的沟通协调，及时收集民情民意，畅通信息反馈机制，促进政府的科学决策和民主决策。

第二，要增强社会组织主体地位，拓展社会组织服务领域，搭建社会组织与政府、企事业单位、公民的互动合作平台，实现社会资源的合理配置与高效运营。利用社会组织平台，将承办政府购买服务事项与满足社会需求相结合，优化社会管理与公共服务；依托社会组织服务项目，灵活采取互助、志愿等方式，提高中介服务和公益服务效能；加强社区自治平台建设，充分发挥社区社会组织贴近群众的优势，整合社区各类资源，健全社会组织服务网络，满足社区居民不断发展变化的多元化、多层次需求。

第三，加强社会组织服务能力建设。社会组织要始终把自身能力建设作为根本，着力提高项目运作、策划组织、协调服务等方面的能力，树立品牌意识，加强自律和诚信建设。要通过制度建设不断提高理事会的领导能力和决策水平，推动实现管理层的专业化、职业化和年轻化。

为贯彻落实国务院《关于进一步推进长江三角洲地区改革开放和经济社会发展的指导意见》和国务院批准的《长江三角洲地区区域规划》《江苏沿海地区发展规划》，共同推进江苏民政事业改革创新，努力使江苏成为探索现代民政事业发展的先行区、建立适度普惠型社会福利制度的试验区、统筹城乡区域民政工作协调发展的示范区。2010 年 7 月 3 日，民政部与江苏省人民政府在南京就共同推进江苏民政事业率先发展签署合作协议，根据合作协议，民政部和江苏省将着重从推进社会组织改革与发展、创新现代城乡基层社会管理和服务模式、探索建立普惠的社会福利制度、不断完善救灾救助体系、完善优抚安置服务体系、做好行政区划和行政管理体制改革相关工作、加强民政事业基层基础建设等方面加强合作，切实为江苏民政工作改革创新、先行先试、率先发展营造环境、创造条件，努力为江苏省和全国民政事业发展积累经验、提供示范、探索路径。优越的地理位置、良好的经济发展、创新发展的先进理念和一系列保障性的规划、合作协议为江苏省未来社会组织发展创新提供了支撑条件。江苏省社会建设与社会管理的大幕已经拉开，并将继续。当前经济、政治与社会结构仍处于转型期，国家对基层社会的控制力度、范畴、方式也将发生变化，国家-社会宏观结构的过渡性，决定了社会组织发展创新危机和契机并存。对于更多的社会组织来说，要抓住机遇，借势发展，凤凰涅槃，浴火重生。对于地方而言，结合地域特点、大胆创新，培育出高效率运行的社会组织并使之茁壮成长，成为政府公共服务和社会管理的“左膀右臂”，必将成为各地未来努力的方向。

第十二章
江苏社会管理之社会组织建设创新

第一节　江苏社会组织建设：基金会

一　全国及江苏基金会的发展实践

基金会指利用自然人、法人或者其他组织捐赠的财产，以从事公益事业为目的，按照条例规定成立的非营利性法人。根据是否能面向公众募集资金，基金会分为公募基金会和非公募基金会两大类别。前者资金来自社会公众，其知名品牌包括中国青少年发展基金会的希望工程等；后者资金则由个人和企业的自有财产提供，例如中国第一个非公募基金会——香江社会救助基金会，即由香江集团出资设立。公募基金会按照募捐的地域范围，分为全国性公募基金会和地方性公募基金会。基金会是我国民办非企业的重要的组成部分，在社会建设和社会管理创新中发挥着重要作用。具有动员社会资源、提供公益服务、社会协调与治理、政策倡导与影响的功能。

民政部2011年社会服务发展统计报告显示，全国共有基金会2614个，比上年增加414个，增长18.8%，其中：公募基金会1218个，非公募基金会1370个，境外基金会代表机构26个。民政部登记的基金会183个。公募基金会和非公募基金会共接收社会各界捐赠219.7亿元（见图12.1）。

全国基金会近年来呈现暗潮涌动、异军突起的发展势头，在社会建设和社会管理创新方面一直走在全国前面的江苏，健康稳定的经济增长、良好的社会诚信以及配套的社会政策及立法环境为基金会的成长提供了良好的生长环境。“十一五”期间，江苏省社会组织以10%的速度递增，公益性社会组织蓬勃发展，截至2011年9月底，江苏省基金会359家，位居全国第一（张宝娟，2012）。江苏省民政事业发展“十二五”规划社会组织管理子规划计划，到2015年，全省注册登记社会组织49000个，其中社会团体23900个，民办非企业单位24600个，基金会500个，平均每万人拥有社会组织6.4个；社区社会组织备案数达45000个（江苏省民政厅社会组织管理局，2010）。某种程度上，基金会的成熟与慈善事业的成熟是相辅相成的。基金会组织的多样性也是慈善事业发展的重要标志。成熟的慈善事业，它的基金组织也应该是多元化的。

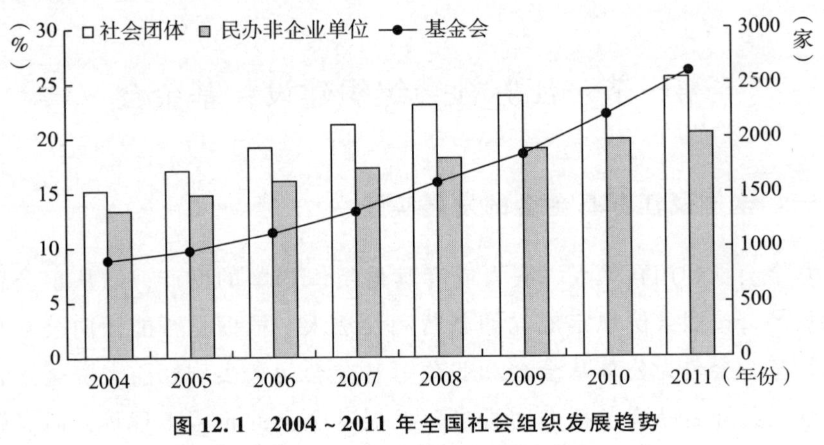

图12.1　2004～2011年全国社会组织发展趋势

二　江苏基金会建设典范：爱德基金会

江苏公益慈善领域，爱德基金会是一面旗帜，更是众多公益慈善机构事业上的顾问和伙伴。

爱德基金会是由全国政协原副主席丁光训和江苏省政协原副主席韩文藻等基督教界人士发起、社会各界人士共同参与的民间组织。自1985年4月成立时即为非公募基金会，2005年1月，在江苏省重新申请注册登记为公募基金会。自成立以来，坚持服务社会、造福人群，在农村扶贫与发展、医疗与卫生、救灾抗灾、环境保护、社会福利等方面做了大量卓有成效的工作。与北美、西欧、亚洲20多个国家的200多家机构建立了友好合作关系，吸引海外友好团体和人士参与我国社会公益事业，在国内外产生了良

好影响。先后荣获国务院颁发的“第三届全国助残先进集体”、“全国民族团结进步模范单位”和“民族团结进步模范集体”荣誉称号，还获得了第二届中国消除贫困奖（机构奖）、首届中国社会创新奖。

爱德基金会的成功是国内本土 NGO 成功发展的典范，为国内其他公益慈善组织发展指明了方向并提供了经验借鉴。它的成功源于充满协作力的团队、高效率的创新慈善项目、完备的组织结构和管理制度、强有力的筹资渠道。

1. 充满协作力的团队为机构发展提供了充足的人力资源保证

爱德基金会成立之初仅有 3 名员工，基本是由其他行业转过来的新手。现在爱德基金会正式员工已经发展到 49 人，初步建成了一支适应其战略发展需要的员工队伍，而且逐步实现了向专业化方向的转变。在员工队伍建设上，爱德基金会积累了丰富的经验，形成了特有的“三心”和“三力”的机构文化，效果显著。“三心”即博爱心、事业心、进取心：作为公益慈善机构的员工，首先要求具备对贫困群众和弱势人群的爱心，要求具备为他们做好事、做善事的热情；一个合格的爱德基金会员工还必须具有强烈的事业心和进取心，慈善工作事无巨细，件件都很具体，事业心和进取心是前提和基础。“三力”即沟通力、合作力和创新力，目的在于彰显鲜明的时代性，以此来进一步优化内部环境，丰富文化内涵，促进机构发展。

2. 高效率的创新慈善项目是机构赢得社会认同的根本

爱德基金会的慈善项目体现在较高的效率和创新的理念上。一方面，爱德基金会的所有公益慈善活动都以项目的形式开展。爱德基金会每年的计划根据项目计划书来安排，而项目计划书的提交基本是由求助地区或求助个人提出，爱德基金会根据计划书进行审核、批准。在项目实施中，用好每一分善款，追求社会效益和经济效益的最大化，是爱德基金会秉持的理念。爱德基金会的善款数量有限。在爱德基金会成立之初，覆盖区域仅仅是苏北、苏南、鲁西南、皖东北、浙江等东部地区的贫困县。而现在，爱德基金会的项目领域已经扩展到送医助教、济孤助残、农村发展、能力建设、环境保护、抗灾救灾以及中外民间文化交流等各个方面，覆盖区域扩展到中西部，基本覆盖了全国（见表 12.1）。然而，尽管筹款能力在不断提升，善款数额在不断增加，爱德基金会在项目实施过程中仍然秉承最初

表 12.1　爱德基金会主要项目分类

项目类别	教育	社会福利	公共卫生	环境保护	农村山区发展	教会社会服务
具体项目名称	e万行动	希望之家	乡（村）医培训；	建沼气池	河道治理	艾滋病家庭关怀
	重返校园	山区康复	村卫生室建设及配套；	发展有机农业	中低产田改造	教会诊所
	山区建校	麻风康复	艾滋病防治培训教育	为贫困农牧民提供太阳灶等	良种推广示范	宗教间对话
		孤儿助养	妇女病检查防治		饮水工程	妇女病检查
			巡回医疗队志愿服务		乡村公路建设	
					农民农技培训	
项目类别	灾害管理	社会组织培育中心	儿童发展中心	爱德慈幼院	爱德居家养老服务中心	教育与国际交流
具体项目名称	民房重建	孵化培育	专业评估	专业评估	长者互助组织	长期外教
	小学建设	能力建设	社区教育	日常照顾	志愿者服务	暑期中小学英语教师培训
	水库建设	研究评估	社区治疗	康复培训	精神慰藉	海外青年志愿者服务
	饮水工程	服务开发		职业技能培训（爱德面坊）	康复保健	
	物资提供	组织交流			家政服务	苏北特困生学习
	减灾备灾培训				托老服务	外来工子弟学校项目法律援助项目
					助残服务	

资料来源：爱德基金会网站，http://www.amity.org.cn/project/default.aspx?PageIndex = 2&q，最后访问日期：2016 年 6 月 20 日。经过整理形成该表。

的理念。为此，爱德基金会创造性地总结出很多工作方法，以实现筹款途径的多元化和项目效益的最大化。包括①在筹款渠道上采取“三个一点”。所谓“三个一点”就是爱德基金会资助一点，地方政府配套一点，受益群众自筹一点。但并不机械，不完全均摊。他们根据各项目区的具体情况和项目的具体内容来确定资金的配比，例如，在特别贫困的地区，项目资助的往往是那些需用现金购买的主要设备材料，受助群众只需投工投劳即可；②在项目资金管理上坚持诚信至上、专款专用。爱德基金会曾退还最少的一笔项目结余款，是 185 元人民币，退还最多的一笔项目管理费达 20 多万

元。在爱德基金会看来，凡社会和群众没有需要或没有实际效果的事，即使有这样的资源也不要去争取；凡是花钱的事都要以节约为先，即使有丰富的资源，也要省了又省；凡是做出的承诺，不管遇到什么风险也一定兑现；凡项目资金，不论多少必定专款专用；凡项目款有结余，不论多少一律退还捐赠方；③在项目管理过程中建立严格的管理体系。爱德基金会在项目管理方面紧紧抓住三个关键环节，一是项目的计划，二是项目的实施和监督，三是项目的评估。在此基础上引入“三个参与”的社区发展办法，即群众、专家和政府共同参与，由群众发挥项目的主体作用，由专家提供专业技术、知识支持，由政府提供制度保障，在三方的共同参与下，推动项目的进行。

除了高效的慈善活动外，爱德基金会还根据社会需要不断开发新的项目和品牌活动。不断创新，也是这个机构蓬勃发展的动力。随着国内公益事业的起步和发展，爱德基金会开始进行国内宣传与筹款，推出“e 万行动”等一批核心项目和“志愿者嘉年华”品牌活动，并以此为依托，整合各类社会公益资源，努力打造爱德之友联系平台。而爱德社会服务中心、爱德社会组织培育中心的相继成立，则使爱德基金会的公益创新理念进一步得到实现。本着以人为本、助人自助、全人关怀的理念，爱德基金会于2007 年成立了社会服务中心，服务于残障人群。爱德慈佑院和爱德面包坊则为智障青少年提供康复训练、职业培训和就业机会。通过设立家庭小组，鼓励并支持家长自助团体的活动，定期开展亲子互动营、室内舞蹈、手工大比拼等丰富多彩的活动，提高了服务对象的生活质量，增强了家庭接纳和陪伴他们生活的信心。儿童发展中心、老人服务中心，通过专业化的运作，逐步发挥其作为社区服务资源中心的各专业化实体的功能辐射作用，立足社区多层次、多元化的需求，联结社区各志愿组织、自助组织、互助组织和其他社区服务组织，构建起了网络化的社区服务平台。2009 年 10 月，爱德社会组织培育中心正式成立。该中心是爱德基金会针对社会需求，为探索社会组织的发展和社会建设所做出的积极尝试。爱德社会组织培育中心并充分利用爱德基金会、学界专家及 NGO 领域的杰出代表，针对社会组织的发展和治理需要，开展机构治理、团队建设、专业服务、资源拓展、公益精神等系列培训，提升社会组织的综合发展能力。截至目前，在南京接受爱德社会组织培育中心培育和孵化的“草根组织”累计已达 23 家。爱德基金会还在南通市、昆山市相继成立了爱德社会组织培育中心。这些都提高了社会对爱德基金会的认可度，也促进了江苏公益事业的发展。

3. 完备的组织结构和管理制度是机构公信力建设的保障

爱德基金会的组织结构设置很简单，共有员工四十多人，但是在简单的基础上做到了“部门角色定位准确”，瞄准社会需求领域来设置部门。在最高董事会下设秘书长办公室，在秘书长办公室之下直接设立主干部门，包括：资源发展中心、项目管理中心、研究发展中心和行政中心。其中研究发展中心、项目管理中心和资源发展中心与高层董事会之间由秘书长办公室连接。其三大中心部门的设置直接指向基金会所提供的服务领域，在每个中心下面将任务分配具体化，其中最为庞大的项目管理中心根据服务项目和领域进行设置，虽然责任侧重点各有不同，所服务的领域也不同，但每个部门各尽其职，而非虚设。组织结构简单、精确，使得机构具有灵活的决策能力，充分发挥了 NGO 特有的优势。

美国卡耐基基金会前主席卢塞尔曾经说过：慈善事业要有玻璃做的口袋。遵循这一理念，爱德基金会主动建立规范的管理制度并自觉接受社会监督。爱德基金会成立伊始就与国际伙伴合作，按照国际惯例建立了规范的管理制度，在财务公开、透明方面走在了全国前列。在国家还没有规定公益慈善团体要财务审计以前，爱德基金会就已经开始财务审计并撰写年度报告，公开财务收支状况。由于当时爱德基金会的募捐都来自国外，因此年报用英文撰写。进入 21 世纪以来，爱德基金会开始面向国内宣传、筹款，中文年报自然不可缺少，这是让国内公众了解爱德基金会工作的一个重要渠道。此外，爱德基金会主动接受捐助人的监督。据不完全统计，爱德基金会已经接待逾万名来自世界各地的机构和团体代表及海外友好人士考察爱德基金会及其项目。近年来，更是开展了不同主题的项目探访活动，组织国内捐助者深入云南、贵州、四川、青海、广西等许多项目区，实地考察爱德基金会项目。同时，还自觉接受新闻媒体监督。不仅接受了中央电视台、德国电视台、澳大利亚国家电视台、《洛杉矶时报》等众多海内外知名媒体的采访，而且在汶川地震、玉树地震、舟曲泥石流等重大救灾活动中，邀请江苏电视台、江苏广播电台、南京电视台等媒体记者，一同奔赴救灾现场对救灾项目进行跟踪考察。通过媒体的眼睛，让公众看到爱德

基金会如何开展灾害管理项目，如何用好每一笔救灾资金。

4. 多元化的筹资渠道保证了机构充满活力

爱德基金会成立以来，其资金主要来源于海外。从 1985 年至今与爱德基金会建立合作关系的捐款组织多达 139 个，遍布许多国家，与海外友好团体的长期合作一直是爱德基金会的特色之一，这与爱德基金会积极拓展海外资源的努力密不可分。具体的捐赠团体包括宗教慈善团体、基金会、企业、学术性机构等，涉及领域十分广泛。但高效创新的服务项目以及完善透明的监管机制，使得爱德基金会在国内民众中具有高度的公信力，也使其多元化筹资渠道的建立成为可能。国内的慈善事业刚刚起步，而爱德基金会已经有 26 年的发展历史，积累了丰富的经验，具有相当的社会影响力和市场竞争力。另外，国内经济的发展、政府对民间慈善活动的支持，为爱德基金会开拓国内业务提供了良好的外部环境。还有，基于在汶川地震和北京奥运会中的出色表现，爱德基金会在国内受到了更多的关注。特别是 2008 年底，党中央、国务院给予的崇高荣誉，大大提升了爱德基金会的知名度，为爱德基金会在国内寻求更大发展奠定了基础。由于爱德基金会大部分资金靠机构自己筹集，财政上的自主性保证了机构更加主动地选择所涉及的领域以及具体项目。这使得爱德基金会在中国社会生存发展的同时，始终保持一个 NGO 应有的本质特征。

第二节　江苏社会组织建设：社会工作机构

建设一支高素质的社会工作人才队伍，是创新社会管理体制、提升公共服务水平、构建社会主义和谐社会的迫切需要。党的十六届六中全会提出“建设一支宏大的社会工作人才队伍”，尤其是 2007 年社会工作人才队伍建设试点工作开展以来，社会工作机构在全国各地，尤其是沿海地区迅速发展。江苏省各级民政部门在民政部的精心指导下，积极探索，认真实践，社会工作人才队伍建设取得了一定成绩。目前全省共有全国社会工作人才队伍建设试点地区 22 个，试点单位 20 个，全国试点示范地区 2 个，试点示范单位 3 个，在全国位于前列（民政部社会工作司，2011）。作为一种新事物，社会工作机构的出现、成长和壮大受多方面因素的影响，也是对社会需要的一种回应。近年来，受经济社会发展、人民生活需求变化、社会工作专业教育兴起、政府公共服务改革需要等多重因素的影响，中国内地社会工作机构有了快速的发展。社会工作机构是传递社会福利和社会服务的重要载体，也是吸纳社工就业、推动专业发展的重要载体，同时，它还是社会工作体系的重要组成部分。培育和发展专业社会工作机构，使其成为传递社会福利和社会服务的桥梁，是推进以民生为重点的社会建设的重要途径。

一　社会工作机构的内涵和特征

什么是社会工作机构？在国内，社会工作的研究刚刚出现不久，还是一个全新的现象，根据上海、深圳、山东、江苏、安徽等地社会工作机构的发展及其运作情况，社会工作机构，又称为社工机构或社会工作服务机构，它是依据社会工作专业价值观，凭借专业的理论和科学的方法技术，旨在为相关人群尤其是弱势人群提供一般或者特殊的关怀、保护、物质和支持服务，以提高或者维持他们的社会功能的非营利性社会组织。一般来说，社会工作机构通过政府购买其专业服务的方式来运作。我国提供专业服务的社会工作机构大部分都注册为民办非企业单位，它与其他类型组织的关系如图 12.2 所示。

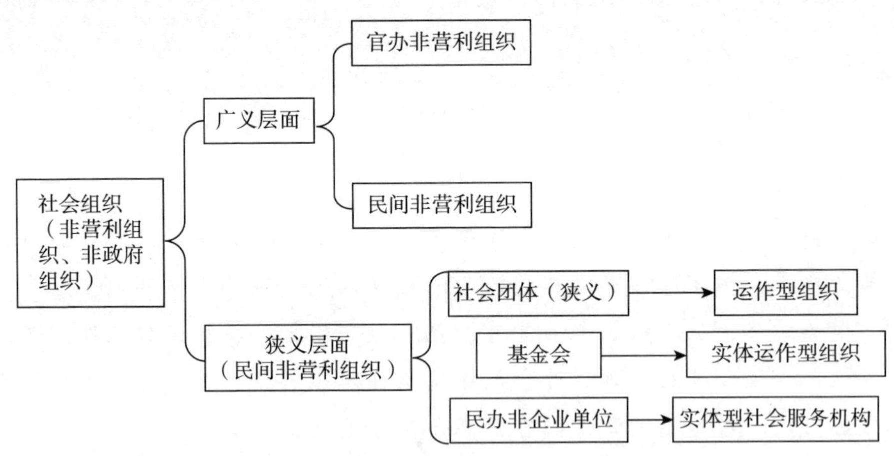

图 12.2　社会工作机构与其他组织隶属关系

从中国实践来看，目前发展起来的社工机构包括提供一线服务的专业社工机构、提供能力建设的支持性机构以及专业社会工作评估机构（陈蓓

丽，2011）。本节主要讨论提供专业服务的一类。社会工作机构是民办非企业中重要的一部分，在非营利组织中占有重要地位，比较来看，社工机构和民办非企业单位有共同的特点，但也有不同点。共同点是二者都是服务性的、非营利性的，不同点主要在以下四个方面。

第一，社会工作机构的工作内容主要是在社会服务领域从事社会服务。服务对象主要是处于弱势地位的社会群体，[①] 如儿童、青少年、妇女、老年人、残疾人等，主要职责就是通过自己的工作帮助有需要的个人、家庭、群体、组织和社区，整合社会资源，协调社会关系，预防和解决社会问题，恢复和发展社会功能。

第二，以专业的社会工作理念为核心，遵循“利他主义”和“助人自助”的价值观，运用社会工作专业方法和技巧为服务对象提供专业性的社工服务。

第三，社会工作机构的主要成员由具有社会工作教育背景的人员构成。

第四，社会工作机构是一种非营利性机构，其主要工作经费来源于政府对服务的购买和一些社会团体的捐赠，并不依靠服务对象所缴纳的费用，并且需要通过其努力工作来获取下一年的拨款。

二　江苏社会工作机构发展模式

在社会工作人才队伍建设的大背景下，江苏省社会工作专业人才队伍建设全面推进。张家港、扬州等地成立了以组织部部长为组长，分管副市长为副组长的社会工作人才队伍建设领导小组，并在市民政局增设社会工作（管理）科。无锡市崇安区设立了社会工作办公室，由民政局局长兼任办公室主任。昆山市、太仓市、泰州市海陵区民政局也成立了社会工作科。一些试点单位，如南京市救助管理站、苏州市社会福利院等，也成立了社工部。同时，江苏省还深入挖掘社会需求，努力设置社工岗位。江苏省民政厅联合省人力资源和社会保障厅出台了《江苏省民政事业单位岗位设置管理指导意见》，明确提出“民政事业单位原则上以社会工作岗位为主体专

---

① 当然服务对象并不仅局限于社会弱势群体，也可以是一般群体。特别是社区社会工作的服务过程中，其服务对象就是整个社区，以整个社区的发展、资源整合、社区凝聚力的提升等为工作目标。

业技术岗位”。省民政厅 14 个直属事业单位全面设置了社会工作岗位。各地民政部门结合事业单位岗位设置，积极开发设置社会工作岗位：南京市社会福利院、儿童福利院、救助管理站等单位按比例设置了社会工作岗位；无锡市级民政事业单位开发了 74 个社会工作岗位；张家港市全面推进社工岗位设置工作，在教育局、公安局、民政局、司法局、人力资源和社会保障局、卫生局、信访局、总工会、团市委等 9 个部门中设置了 18 类专业社会工作岗位。

江苏省社会工作机构正是在这一背景下获得了快速发展。无锡市崇安区建成 6 个社区睦邻中心和 38 个社工站，并建立了区级社工综合服务中心。同时，在人才队伍建设中注重载体培育和发展。各地均采取措施扶持公益类社会组织发展，鼓励社会组织为社工人才提供岗位。其中，爱德社会组织培育中心在社区层面培育扶持了 10 家民办社工服务机构；玄武区成立了区社会工作服务中心，为社会工作者提供培训、督导等服务。张家港市社工协会开办了公益组织培育中心等。基于江苏省经济发展情况，本书选取了苏州、张家港、南京等地的社会工作机构作为分析对象（见表 12.2），通过典型性个案来全盘观察江苏省社会工作机构发展模式，比较分析模式异同，并预估未来发展趋势。

表 12.2　江苏调研社工机构一览

机构名称	所在地	性质	注册时间	主要服务	机构人员	机构资金来源
12355 服务台（12355）	江苏苏州	民办非企业	2008 年 4 月	提供咨询、转介服务	共 3 人，无专职社工	市政府信息办
自强服务总社（ZQ）	江苏苏州	社团法人	2008 年 7 月	社区戒毒康复辅导服务	专职社工 40 多人，大部分为社工背景	苏州市禁毒办购买岗位
清流社工（QL）	江苏苏州	未注册		社工教育培训	苏州科技学院的社会工作者协会的学生	
爱心义工分会（AXYG）	江苏张家港	社团法人	2007 年 1 月	无固定服务群体，包括老年人、贫困学生活动、义工培训等	无全职人员，都是义工	会员会费，还有企业捐助、个人捐助

续表

机构名称	所在地	性质	注册时间	主要服务	机构人员	机构资金来源
快乐蒲公英（PGY）	江苏张家港	未注册		为张家港新市民子女提供服务	2名专职社工	政府购买
协作者（XZZ）	江苏南京	民办非企业	2007年5月	为流动人口和流动人口家庭服务	4名专职工作人员，其中专职社工3人	向基金会申请项目
玄武区社会工作服务中心（XWQ）	江苏南京	民办非企业	2011年4月	没有特定服务对象	6名专职工作人员，其中1名专职社工（机构执行总干事）	自筹、黄奕聪基金会
爱德基金会慈幼院（QDCY）	江苏南京	民办非企业	2002年1月	江苏、安徽地区的智力障碍和精神障碍的儿童和青少年	5名工作人员，包括1名社工、3名专职老师和1名生活老师	政府补贴、爱德基金会、提供服务收入（包括学费等）、社会捐助

1. 社会工作机构发展模式的多维分析

社会工作机构作为一种组织，它的产生离不开具体的经济环境、政策环境和文化环境。在内地，民办社工机构是21世纪以后的产物，特别是2007年开展社会工作人才队伍建设以后，民办社工机构得到了快速发展。但是由于地域性和地方性政策的不同，社会工作机构发育形态多样而复杂。根据康晓光（2001）提出的社团自治化程度的九个基本指标，本书暂时不考虑法律框架和章程的制定这两项制度指标，结合研究选取最能体现社会工作机构特征的4个指标对其进行分类，分别是资金来源、人员结构、工作方法和生成路径。由于各地机构生长土壤的不同，单一指标很难对社工机构类型作明确分类，因此，依据上述几个指标可以对机构进行单指标的多次分类。

（1）资金向度的机构分类

资金是社工机构生存和发展的基础。从资金主要来源看，社工机构可以分为市场导向型的和政府导向型的。①政府导向型的社工机构大都与原有福利输送体系密切相关，或是挂靠政府的，或是政府一手推动成立的，如蒲公英社工中心（PGY）、12355等机构。从启动资金到后来机构运营资金主要来源于政府，或者是政府购买服务、政府购买岗位，或者是政府补贴。

②市场导向型的社工机构一般与原有的福利输送体系没有关系，在高校力量的支持下或是依赖市场自发形成的，其资金来源比较多样，如 AXYG、XZZ 和 XWQ。部分机构最初资金来源可能是政府资助，但后期运作资金呈现多样化的态势。

政府导向型的社工机构对政府依赖性较强，从外界争取资源的能力较弱，市场化程度较低，而市场导向型的社工机构自我造血功能比较强，积极争取外部资金支持，对政府依赖程度较低，市场化程度较高。社工机构自主性的核心表现就是经济上的独立性（彭善民，2010）。社工机构的独立性和资金的主要来源有着天然而密切的关系。换句话说，社工机构靠谁吃饭？机构的独立性包括很多方面的自主权，如人员招聘、日常管理、项目开发、外事活动等。资金来源单一，导致传统迁移式的机构在独立性上较弱，一定程度上限制了机构的行动权。机构开展的很多项目在最终决定上都受到政府影响。

（2）工作人员专业性向度的机构分类

社会工作机构区别于其他服务类机构的一个根本区别就是其核心理念——利他主义和助人自助，而这种核心理念能否体现在服务中很大程度上取决于机构工作人员及机构负责人的专业性，即主要工作人员有无专业的社工教育背景。调研中发现，由高校老师推动和完全依赖市场成立的社工机构，其工作人员专业化程度较高，大部分都是接受过专业社工教育的大专院校学生。例如 XZZ 机构，专职工作人员共 4 人，其中 75% 即 3 人都有社工专业背景。而依托原有福利体系成立的社工机构，其人员专业化程度较低，如 12355，该服务台共 3 名工作人员，没有一个有专业的社工背景。

综合来看，由高校老师推动和完全依赖市场成立的社工机构，由于工作人员较强的专业性背景，助人自助的社工理念能得到较好的体现，其服务项目的设计也比较规范，对服务项目的监督管理也比较科学。而依托原有福利体系成立的社工机构，其工作人员仅是通过社工资格考试取得社工资格证而已，专业理念的运用不充分，服务项目的设计、实施和监督管理等方面规范性也较弱。

（3）专业工作方法向度的机构分类

社工机构区别于其他服务类社会组织的另一个重要特征就是服务中是

否使用专业的工作方法，即个案、小组和社区方法。有学者认为中国有自己的社会工作，不同之处是“行政性非专业社会工作”而非专业社会工作（卢谋华，2007：23）。政府导向型的社工机构因为与原有的福利系统有着密切的关系，同时其工作人员也是通过社工考试转化而来的，因此，长期形成的行政性工作方法不可能很快消失，新形成的机构必然是行政性工作方法与专业性工作方法相互嵌入、交替使用。而市场导向型的社工机构，其工作人员有较强的专业性背景，所以服务过程中主要运用专业性的方法，如 XZZ。该机构在对农民工进行需求评估时，主要运用个案访视的专业方法，有严格的评估表，而非简单的询问。

三　社会工作机构未来发展走向

以上对江苏省社会工作机构发展模式的分类是某一个时间节点上的共时性结果。任何一种模式或者类型在发展过程中，都不是一成不变的，随着内外环境的变化，都会呈现动态的变化趋势。

以横轴表示资金来源的方向，一端表示机构资金主要来自政府、一端表示机构资金主要来自市场，纵轴表示机构人员的专业化程度的高低。根据以上单一指标的机构分类，综合以上分类指标，大致可以得到两种综合特征完美体现的模式，即传统变迁型和现代市场型的社会工作机构（见图 12.3）。传统变迁型即由政府力量的注入而引发的，在原有福利输送系统中内演变或衍生出来的、由非专业社工提供的准社会工作服务的机构；现代市场型的社会工作机构即由高校及其他力量支持的，在现有服务输送系统之外依赖市场而自发形成的、由专业社工提供的专业社工服务的机构。

如图 12.3 所示，纵轴的左下部分基本上属于传统变迁型的，而右上部分基本上是现代市场型的，其他的类型是介于这两类模式之间的。不同类型的机构在象限中是不断移动和发展的，移动和发展的方向是多样的。

结合中国实际情况来看，传统变迁型的社工机构和现代市场型的社工机构各有优势。传统迁移式具有以下几点优势。①由于与原有福利输送系统关系较为密切，所以资金来源有保障。同时，可以充分利用本区政府所属行政资源。②社工机构在开展具体服务时，需要整合很多力量参与到服务中来。而传统变迁型的类科层化的组织建构为社会工作的开展提供了一

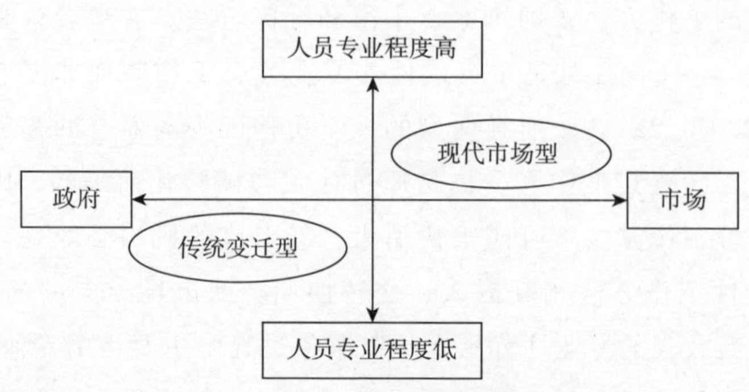

图 12.3　社会工作机构发展动态

定的行政支持。但同时这种优势也给传统变迁型的社工机构带来诸多问题。①行政化色彩较浓。这种模式具有典型的政府主导的特点，行政性较强，工作方法专业性不足，在发展过程中表现为政府主导有余而市场参与不足。②独立性和自主性较弱。在具体的行为过程中，特别是在一些机构的重大决策问题上，传统变迁型的社工机构常被一些说不清、道不明的行政隶属关系束缚着，如在机构员工聘用、服务项目的选择等方面。同时，在资金的筹集和使用上，更是缺乏社会资源的整合意识与能力。

一个非营利组织的良好发展至少需要解决三个方面的问题，即①组织发展的目标和方向；②组织工作领域和工作内容的拓展；③组织发展所需要的资源支持和社会认同（李太斌，2007）。在以上三方面中，现代市场型的社会工作机构目前发展中遇到的主要问题是机构发展所需要的资源和社会认同。这种模式下，社工机构的资金来源呈现多元化的趋势，虽然有政府购买服务，但各地在政府购买服务方面政策不同，没有一种长远的制度化的保证。同时，国外基金会的项目申请一般都依据比较严格的评估指标，在本土化社工机构发展初期，这种选择对大部分社工机构来说都是比较困难的。庞大的单位组织动员系统，以及源于教育的先入为主的观念，民众对政府的信任远高于其他社会组织。这种对政府的“天然信任”和对社会自发行为的“天然不信任”观念反过来制约社会自发机制的活跃与发展。此外，受行政地域性影响，社会工作机构之间的资源共享或合作也有困难。而作为市场化程度较高的一种运作模式，现代市场型的社工机构也具有传统变迁型社工机构无法比拟的优势。①社会工作方法的专业性。专业的工

作方法不仅是有效解决问题的方法，也是发现问题的方法。现代市场型社会工作机构能对社会需求有敏感反应，可根据服务对象需求制定出符合案主需要的服务项目，为服务对象提供高效服务。②实质性代表程度高。依照组织的代表性理论，非营利组织代表性问题的核心是组织的“代表合法性”，即一个非营利组织究竟是不是其组织成员与服务对象利益的真正的、合法的代表。“代表合法性”具体地体现在两个基本方面，即“实质性代表”与“象征性代表”。前者强调组织应该采取实际行动来满足组织成员与服务对象的需要，后者则强调组织应该致力于赢得组织成员与服务对象的信赖与支持（Guo & Musso，2007：308 –326）。现代市场型社工机构因其工作方法的专业性，着力满足服务对象的需求，因此，它是其服务对象的核心代表。而传统变迁型的社工机构成为政府社会职能的部分代理者，有时只是为了完成上级部门的考核任务，所以难以形成“实质性代表”和“象征性代表”。

除了生成路径（知识范式）、资金来源、独立性和工作方法上的根本区别，传统变迁型和现代市场型两种模式在人员机构、激励机制和服务对象上也存在少许的不同（见表 12.3）。以上两种模式只是一种理想类型的区分，现实中的机构在象限中是不断移动和发展的，移动和发展的方向也是多样化的。

表 12.3　传统变迁型和现代市场型的比较

	传统变迁型	现代市场型
生成路径（知识范式）	在传统社区、官办社会福利机构中内生而来的，自上而下	在社会工作专业指导下，依赖市场自发形成的，自下而上
资金来源	资金渠道较为单一，主要依赖政府	资金渠道多元化，主要依赖项目申请和企业合作
独立性	比较强的隶属关系，政府干预较强	较为独立，政府干预较低
工作方法	行政性手段与三大工作方法嵌入式运用	小组、个案、社区工作三大专业方法
人员结构	通过转岗、鼓励现有人员通过考试社工化，接受正规社工教育的较少	面向市场公开招聘，多为社工科班出身，具有社工从业资格证
激励机制	推动机构发展的主要是政府，通过奖金等措施激励工作人员	推动机构发展的主要是社会，获得社会的认可，主要通过个人发展空间提升自我价值的社会认可实现
服务对象	一般是传统的服务对象，具有弱势性	服务对象多样化，弱势性与发展性并共存

综合来看，在中国内地，社工机构是在政府理念转变的背景下产生的，是政府根据社会结构的变化主动调整自己的管理职能、管理理念和管理方式的产物，社工机构发展空间的大小在很大程度上取决于政府。但由于不同地区政治体制改革的推进力度不同，在逐步确立“小政府、大社会”的格局时给社会让渡出来的空间也不同。此外，由于地域、文化等差异，社会工作机构运作模式可以有多种选择，不同地区培育和发展社工机构的方式会有差异，不能完全按西方社会非营利组织的标准来培育和评判我们的社工机构。尽管我们不能认定“社会工作的发展模式就是民间运作”，但民间社工机构的自主性或去依赖性应该是组织生存和持续发展所必需的。因此，从长远来看，具有行政化色彩的、传统变迁型的社工机构应以现代市场型的社工机构为发展方向，独立于政府之外自主运作，以保证社工机构的独立性和完整性，这将有助于社工机构的运作以及所提供服务的有效性。但在目前中国的现实条件下，社工机构的活动范围很大程度上还取决于政府职能转变所遗留空间的大小，以及政府认可与支持的力度，也即社工机构只有依托现有的行政管理体制和资源网络优势，才能获得一种嵌入性发展。与此同时，通过购买专职社工的方式来提高社工机构人员的专业化程度和技术性水平，这在中东部发达地区比较适用，而在中部地区欠发达城市之中，机构与福利部门所能支付社工的工资较低，专职的社工无法在此找到自我的价值平衡，因而，这种购买专职社工的做法几乎留不住社工人才。所以，借助于政府力量和资源优势来推动社工机构的创建及运作可能是一种现实可行的路径选择。结果是传统变迁型的社工机构与现代市场型的社工机构将在一定时期内的不同地域并存。

四　社会工作机构发展模式的本土化反思

探讨中国社会工作机构发展模式时一定要基于中国的实际国情，考虑社会工作机构的生存土壤，以下三个问题值得思考。

1. 政府购买服务的制度化问题

制度化强调的是保证政府购买的长期性，因此，公共财政资金的保证和政府明文规定是制度化的两个重要方面。由以上分析可以看到，政府购买服务是几类社工机构运作的重要资金来源之一。国外学者认为公共服务

外包的初衷是想要达到两个目标，即提高服务的质量和降低服务的成本，然而实现这两个目标最重要的手段就是引入市场的竞争机制（David，2002：489－491）。苏明等认为购买服务主体双方之间的关系是独立性还是依附性对公共服务购买模式有很大影响（苏明等，2010）。可以看出，西方学者在研究政府向社会组织购买服务时特别强调购买的竞争性，而结合中国特殊国情，传统变迁式的社工机构与原有福利系统的千丝万缕的联系，导致作为政府的发包方和作为购买的主体的社工机构之间是有一定依赖性的，而现代市场型的社工机构与作为政府的发包方之间没有一定的依赖性。同时，对于购买服务具体实施过程而言，选择承包方的方式也不是完全开放的采用市场机制来确定，有时采用的是完全开放的公开招投标竞争，而有时带有一定的主观倾向性，如将购买项目直接发包给关系密切或者有信用的社工机构。因此，从某种程度上说，政府购买公共服务的多元模式影响了内地社工机构多元的发展模式。政府向社会组织购买公共服务制度的变革，是一次政府主导下对政府自身利益的改革。在这种背景下，权威主义的政府与市民社会不完善的社会组织相比，政府占据了绝对的优势，大多数社会组织认为政府购买项目是“可遇而不可求”的。要建立规范化的、制度化的“政府购买公共服务”体制，同时，社会组织与政府间良好的合作伙伴关系的培养直接影响未来社工机构生存发展的土壤。

2. 社工协会的功能定位与功能发挥

在社工机构发展的过程中，各地的社工协会应发挥重要的作用，因为行业协会成立的目的就是管理行业发展，提升行业品质。随着经济社会的转型，政府机构改革的逐步深入和市场体系的建立，党和政府越来越明确提出党政分开、政企分开、政社分开、政资分开的改革思路。行业协会只有保持民间性，才能更好地发挥作用（李焱林，2011）。在社工机构发展的过程中，社工协会应是一个协调者、规范者、引导者的角色。协调者是指协调政府、社区、机构各方关系；指导者是指负责服务方案设计时的指导、开展过程中的监督、服务结束后的评估与建议；引导者是指完善行业准入制度、建立行业规范、树立行业自律标杆，传播社会工作的理念，为社会工作的发展呼吁和创造一种更为自由的发展环境。同时为社工机构提供各种资源，包括对内完善社工人才的管理与招聘，搭建社工交流平台，加大对一线服务人员的培训与支持力度，为一线服务的社工们提供相互支持与鼓励；对外争取各种出国交流学习的机会，拓展社工的职业视野。在社工机构发展初期，社会对社工机构认可度较低的情况下，社工协会应该成为政策的倡导者，引导政府加大宣传力度，营造社工机构发展的外部环境。

3. 国外经验借鉴的有限性

在中国，社会工作是一种“舶来品”，因此，讨论与其相关的发展时总会借鉴国外的经验，探讨社会工作机构发展模式也如此。的确，借鉴国外的经验对本土化社工机构的发展的确有意义，但必须注意到社工机构的发展是一个复杂的社会技术问题，这种社会技术的使用与一个社会的经济、政治和文化因素密切相关。从已有的国际经验来看，在市场经济发达的国家中，社会工作作为社会福利的传送体系主要是以独立的社会服务机构形式存在的。在与国家（政府）的关系上，它扮演着两种角色：合作的伙伴关系和压力团体。合作的伙伴关系指的是社会服务机构与政府合作去解决困难群体生活方面的问题，并提供预防性和发展性的服务。压力团体则是社会工作机构要代表服务群体，要反映社会底层、困难群体的呼声和要求，在政策倡导层面发挥作用，改变和完善相关的政策。因此，社工机构如何在本土情境中扮演这些角色，研究时必须清楚本国的经济状况、政治框架、文化传统及其变化给社会工作机构发展提供的空间与限制。

第三节　江苏社会组织建设：社会企业

一　社会企业兴起的背景

2006 年流行于英美的“社会企业”（Social Enterprise）开始流入中国，并引起了广泛关注。社会企业在西方的兴起与福利国家危机密不可分。在美国，“社会企业”最初是用来指那些为弱势群体创造就业机会而开展商业活动的非营利组织。自 20 世纪 70 年代末开始，美国联邦政府在扶贫、教育、卫生保健、社区发展、环境和艺术等领域的投入削减导致非营利组织资金匮乏。这就迫使非营利组织谋求依靠自身力量得以生存和发展之道，它们往往会选择通过从事商业活动获取收入来填补这一缺口。随后这一术

语不断地被丰富、被赋予新的内容，以至于用来表述所有为实现社会目标而进行的商业活动（金锦萍，2009）。与此不同的是，20世纪70年代到90年代的欧洲，随着经济发展速度的放慢和失业率的上升，涌现出大量的社会问题。政府力量难以解决，这时新出现的社会企业主要试图解决福利国家所不能解决的，诸如人口老龄化、长期失业者与残疾人的就业和住宅匮乏等社会问题。因此，可以说，欧洲的社会企业也是为了弥补福利国家的公共政策缺憾而产生的。

社会企业在台湾的发展也仅有近二十多年的时间。自20世纪80年代末期迄今三十多年是台湾社会变动最迅速的时期，无论是政治、经济、人口结构，还是社会需求都面临快速的转变。各式各样的志愿性、非营利组织就是在这种环境之下日趋增多与成长的，由于组织间资源的竞争日趋明显，以及政府为解决严重的失业问题及其他纷杂的社会问题而急欲将非营利组织（NPO）纳入为协助者所产生的各式政策诱导，导致NPO中有着相当数量的组织在实践其社会公益目标的时候，也不断朝着市场化与产业化的方向发展（官有恒，2007）。

面对中国非营利组织发展困境，社会企业被认为是非营利组织转型的一种策略（林海、彭劲松、梁中华，2010）。从20世纪80年代开始，多样化的非营利组织走上历史舞台，代表着一种平衡的力量，引导着社会向政府、市场和非营利组织组成的三元社会结构转型。非营利组织的兴起有着深刻的经济、政治和社会背景，在蓬勃发展的过程中起着积极的作用（时立荣，2003）。不可否认，中国的NPO近十几年来取得了巨大的成就，并在不同领域发挥着积极作用，但是与西方发达国家相比还有很大差距，还有很多问题亟待解决，甚至有些NPO陷入了发展困境（林海、彭劲松、梁中华，2010），包括以下四个方面。①NPO倡导可持续发展，但是众多NPO自身却没有可持续发展的能力，主要体现就是NPO的资源匮乏。NPO的资源不足是一个相当普遍和非常严峻的问题。主要表现在两个方面。一是经费不足。我国大部分NPO的经费来源中，政府资助和会费等服务费占比较大，企业和公众捐赠的比例很小，很多NPO都没有造血功能，离开政府拨款，生存和发展都成问题。二是缺乏高素质的人才队伍。一方面，NPO的工作岗位在市场经济大潮中无法吸引高层次人才；另一方面，一部分NPO与政府有着千丝万缕的联系，导致这些组织成了安置政府离退休人员的场所，这种情况导致了NPO创新能力差，严重阻碍了NPO的可持续发展。②NPO工作效率低下。一方面，NPO工作效率低下源于工作人员的素质不高，且存在不连续性的特点；另一方面，目前的NPO管理模式与政府类似，更像一个官僚机构，项目从立项、审批到实施过程周期相当长，效率远低于商业企业。③NPO与市场严重脱节。由于NPO管理者和工作人员大多缺乏商业经验，项目从立项、审批到实施过程很少考虑市场因素，导致项目失败的概率很高，而且资金浪费严重。④NPO社会公信力不足。社会公信力是影响NPO吸收社会资源的重要因素。目前我国NPO发展还处在初级阶段，对于NPO的监督机制还很不完善。此外，由于NPO发展迅速，数量猛增，因而难免鱼龙混杂，少数NPO为了谋取利益滥用公共资源，影响了NPO的社会公信力，进而影响了NPO获取社会资源的能力。面对以上发展困境，NPO只得裁员、减薪、减少服务对象、少办活动。但这只是暂时的节流做法，更重要的是如何积极开源，改变经营形态。从事营利活动将成为无法避免的途径，这也是近年来有许多NPO正在尝试的方向，但是如果积极营利又会掉入商业化的格局，产生新的争议。对于如何解决此两难式的困境，很多的NPO都在寻求既能实现社会价值又能维持可持续发展的转型策略。社会企业的出现为NPO的发展指明了方向，一个既能兼顾社会目标实现，又能赚取利润维持NPO可持续发展的组织形式成为NPO的转型目标。面对困境，众多非营利性组织亟待找到一创新的发展路径来维持可持续发展，社会企业这种创新的组织模式也就成了NPO转型的第一选择。

二　社会企业的内涵及功能

1. 社会企业的内涵

“社会企业”作为术语最早是由欧洲经济与合作组织提出的，特指那些既利用市场又利用非市场资源以使低技术工人重返工作岗位的组织。时至今日，社会企业更多地被界定为具有以企业战略和社会目的为共同特征的实体。美国学界对于社会企业的界定非常宽泛，认为它包括了从事社会公益事业的营利公司、以追求商业利润和社会目标为双重宗旨的组织以及从事商业活动的非营利组织。美国实务界则将这一概念更多地用来指称从事

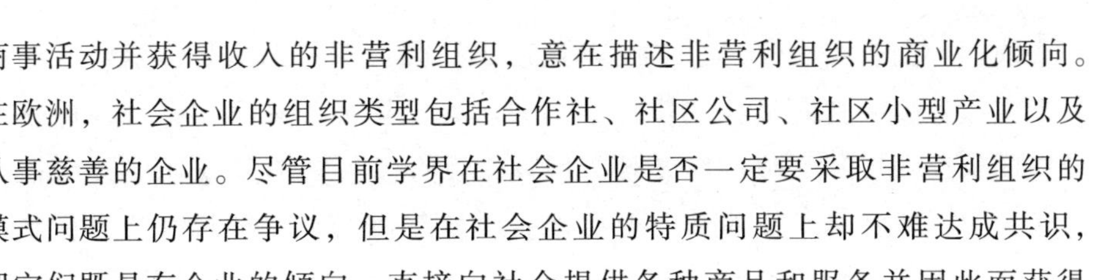

商事活动并获得收入的非营利组织，意在描述非营利组织的商业化倾向。在欧洲，社会企业的组织类型包括合作社、社区公司、社区小型产业以及从事慈善的企业。尽管目前学界在社会企业是否一定要采取非营利组织的模式问题上仍存在争议，但是在社会企业的特质问题上却不难达成共识，即它们既具有企业的倾向，直接向社会提供各种商品和服务并因此而获得收入，又具有社会目标，因为它们在追求经济效益的同时，还密切关注社会与环境的改造（金锦萍，2009）。

社会企业的定义至今并没有一个定论，不论是在欧洲，还是在美洲，社会企业以许多不同的组织形式存在着，譬如非营利组织（NPO）主动采取商业手段以获取所需资源，或者在政府的政策鼓励下，NPO 以达成社会使命为目标而采用商业策略来获得资源；也有营利的企业组织在“企业社会责任”的驱使下，从事实践社会目的之事业（Johnson，2000）。社会企业联盟则有更清楚的界定：非营利组织借由从事任何赚取所得的事业或采取营收策略，以便获得经费所得来支持实践其公益慈善的宗旨，谓之为社会企业（Kerlin，2006：247）。英国贸易及工业部把社会企业看成“一种为了社会目标而在市场中进行商业活动的组织”，认为“社会企业主要追求的是社会目的，其盈利主要是用来投资于企业本身或社会，而非为了替股东或企业持有人谋取最大利益”（梁唐，2006）。

综合以上定义，本书认为社会企业不是纯粹的企业，亦不是一般的社会服务组织，社会企业是透过商业手法运作，赚取利润用以贡献社会的组织。它们所得盈余用于扶助弱势社群、促进小区发展及社会企业本身的投资。它们重视社会价值多于追求最大的企业盈利。社会企业作为一种组织仍然是企业，但是英国社会企业联盟认为它与一般企业相比具有独特的两个特征：一是企业导向，即直接参与为市场生产产品或提供服务；二是明确的社会目标，即有明确的社会和/或环境目标，如创造就业机会、提供培训或服务。

2. 社会企业的功能

通过以上分析可以看出，社会企业的出现带来了崭新的理念。传统商业企业的底线在于获取利润，社会企业却具有双重或者三重底线。它也跟商业企业一样需要进行商业活动并获取收益，但是经济上的发展并非其唯一底线。社会企业的第二个底线就是达成社会目标，无论是为残疾人还是长期失业者提供就业机会和增强他们的能力，甚至还有第三个底线即维护环境的永续发展和文化的完整性。因此，社会企业具有双重底线或者三重底线，意味着社会企业的创业者在创业伊始就选择了一种将经济目标和社会目标融合在一起的组织形式。

除此之外，社会企业还有以下几个方面的功能（丁开杰，2007：52 ~ 83；赵萌，2009）。

第一，社会企业帮助 NPO 实现可持续发展，可以为 NPO 提供自身发展和社会服务所需的资金，减少或者消除对捐款和拨款的依赖。

第二，社会企业可以满足社会需要，为家庭及社区提供个人及家居服务，以满足社会对这些服务的需求，例如陪诊、长者个人护理等。

第三，社会企业可以创造就业机会，为弱势群体创造就业机会，包括低学历、中年妇女、残疾人士等。

第四，社会企业可以促进员工发展，激励成员自力更生以及融入社会。

第五，社会企业可以建立社会资本，透过组织社区网络，推动社区的共融、更新及发展。

第六，社会企业推动社会的可持续发展，力求实现增强环保意识、提倡可持续消费、鼓励物品循环再利用等社会发展及环保目标。

三　江苏社会企业发展典范：爱德面包坊

在台湾，20 世纪 90 年代初期就出现了一些实行商业手段或创设事业单位经营的 NPO，如喜憨儿社会福利基金会的烘焙坊与餐厅，伊甸社会福利基金会的轮椅事业，阳光社会福利基金会的洗车中心与加油站，荒野保护协会的贩卖保护荒地书籍、卡片以及付费的生态之旅等诸多实例。另外，从 1990 年末至今，政府部门为舒缓失业率带给社会的冲击，陆续推出“福利产业化”政策、“劳委会”的“多元就业服务方案”与“经建会”“卫生署”与社政单位推动的“照顾服务产业”等，许多 NPO 开始在例行性营运计划加入营利的商业行为，基本上类似欧洲国家推动的“社会经济”（Social Economy）或“社会企业”的做法。而在“社会企业”概念进入中国人视野的时候，政府和公众对 NPO（非营利组织）的概念也才熟悉不久。在社会组织

快速发展的江苏，社会企业也开始萌芽。爱德基金会创办的面包坊就是江苏社会企业发展的典型个案。

2007 年爱德基金会开办了全国首家为智障人士服务的专业化非营利机构、国内首个由智障人士经营的面包坊。该面包坊是爱德基金会下设的爱德慈佑院[①]为智障青少年进行职业训练的工作坊。工作坊的宗旨是促进智障青少年就业，平等地参与工作，享受有尊严、有意义的人生。授之以渔，开展职业康复，构建技能平台，倡导社会接纳。愿景是成为南京乃至全国为智障人士提供职业训练的示范工作坊。工作坊以“授之以渔，开展职业康复，构建展能平台，倡导社会接纳”为最高使命。

爱德面包坊实际上是由爱德慈佑院（AHB）下属的一个项目发展起来的。带着照料及教育 16 岁至 40 岁智障人士的使命，AHB 于 2002 年初创立运行。通过提供各种类型的专业技能培训项目，该机构希望能够帮助这些有心智障碍的人们更好地融入社会，甚至可以独立生活。目前，中国为这些智障人士所提供的培训中最常见的就是生活技能培训，以提升他们生活自理的能力。然而，仅止于此并不能改变他们是弱势群体、不被人尊重和认同的事实。起初，AHB 只提供一些简单的手工艺活儿给自己的学员，比如制作贺卡和书签。通过这些，AHB 的学员们可以挣一些零用钱，然而，他们的机会仍然十分有限。该机构详尽地调研了一些服务于相同弱势群体的机构的案例，想要寻求一些帮助和指引。这个过程中，该机构接触到了香港烘焙协会。在它的支持下，开办了爱德面包坊作为另一个平台，为这些智障患者提供职业技能培训。整个烘制的过程由许多道工序组成：发酵、铸模、烘烤，一直到最后的包装。每一道制作工序都是一个简单的重复操

① 爱德慈佑院创建于 2002 年初，是由爱德基金会的同人、社会工作者及部分特殊群体的家长参照海内外相关组织后进行的一项人道主义的努力。该组织的目的是通过他们的工作，提升他们的服务对象参与社会活动的能力，努力创造一个更加接纳的社会环境，使服务对象更好地融入社会，享受正常化的生活。爱德慈佑院的理念宗旨包括：人人生而平等；人人均享生存发展空间；人人各有潜力；全人关怀；资源普世分享；爱心联络全德等。爱德慈佑院隶属于爱德基金会社会服务中心，有 5 个工作人员，包括 1 名专职社工、3 名专职老师、1 名生活老师。该机构资金的来源包括：政府补贴、基金会投入、提供服务收入（包括学费等）、社会捐助等。爱德慈佑院的主要服务对象为江苏、安徽地区的智力障碍和精神障碍的儿童和青少年。它们的服务包括：发展评估、半自理及自理训练、职业训练、节假日和特需服务、亲友联谊会等。

作，非常适合智障人士，因为对于他们而言，最重要的事是养成一个好的工作习惯。尽管对于正常人而言这听起来非常普通，但是对于智障人士而言，能够迈入社会并找到一份工作却是一个突破性的发展。目前，面包坊拥有全职员工 3 名，其中的两位负责在烘制过程中培训学员，另外一位是面包坊的行政经理。在 AHB，有 20 多名学员在接受烘焙技术的培训。如果顺利通过审核，所有这些学员都将有可能成为爱德面包坊的员工。事实上，爱德基金会在成立面包坊之前，就在南京做了大量的前期市场调查，发现餐饮行业在南京有巨大的市场需求。尽管南京有许多家面包工坊，但是大部分属于个体经营，且缺乏专业烘焙技术，大型面包连锁店寥寥可数。自从有了香港烘焙协会的帮助，爱德面包坊就拥有了制作高品质、美味可口的面包的坚实基础。爱德面包坊的客户在不断增加。2008 年，爱德面包坊开始少量出售自己的烘焙产品，主要是为满足爱德基金会下属其他部门的需要，如爱德基金会为南京的一些三自教会提供面包、曲奇饼干等。除此之外，面包坊也在假期为爱德基金会的志愿者提供烘焙产品，以便他们在探访孤儿及老人时作为礼物之用。2009 年伊始，爱德面包坊就开始陆陆续续接到一些订单，最大的成功之一就是“爱德月饼”。2010 年，爱德面包坊努力在爱德基金会以外开发更多的客户，寻求更多的机遇。目前，已经能烘焙出超过 20 种的面包和饼干。

虽然目前爱德面包坊收入微薄，仅仅能够覆盖运营成本，而且目前很大程度上仍在依靠外在募款的支持，但它确是一家社会企业。面包坊的目标是长期的自给自足、可持续发展。希望通过卓越的服务来赢得客户，而非通过这些智障患者的感人故事。爱德面包坊的核心价值是产品调研及开发。未来爱德面包坊一方面会继续致力于增强公众关爱智障人士的社会意识，为这些智障患者营造一个友善的社会环境；另一方面计划聘用一些市场以及商务拓展人才以帮助面包坊寻求更多的发展机会，并为爱德面包坊带来更多的客户。

爱德基金会爱德面包坊的成立和发展，不但有爱德人的努力和坚持，也有社会各界人士的帮助和支持。全国政协原副主席丁光训教主为“爱德面包坊”提名，香港面包烘焙协会副会长邝振中先生作为义工定期为爱德面包坊学员提供培训和技术支持，香港特区前教育署副署长汤启康先生为

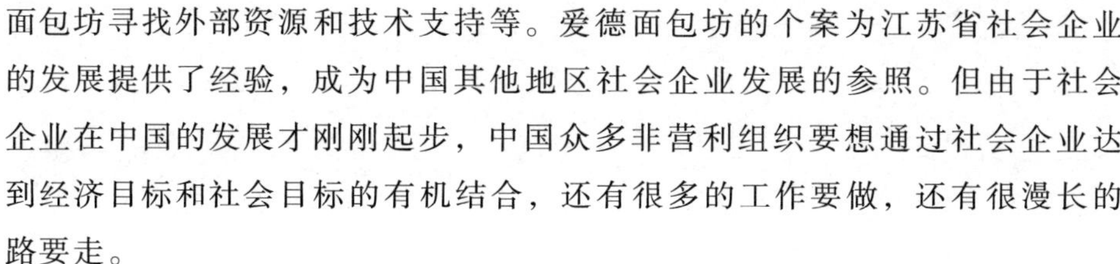

面包坊寻找外部资源和技术支持等。爱德面包坊的个案为江苏省社会企业的发展提供了经验，成为中国其他地区社会企业发展的参照。但由于社会企业在中国的发展才刚刚起步，中国众多非营利组织要想通过社会企业达到经济目标和社会目标的有机结合，还有很多的工作要做，还有很漫长的路要走。

第十三章
信访制度与社会管理战略与政策*

第一节　信访制度的功能

一　信访制度的发展

信访制度是国家设计的旨在为广大民众提供民主监督和呈递民情的重要途径（南京市信访局软科学课题组，2012）。目前使用的“信访制度”一词在词源上虽然只能追溯至新中国成立初期，但类似的信访制度和民众信访现象在以往历代的统治中却早有发现。《管子·桓公问》中有“黄帝立明台之议者，上观于贤也；尧有衢室之问者，下听于人也；舜有告善之旌，而主不蔽也；禹立谏鼓于朝，而备讯也；汤有总街之庭，以观人诽也；武王有灵台之复，而贤者进也。此古圣帝明王所以有而勿失，得而勿忘者也”（管仲，2013）。可能早在尧舜时期，氏族成员就可以通过在旌旗下陈诉或者在桥梁和交通要道的木板上书写的方式表达自己的意见（徐艳阳，2011）。此后，古代“信访制度”一直存在和发展下来。

中国共产党成立以后，党的群众路线为信访制度的发展提供了理论基

* 本章得到南京市信访局组织的软科学课题支持。本章的撰写者参加了该课题，并参与了多个信访事件的处理。在此表示感谢。

础，毛泽东曾对中共中央办公厅关于处理群众来信情况的报告做过批示，要求重视人民的通信，恰当处理人民来信，满足群众正当要求。1951 年政务院颁布了《关于处理人民来信和接见人民工作的决定》，这标志着新中国信访制度正式建立（夏正林，2012）。1996 年 1 月 1 日实施的国务院《信访条例》，使信访工作走上了法制化的道路。2005 年国务院修订并颁布的《信访条例》规定，信访是指公民、法人或者其他组织采用书信、电子邮件、传真、电话、走访等形式，向各级人民政府工作部门反映情况，提出建议、意见或者投诉请求，依法由有关行政机关处理的活动。2007 年中共中央、国务院下发了《关于进一步加强新时期信访工作的意见》，进一步提高了信访工作的权威性。

二 信访制度是民意诉求的渠道

信访是民意诉求的重要渠道，是社会利益协调机制中的“润滑剂”，是化解社会矛盾冲突的“安全阀”。信访工作，既可以反映民情民意，起到民主监督的作用，也可以从侧面为管理者改进社会管理提供重要的参考，其本身就是一种很好的反馈机制，对于民众而言，信访也是民众参与政治的重要方式（毛玉勇、黄奎，2013）。洛克的人民主权理论隐含地指出，民众的权力一旦出让，集中的权力常常会反牵制于民众，使民众处于弱势，进而容易使民众排挤出公共政治生活，所以弱者需要一定的保障措施，信访制度就是一种柔性的、间接的保障。本质上，社会治理不善导致的各种不公平问题出现是信访产生的根源，民众申诉问题以信访的形式表现出来和社会管理理念、管理方式密切相关。国家及地方信访部门接待本应在正常司法体系之内而又不靠司法程序解决问题的上访者，并协调各方力量尽量解决其问题，体现出了一种间接的怀柔管理，一种国家和民众的互动管理，是通向社会善治的途径之一。国务院多次对《信访条例》进行修订，就是要畅通信访渠道、创新信访工作机制、提高处理信访事项的效率，做到及时了解社情民意，保护广大信访群众的合法权益，以更好地加强政府与民众之间的联系，促进社会和谐。

第二节　柔性社会管理及管理战略

一　柔性社会管理的内涵

社会管理是一项复杂的系统工程，涉及社会管理理念、群体利益格局调整、社会运行体制机制等多个方面。改革开放以来，伴随经济的持续快速增长，国内经济体制、社会结构以及思想文化观念发生了深刻变化，社会快速转型所带来的现实矛盾日渐凸显，对传统的社会管理模式提出了严峻的挑战，因此，加强和创新社会管理自然就成了时代发展的题中之义。近年来，在加强与创新社会管理的大语境下，柔性社会管理成为一种管理创新实践。

从字面上看，柔性社会管理是与刚性社会管理相对的一个概念，有别于刚硬、粗暴和强制统一。从思想渊源看，柔性社会管理理念植根于古代国家治理中的民本思想，诸如“民为邦本，本固邦宁”“民为贵，社稷次之，君为轻”等皆反映出怀柔的传统。从学理看，柔性社会管理作为一种管理方法和管理实践已被广泛应用于组织管理领域，主要围绕“柔韧性”和“人性化”两个基本含义展开，强调以人为中心，尊重个人需要和尊严。关于柔性社会管理的概念，学界见仁见智，有学者认为柔性管理本质上是一种以人为中心的人性化管理，是在尊重人的人格独立与尊严的前提下，在提高社会成员的向心力、凝聚力的基础上所实行的分权化的管理（孙悦、郭松洋，2013），也有学者将柔性社会管理概括为“一种以人为中心的管理，是指执政党、政府与其他社会管理主体以社会的共同价值原则和规范为基础，运用非强制性手段如舆论宣传、社会疏导、说服教育等引导社会成员的价值观和行为方式的过程和活动”（龚长宇，2011）。由这些定义可以看出，柔性社会管理的主体并非单一的政府，其手段也非强制性的，它的本质是强调以人为中心，在满足人们合理需求的基础上，达到调节社会矛盾，促进公平与正义，维持社会稳定的目标。因此，可将柔性社会管理的内涵简要概括为以下两个方面。

第一，以满足人的需要为指向。社会管理的对象是人，要实现对人的“善治”，就需要从人的需要入手，了解和满足人的需要。一般来讲，个人

需要满足有两个规律：一是比例需要，即人们需要的满足常常遵循一定的比例层次，当物质生活需要得到一定程度的满足后，自然会产生精神文化需要；二是比较规律，人是社会人，需要的形成、发展及其满足不可能不受环境的影响，尤其在消费社会，人们有更大的可能将自己的生活条件同其他人比较进而刺激需要。马克思认为需要是人的本质属性，人类的需要是历史发展过程中的动力，人的基本需要如果得不到满足，不仅损害个人的生命意义，而且阻碍整个社会的发展进程（彭华民，2010）。以需要为指向的柔性社会管理就是要尊重和满足人们社会需要的差异性和多元性（张海波，2012），使满足人们需要成为政府实施社会管理的最初起点与最终目标。

第二，以管理就是服务为理念。柔性社会管理实质上是一种人本管理。传统社会的管理，政府机构往往凭借高度集中的政治权力进行强制性的刚性管理，虽然见效快、易操作、成本低，但容易忽视人们的合理需要，不仅人们的需要得不到应有的满足，而且会加剧群众与政府间的疏离，阻碍社会向心团结。柔性社会管理强调人本主义，这就要求政府转变管理理念，实现社会管理从为民做主的解放者角色向人民自己做主的维护者角色、从管制型社会管理向服务型社会管理的根本转变（刘旺洪，2011）。政府作为社会管理的重要主体，应该积极树立寓管理于服务及社会本位的先进理念，带动并促进协调、引导、教育、帮扶、调控等柔性管理方式的实现（孙悦、郭松洋，2013）。

二　柔性社会管理的总体战略

基于对柔性社会管理内涵的理解，柔性社会管理的总体思路应为：坚持以科学发展观为指导，以人为本、服务民众，以实现社会公平正义、团结和谐与人的需要满足为根本目标，以民主、法制为准则，以塑造公民精神为基本路径，积极建构刚柔并举的现代社会管理体系（张海波，2012）。这一思路包含以下基本要素。

第一，坚持科学发展观，以人为本、服务民众。柔性社会管理只是社会管理的一种方式、一种手段，一方面，社会要持续发展，必须坚持发展是第一要务，只有发展得好，才能为柔性社会管理提供坚实的经济支持；另一方面，必须坚持发展的目的是为人民服务，只有确立和坚持以人为本，柔性社会管理的理念基础才能更夯实、更突出，也才能将发展的成果更多用于改善民生和社会建设。

第二，以实现社会公平正义、团结和谐与人的需要满足为根本目标。柔性社会管理就是要协同刚性社会管理实现社会公平正义、团结和谐与人的需要满足。作为社会主要管理主体的政府要充分利用柔性管理，组织民间社会多方参与，协调各种社会关系，应对社会矛盾，化解社会危机，保持社会和谐稳定。人的需要满足和幸福感知互为表里，要让人民幸福就要千方百计地满足人的合理需要，只有人的需要满足了，民生得到切实改善了，社会才可能实现和谐稳定、公平正义。

第三，以民主、法制为准则，塑造公民精神为基本路径。柔性社会管理是要实现社会管理的人性化、民主化和法治化。柔性突出管理中对人的尊重和关怀，防止粗暴的“一刀切”，柔性也体现出对差异性的尊重，这是社会民主化的要求。柔性也不是完全排斥刚性，是有原则的怀柔，是以遵守和维护法律为底线。在具体的实践中，要不断扩大民主参与范围，加强公民理念教育和公民文化建设。柔性社会管理必须辅之以社会治理的法治化，要通过立法明确界定政府、社会组织、公民在社会管理和社会生活方面的权利、义务和责任，政府、社会组织和公民个人都要确立规则意识和守法意识，为柔性社会管理创造基础条件。

三　柔性社会管理的政策框架

柔性社会管理较之刚性社会管理更加强调激发和动员群众维护社会共有的主流价值，更加侧重管理中的引导作用，其目的是尽可能地调动群众的自觉意识。社会管理必须依托社会政策，一般来说，社会政策指涉的是应对社会问题、满足人类需要、影响国民福祉的公共政策（岳经纶、邓智平，2011）。因此，如果将柔性社会管理作为一种政策框架，那么如何保障和改善民生，提供社会福利和服务，满足群众的需要将成为应然的出发点和落脚点。作为福利提供者的社会组织、群体和个人理应成为社会政策的主体，这样柔性社会管理的参与主体将不仅仅是政府，而应该包含各类社会组织、群体和个人，这就要求政府在制定和实施社会政策时不能一元独大。根据柔性社会管理的内涵和总体思路，政府在具体的社会管理中必须

妥善运用社会政策这个重要工具。

社会政策反映社会管理的理念和方式，但这并不一定说有什么样的社会管理方式就有什么样的社会政策，这是因为社会政策在一定时期实施以后会有很强的路径依赖性，尽管社会管理的方式已经发生了变化，社会政策仍有可能滞后于社会管理方式。因此，柔性社会管理理念下的社会政策，必须着眼于提高社会福祉，改善民生，切实从政策的制定、实施、评估等环节入手，提高柔性管理的科学性和民本性。

1. 政策制定：多元主体参与

创新社会管理不是为了加强社会控制，社会管理应该有柔性和互动，其最终目的是要满足人的需要，增进社会福祉。经过三十多年的快速发展，国内目前正处在一个利益多样、诉求多元的时期，单一的、传统的、自上而下的社会管理方式已经无法满足群众的需要，这就要求政府、各类社会组织、群体、专家、普通公民等社会各主体共同商讨、共同决策社会公共事务，因此，多元主体参与社会管理是创新社会管理和加强社会建设的客观要求。从社会政策学角度来看，所谓社会管理实际上是制定和执行社会政策的整个过程（岳经纶、邓智平，2011），多元主体参与社会管理实质就是让公众有机会合理合法地在政策制定过程中表达自己的诉求，在多方博弈中找到各自的利益平衡点，协调利益矛盾，激发整个社会的活力（龚俊、杨廷文，2011）。回顾西方社会从福利国家走向福利社会的历程，我们能清楚地看到仅靠政府大包大揽社会福利服务的做法已经难以满足社会复杂多样的需要，多元主体参与社会政策制定就是要群策群力，就是要社会分担政府的责任，实现政府对社会的善治。多元主体参与政策制定也客观要求政府放权，并积极培育和扶持各类社会组织，尤其是发展各类社工组织、慈善组织和志愿服务组织，积极引导有序参与，充分发挥其在社会管理中的积极性和创造性。

2. 政策实施：要保护公民权利

公民权利可分解为三个组成部分：民事权利、政治权利和社会权利，其中，民事权利也可以称作市民权，即每个人都有人身自由、言论自由、信仰自由以及拥有私人财产的权利，并且这些权利在法律面前人人平等；政治权利是人们参与行使政治权力的权利，主要是指选举权和被选举权；社会权利，主要是指经济保障、享受社会发展成果的权利，也就是社会福利权，它是实现民事权利和政治权利的保障。柔性社会管理方式下的社会政策在实施过程中必须要尊重民众的公民权利。

我国自皇朝以降，臣民文化熏染下的民众思想顺从、心理依附，自主意识缺乏，严重抑制了民众参与社会管理意识的萌发。改革开放以前，我国社会又形成了“单位社会”形态，“单位人”成了社会的主要群体。这种社会管理方式过分强调集体利益，强调个人服从集体，人同单位全方位的密切关系造成了事实上的人身依附关系，容易造成权力过分集中、官僚主义的弊端，也弱化了自下而上的以及体制之外的监督与制约功能（李景治，2011）。这样，一方是顺民，另一方是强权，社会政策在实施过程中常常损害民众的合法利益。至今，这样的文化传统和实践模式还影响着民众的思想和行为，大多数民众参与社会管理的意识依然淡薄，公民权利得不到保障，一些合理、合法、合情的上访行为被看成刁民行为的情况也偶有发生。柔性社会管理所强调的多元主体参与要求政府在推行社会政策时要广听民意、尊重民意，改变以往完全依靠行政强制手段而实行的自上而下的社会管理方式，保障民众的市民权、参政权和社会福利权。

3. 政策评估：要以群众需要满足为重心

柔性社会管理说到底是对人的管理和服务，社会管理创新成效如何，归根到底取决于作为管理和服务对象的民众的切身感受，民众满意与否取决于其基本需要是否得到切实满足（张海波，2012）。人的需要是多样的，需要满足靠多元制度提供满足物，因此，人们得到的需要满足物是不同的制度提供之和。西方福利国家的福利变迁之路证明了作为一种社会管理方式的柔性社会管理，政府必须分权于社会，在政策制定和实施过程中要妥善协调国家和市场、家庭、社区以及社会组织在满足人们需要方面的贡献力，使各种社会组织都可能成为人们需要满足的提供者。与此同时，对柔性社会管理政策在推行之后进行必要的评估也尤为必要，如果政策在实施过程中或实施以后满足了民众的需要，解决了民众最紧迫、最急需的问题，保障和改善了民生，提升了社会整体福利，则这符合柔性社会管理的意涵。相反，如果社会政策忽视了民众的基本需要满足，依靠强制维稳，则这完全有悖于柔性社会管理理念。

从构建和谐社会的长远目标来看，柔性社会管理有很大的发展空间，

运用社会政策改善民众福祉，提高民众的福利水平是推进柔性社会管理以及社会建设的可行途径。柔性社会管理要以民为本，通过构筑社会政策，不断提高管理水平，推进和谐社会建设。

第三节　作为一种柔性社会管理的信访制度

在近三十多年的经济社会快速发展过程中，社会日益分化，矛盾也日益增多，由此而产生的相对剥夺感、不信任感、不认同感等对社会稳定、有序运行的影响也日渐突出。古人曰：得民心者得天下，高效社会管理的基础是人心向背，换句话说，能赢得人心的管理就是有效的、科学的管理。柔性社会管理是从根本上坚持以人为本的管理，是对人的柔性管理，它去除传统管理中过多的强制和约束，以满足人的需要为出发点，以怀柔教化的方式培养民众的社会共识，达到凝聚人心、消除分歧的效果。从社会政策学的角度来看，所谓社会管理实际上是制定和执行社会政策的整个过程，也就是社会政策的管理（岳经纶、邓智平，2011）。某种程度上说，社会管理的方式决定了社会政策的模式，有什么样的社会管理方式就有什么样的社会政策。作为一种柔性社会管理手段的信访制度，无论是其制度设计初衷还是制度实施过程，都必须符合柔性社会管理的要求，尊重人需要的一致性和差异性，并尽可能满足人的需要。信访制度本来应该是收集和传达民意的一种渠道，但现在有些地方政府在“上访率”压力下，对上访者围追堵截，强拉哄骗，甚至以非法手段侵害上访当事人的人身安全，使得信访制度在传达民情、化解矛盾方面的功能大大减弱。信访制度不是维稳的工具，在柔性社会管理方式下，如果不对信访制度做调整，将会影响柔性社会管理的推进，继而影响社会的稳定运行。

信访的本意是来信、来访，信访制度主要起民情传达和民主监督的作用，畅通有序的信访机制是构建和谐社会的重要基础。党的十七大强调要妥善处理人民内部矛盾，完善信访制度，健全党和政府主导的维护群众权益机制，2011 年中央提出加强和创新社会管理的重大战略，社会管理已经成为与经济发展、文化繁荣并驾齐驱的治国方略，信访制度在社会管理创新中举足轻重，应主动适应社会变迁的趋势和社会管理的现实需要，承担起政治和社会整合的功能。柔性社会管理理念下的信访制度建设重在以怀柔之心疏通上访之涌，管理重点应该在信访事前、事中、事后三个阶段着手（孔祥勇，2012；张海波、童星，2012）。

一　怀柔之心，信访前预防

要建立健全信访风险评估体系，信访、维稳等相关部门要对一些涉及面广、与群众利益密切相关的城市拆迁、土地征用、企业改制等问题提前介入，深入调研、详细论证，对可能发生的矛盾进行分析预测，从源头上防范各类可能引起信访事件发生的矛盾产生。同时，在管理体制上，各级政府要建立领导联系基层信访部门制度，定期听取信访工作汇报，完善信息报送机制，通过有效的信息收集、分析、研判、反馈，确保政府及时掌握社情民意（王宇飞、赵毅纯，2012）。同时，要继续完善已建立的信访机制，对一些涉及面大、群众倾向性集中的问题，要及时分析，拟定解决方案，尽可能化解矛盾，满足群众意愿。

二　转变观念，信访中慎理

1. 要完善信访运行机制，疏通信访渠道

从中央到地方应改变单纯减少信访量的做法，要废除根据信访数量统计“排名”的做法，从体制上给基层政府及信访部门减压（陈沈慧，2012），信访部门不能对上访人员进行堵截劝返。与此同时，要建立主要领导接见上访者制度，对于需要多部门协调处理的上访问题，要建立多部门参与的“大信访”系统予以协调处理。在这方面，江苏已经构筑起了信访工作的大格局，在信访接待工作中，司法、国土、交通、城建、社会保障等部门的人员各管其内而又协调配合，有效地化解了信访难题。[①] 基于此，在继续完善大信访机制的同时，可以在政绩考核中适当考虑领导者及其部门的社会服务能力和贡献。

---

① 《“上”“下”贯通：构筑江苏信访工作大格局》，人民网，http://www.xinhuanet.com/chinanews/2006-06/28/content_7372978.htm，最后访问日期：2006年6月28日。

2. 要转变信访观念，尊重和善待信访者

信访的前提是“信”，如果民众对政府连基本的信任都没有，即使上访率很低，社会稳定也得不到保障。因此，各级信访部门应转变信访认知，应当畅通信访渠道，让群众畅所欲言，对一些不正确的意见和不合理的诉求，也应以理服人。让信访者心服、信服应该成为信访工作者的结案目标，这需要信访工作人员积极了解和尊重不同上访者的需要，摒弃将所有合理、不合理的需求“一刀切”的做法，应该分类施治，满足上访者的合理需要。

3. 要坚持依法治国，信访要尊重法律权威

目前，很多信访问题是本应通过正常的司法程序解决的问题，但却常常通过信访渠道解决，其结果是削弱了法律的权威，助长了信访势头。信访成功在社会层面，尤其是普通民众心里产生了人治高于法治的观念，而这种观念又会加剧信访事件发展（于建嵘，2005）。柔性社会管理不是没有法制，尽管信访本身体现了一种柔性管理理念，但也要柔中有刚、刚柔相济。因此，要继续坚持依法治国，加强法制文化建设，即使在信访工作中也要通过正常的法律程序解决问题（张红、李栋，2012），要引导群众依法维权，对于能通过司法部门解决的问题，应主动向上访者提供建议，走正常的法律程序予以解决，要禁止靠领导权威、部门权威疏通法律环节的行为，做到信访解决不了的问题找法律，而不是法律解决不了的问题靠信访。

三　以人为本，信访后评估

及时有效处理信访矛盾是解决信访问题的关键环节，但加强对信访工作的事后评估也很重要。为此，要完善考核机制，改变单纯的以降低信访量为目标的考核方式，加大对信访工作中群众满意度的考核。人民群众的来信来访很大程度上是出于对党和政府的信任，作为信访部门要牢固树立群众观念，坚持以人为本，慎重对待民意，把人民群众的根本利益放在首位。对于广大信访工作者而言，处理好信访事件不仅仅是工作职责，更是一种对社会责任的必要担当，这就要求无论是信访评估机制还是工作绩效评估，都要在理念和实践上转变，要鼓励和促进信访工作者拓宽思路，创新工作方式方法，满足上访者合理需要。

第四节　信访制度建设中的专业社工介入

以助人自助为核心的社工价值理念和专业技能对推进信访制度建设具有重要意义。在信访工作中，专业社工的多重角色可以起到沟通、协调紧张关系，助于化解信访矛盾的作用。

一　专业社工介入信访的理论基础

社会生态系统理论认为，人是生活在社会中的，不同的社会系统构成了人所处的具体环境，而人与他们所处的环境被视为互相依赖且彼此辅助的一个整体。个人和环境在这个整体里，互为对方进行持续的改进和塑造。当人与环境产生“非适应性契合”时就引发了人们生活中的问题。换句话说，问题的出现和产生并不完全是“人”本身的原因，人们的生活“环境”在其中也扮演着重要角色。从这种“人与环境”互动的视角出发，专业社工将介入焦点放在：第一，增强个人的生活适应能力；第二，增加社会和物理环境对个人需要的回应，包括环境的改变和政策的倡导与实施。

社会生态系统理论特别注重个人与其生活环境之间的相互适应、和谐与均衡，认为问题出现的原因往往是个人与环境之间的适应不良。在实际工作过程中，这一模式特别注重挖掘和利用服务对象及其环境自身拥有的正向资源来推动个人与环境的共同改变。因此专业社工介入信访的主要工作目标有三个方面：①帮助上访者应对和处理生活中的压力和挑战，充分利用环境中的资源；②通过对环境的积极评估实现上述目的，特别注意协调与上访者有直接关系的部门，并与之建立良好的工作关系；③通过积极行动将对上访者的关怀与促进社会增权结合起来。

二　专业社工的角色定位

专业社工介入信访工作可以扮演多重角色，按其在信访工作中的作用，大致可分为直接服务者角色和间接服务者角色，但这并不是说只能扮演一

种角色，而是可以同时扮演多重角色。

1. 直接服务者角色

沟通者。专业社工在信访工作中可以直接和上访者、信访部门建立工作关系，一方面，要详细了解上访者的各种诉求，将所了解到的信息进行汇总；另一方面，要及时将上访者的情况向信访部门反映。通过这样的方式，社工可以在上访者与信访部门之间建立一个缓冲带，协调处理矛盾。

支持者。通常来讲，上访者一般都是社会的弱势人群或利益受损人群，社工要对他们的困难予以心理上的理解和支持，并且在服务过程中要尽可能鼓励、帮助上访者。大部分上访问题比较棘手，矛盾较为突出，容易导致上访者心理情绪的不稳定，因此，社工要多给予其心理上的支持，做好心理疏导工作，安抚上访者的情绪，帮助他们走出心理困境。

指导者。社工通过与上访者的沟通，能够比较准确地了解上访者以及上访问题，为此，社工在工作过程中要全面、认真分析问题，并考虑上访者的困境、情绪等，指导上访者正确认识上访问题，避免上访过程中可能出现的“闹访”等现象。在现实社会中，有些上访者或是受外在环境的影响，或是受他人鼓动参与上访等，如果社工能予以指导，不仅能降低信访量，而且有助于问题的解决。

2. 间接服务者角色

研究者。为提高服务的有效性，有时候对于一些情况比较复杂或是经常发生的上访事件，社工也需要仔细研究，总结经验。加强自身对上访案例的研究力度，不仅在工作中能进一步帮助上访者解决问题，而且也能帮助信访部门提高工作效率。

咨询者。一方面，专业社工人员一般比较熟悉日常政策法规，也积累了信访工作的一些经验；另一方面，有些上访者常常不明白正常的工作程序而盲目行动。为此，社工要主动向上访者提供一些信息，这既可以了解上访者需要，也可以引导和帮助上访者解决问题。

倡导者。社工在向上访者提供服务的基础上，也需要从宏观层面考虑社会政策和制度设置问题，对于能改进的政策，要采取倡导方式提供建设性的建议。

三　专业社工介入信访工作的方式方法

专业社工介入信访工作，可以采取不同的方式，运用不同的工作方法。在介入方式上主要有两种，即专业社工或机构主动向上访者提供支持和帮助，及信访部门聘请专业社工人员参与信访事件解决。不论是哪种方式介入，社工在开展信访工作时，通常都会运用个案、小组工作方法，其工作流程基本上分为接案、预估、计划、介入、评估和结案六个步骤。

接案。接案即接待来访者，了解其信访诉求，决定“受访”。

预估。预估就是根据收集到的关于上访者及其问题的详细资料，对上访者问题的原因、过程、处境予以分析，判断问题的严重程度以及社会影响程度，并及时与信访部门沟通。

计划。计划即根据预估的结论，拟订为上访者提供服务的具体计划。服务计划的内容包括目标、涉及的部门和机构、具体的介入策略、具体的工作程序和工作时间安排。

介入。介入是社工理性干预信访工作的实质性展开阶段。在信访工作中，介入阶段是社工采取行动，按照预定的目标，帮助上访者解决预估中确认的问题。介入一般分直接介入和间接介入两种方法：直接介入是社工直接帮助上访者改变其认知和社会交往方式，提高社会适应能力和行动能力；间接介入是上访者采取行动，通过介入上访者或信访部门以外的其他人或系统，间接帮助他们。

评估。评估是指运用科学的研究方法和技术，系统地评价社工介入效果，总结整个介入过程，考察信访工作的介入是否有效、是否达到了预期目的。评估通常分为过程评估和结果评估，过程评估强调对信访工作服务过程中的服务态度、计划执行程度等方面的评估；结果评估强调对信访工作结果的评价，看上访者的问题是否得到解决、上访者是否满意等。

结案。结案即对立案的信访案件给予总结，结束案件。当上访者的合理诉求得到了满足，其权益得到了维护时，社工就可以和上访者协商予以结束工作关系。

由于信访工作的特殊性，社工介入信访工作一般采用个案方法来疏导上访者的情绪，具体方法有：情绪支持法、认知改变法和社会网络支持法

等，这些方法不同程度地融合在社工扮演的角色中。

在社会转型不断深化的过程中，信访工作将依然会发挥“社会稳定器”和“社会减压阀”的作用。专业社工秉持人本理念，介入信访工作，不仅能完善信访工作体制，提高信访工作效率，而且也是推进柔性社会管理的有益探索。

参考文献

安南，2001，《联合国秘书长安南在2001国际志愿者年启动仪式上的讲话》，人民网，http://www.people.com.cn/GB/shizheng/252/6135/6139/20010918/563834.html，最后访问日期：2001年9月18日。

安勇，2012，《北京召开社会建设下半年工作座谈会》，http://www.takungpao.com/sy/2012-08/26/content_993462.htm，最后访问日期：2016年6月22日。

比格尔·亨德瑞，2012，《欧洲人眼中的挑战：政府管理与社会服务》，《行政管理改革》第1期。

布坎南，2009，《公共物品的需求与供给》，马珺译，上海人民出版社。

蔡禾，2012a，《从利益诉求的视角看社会管理创新》，《社会学研究》第4期。

蔡禾，2012b，《广东在探索构建中国特色社会建设体制》，http://sgw.dg.gov.cn/business/htmlfiles/dgsgw/s32137/201210/565937.htm，最后访问日期：2016年6月22日。

陈蓓丽，2011，《上海社工机构发展之制度困境及发展路径研究》，《华东理工大学学报》（社会科学版）第4期。

陈成文、孙淇庭，2009，《论邓小平社会建设理论与社会和谐构建》，《甘肃社会科学》第3期。

陈根锦，2007，《香港职业健康及安全政策之研究：新自由政策体系的个案分析》，上海人民出版社。

陈家建，2010，《法团主义与当代中国社会研究》，《社会学研究》第2期。

陈杰人，2011，《江苏流动人口管理制度的喜与忧》，人民网，2011 年 8 月 25 日，http://js.people.com.cn，最后访问日期：2016 年 6 月 22 日。

陈锦棠，2008，《香港社会服务评估与审核》，北京大学出版社。

陈良瑾，1990，《社会保障教程》，知识出版社。

陈良瑾、唐钧，1992，《建设有中国特色社会主义社会福利制度》，《学术研究》第 3 期。

陈沈慧，2012，《中国信访制度的改革和完善》，《社会纵横》第 9 期。

陈天祥，2007，《新公共管理：效果及评价》，《中山大学学报》（社会科学版）第 2 期。

陈振明，2000，《评西方的“新公共管理”范式》，《中国社会科学》第 6 期。

陈振明、李德国，2012，《社会管理创新研究需要关注的几个问题》，《东南学术》第 2 期。

陈治，2007，《福利供给变迁中的政府责任及其实现制度研究——福利供给的国外考察与启示》，《理论与改革》第 7 期。

成伯清，2011，《社会建设的情感维度——从社群主义的观点看》，《南京社会科学》第 1 期。

成海军，2009，《当代中国社会福利政策研究——以民政社会福利为视角》，中国发展研究基金项目报告。

崔月琴，2010，《新时期中国社会管理组织基础的变迁》，《福建论坛》第 11 期。

崔月琴、袁泉，2011，《社会管理的组织化路径——社区民间组织的“均衡化”发展》，《社会科学战线》第 10 期。

道格拉斯·C. 诺斯，2008，《制度、制度变迁与经济绩效》，杭行译，上海人民出版社。

邓大松、林毓铭、谢圣远，2007，《社会保障理论与实践发展研究》，人民出版社。

丁开杰，2007a，《从第三部门到社会企业：中国的实践》，《透视社会企业：中国与英国的经验》（经济社会体制比较增刊）。

丁元竹，2007b，《关于建立和完善社会管理体制的若干思考》，《江海学刊》第 5 期。

丁元竹，2010，《“十二五”时期社会建设要抓好三个重点》，《国家行政学院学报》第3期。

丁元竹，2011a，《加强和创新社会管理的几个着力点》，《中国党政干部论坛》第6期。

丁元竹，2011b，《社会管理发展的历史和国际视角》，《国家行政学院学报》第6期。

丁元竹，2011c，《当前我国社会管理创新的主要领域和基本做法》，《马克思主义与现实》第5期。

丁元竹、江汛清、谭建光主编，2007，《中国志愿服务研究》，北京大学出版社。

董文琪，2010，《政府采购社会服务的国际经验与启示》，《宏观经济管理》第6期。

杜弋鹏，2012，《北京“十一五”期间加强社会建设，立足民生搞创新》，http://finance.people.com.cn/GB/8215/179399/204463/12945693.html，最后访问日期：2016年6月22日。

多吉才让、李宝库，2001，《城市社区建设读本》，中国社会出版社。

《法制日报》，2006，《每年因公致残70多万　绝大多数为农民工》，2006-6-14，转引自搜狐，http://news.sohu.com/20060614/n243722692.shtml，最后访问日期：2016年6月22日。

范明林，2010，《非政府组织与政府的互动关系——基于法团主义和市民社会视角的比较个案研究》，《社会学研究》第3期。

方亚光，2004，《江苏年鉴》，江苏年鉴杂志社。

方亚光，2005，《江苏年鉴》，江苏年鉴杂志社。

方亚光，2006，《江苏年鉴》，江苏年鉴杂志社。

方亚光，2007，《江苏年鉴》，江苏年鉴杂志社。

冯俊、张运来、崔正，2011，《服务概念的多层次理解》，《北京工商大学学报》（社会科学版）第2期。

冯元，2012，《优势视角下流浪儿童救助模式创新与转型》，《宁夏社会科学》第6期。

冯元，2013，《转型期流浪儿童救助服务创新探讨——基于福利多元主义视

角》，《长白学刊》第1期。

冯元、彭华民，2012，《社会工作在流浪儿童救助中的应用研究——以N市救助管理站为例》，《河北青年管理干部学院学报》第4期。

冯元、彭华民，2013，《救助管理领域的社会工作人才队伍建设》，《重庆社会科学》第3期。

福建省社会处，1942，《社会建设》，《社会建设》发行社。

付曦，2011，《我国NGO参与社会福利为何困难重重——体制层面的分析》，《学理论》第22期。

高海虹，2011，《发展社会企业：改善公共服务能力的有效途径》，《理论探讨》第6期。

高红，2011，《社区社会组织参与社会建设的模式创新与制度保障》，《社会科学》第6期。

中国行政管理学会课题组，2006，《加快我国社会管理和公共服务改革的研究报告》，《中国行政管理》第2期。

《公益时报》，2007，《窦玉沛：社会福利由补缺型向适度普惠型转变》，http://news.sina.com.cn/c/2007-10-23/100914146154.shtml，最后访问日期：2016年6月22日。

龚长宇，2011，《柔性管理：社会管理的重要机制》，《学习与探索》第6期。

龚俊、杨廷文，2011，《多元主体共同参与社会管理机制探析》，《人民论坛》第32期。

龚维斌，2009，《从单位管理走向社会建设》，《国家行政学院学报》第4期。

顾骏，2005，《关于上海流动人口管理的深层次思考》，《城市管理》，第2期。

官有恒，2007，《社会组织企业在台湾的发展》，《中国非营利评论》第1期。

管仲，2013，《管子》，北方文艺出版社。

（唐）房玄龄注，1989，《桓公问》，见于《管子》第五十六篇，上海古籍出版社。

郭秀云，2009，《流动人口市民化的政策测度及评价体系》，《探索与争鸣》第1期。

国家统计局，2011，《中国统计年鉴》，中国统计出版社。

国务院人口普查办公室、国家统计局人口和就业统计司，2012，《中国2010

年人口普查资料》(电子版),中国统计出版社。

哈贝马斯,2003,《在事实与规范之间:关于法律和民主治国的商谈理论》,生活·读书·新知三联书店。

胡锦涛,2007,《高举中国特色社会主义伟大旗帜 为夺取全面建设小康社会新胜利而奋斗——在中国共产党第十七次全国代表大会上的报告》,人民出版社。

胡锦涛,2012,《坚定不移沿着中国特色社会主义道路前进 为全面建成小康社会而奋斗——在中国共产党第十八次全国代表大会上的报告》,人民出版社。

胡玉梅,2006,《江苏残疾人,19年多了178.3万》,《现代快报》,2006年12月22日,http://kb.dsqq.cn/old/html/2006-12/22/content_51221549.htm,最后访问日期:2016年6月22日。

黄晨熹,2009,《社会福利》,格致出版社、上海人民出版社。

黄公觉主编,1933~1934,《社会建设》,《社会建设》发行社。

黄家亮,2012,《论社区服务中国家、市场与社会的互构——以北京市96156社区服务模式为例》,《北京社会科学》第3期。

黄润龙,2006,《流动人口的数量及其分布特征研究——以江苏省为例》,《西北人口》第2期。

黄艺红、刘海涌,2012,《西方社会服务理论对中国的启示》,《国际研究》第6期。

吉登斯,2000,《第三条道路:社会民主主义的复兴》,郑戈译,北京大学出版社。

吉尔伯特、特雷尔,2003,《社会福利政策导论》,黄晨曦、周烨、刘红译,华东理工大学出版社。

吉强,2011a,《我省人口分布呈“南增北减”》,《新华日报》,2011-5-4,http://xh.xhby.net/mp2/html/2011-05/04/content_359502.htm,最后访问日期:2016年6月22日。

吉强,2011b,《我省人口负担系数持续下降》,《新华日报》12月7日。

季瑾、胡金平,2011,《流动人口子女学校管理策略研究初探——基于江苏地区流动人口子女学校的调研》,《江苏教育学院学报》(社会科学)第

6 期。

江苏省民政厅，2011，《江苏省社会福利事业发展“十二五”规划》，中国江苏网，http://www.jiangsu.gov.cn/xxgk/jhgh/zygh/201112/t20111231_709114.html，最后访问日期：2016 年 6 月 22 日。

江苏省民政厅社会组织管理局，2010，《江苏省民政事业发展“十二五”规划社会组织管理子规划》，http://www.jsmz.gov.cn/skywcm/webpage/zwgk/inner.jsp？infoId=6413，最后访问日期：2016 年 6 月 22 日。

江苏省统计局，2006，《江苏服务业投资发展现状分析》，2006-12-30，http://www.jssb.gov.cn/jstj/fxxx/tjfx/200701/t20070108_80733.htm，最后访问日期：2016 年 6 月 22 日。

江苏省统计局，2008，《我省老龄人口接近 1200 万》，中国江苏网，http://www.jiangsu.gov.cn/jsyw/201109/t20110929_671474.html，最后访问日期：2016 年 6 月 22 日。

江苏省统计局，2011a，《江苏服务业比重问题探讨》，江苏省统计局网，http://www.jssb.gov.cn/jstj/fxxx/tjfx/201111/t20111109_116125.htm，最后访问日期：2016 年 6 月 22 日。

江苏省统计局，2011b，《我省人口负担系数持续下降》，江苏省统计局网，http://www.jssb.gov.cn/jstj/fxxx/tjxx/201112/t20111201_116200.htm，最后访问日期：2016 年 6 月 22 日。

江苏省统计局课题组，2004，《江苏服务业发展现状与提升发展水平的思考》，中华人民共和国国家统计局网，http://www.stats.gov.cn，最后访问日期：2016 年 6 月 22 日。

江汛清、周宏峰，2009，《中国志愿者：从青年到全民——改革开放 30 年志愿服务发展分析》，《中国青年研究》第 1 期。

江泽民，2003，《全面建设小康社会，开创中国特色社会主义事业新局面》，在中国共产党第十六次全国代表大会上的报告。

姜振华，2008，社会参与与城市社区社会资本的培育，中国社会出版社。

教育部，1952，《小学暂行规程》。

揭爱花，2011，《积极探索社会福利服务供给的市场化机制》，《浙江社会科学》第 5 期。

金锦萍，2009，《社会企业的兴起及法律规制》，《经济社会体制比较》第4期。

金渊明，2006，《超越“生产主义福利体制”：韩国的经验》，第二届社会政策国际论坛论文，北京。

景天魁，2006，《底线公平与社会保障的柔性调节》，《社会学研究》第6期。

景天魁，2008，《社会建设的科学构思和周密布局》，《江苏社会科学》第1期。

景天魁，2012，《在社会服务体制、机制的改革与创新中发展非营利组织》，《教学与研究》第8期。

景天魁、毕天云，2009，《从小福利迈向大福利：中国特色福利制度的新阶段》，《理论前沿》第11期。

康晓光，2001，《关于官办社团自治化的个案研究》，中国青少年发展基金会编，《处于十字路口的中国社团》，天津人民出版社。

康晓光、韩恒，2005，《分类控制：当前中国大陆国家与社会关系研究》，《社会学研究》第6期。

康有为，2002，《大同书》，华夏出版社。

孔繁斌，2007，《多中心治理诠释——基于承认政治的视角》，《南京大学学报》（哲学人文科学社会科学版）第6期。

孔繁斌，2009，《社会治理的多中心场域构建——基于共和主义的一项理论解释》，《湘潭大学学报》（哲学社会科学版）第2期。

孔祥勇，2012，《社会矛盾化解方式多元化与新时期信访工作》，中共南京市委办公厅、南京市人民政府办公厅2011—2012年度全市优秀调研成果。

多亚尔，高夫，2008，《人的需要理论》，汪淳波、张宝莹译，商务印书馆。

蓝煜昕，2012，《社会组织管理体制：地方政府的创新实践》，《中国行政管理》第3期。

蓝云曦、谭晓辉，2011，《适度普惠型社会福利制度对我国社会和谐发展的促进作用》，《四川大学学报》（哲学社会科学版）第1期。

李宝库，1999，《夯实城市基层基础积极发展社区建设》，《城市街居通讯》第6期。

李兵，2011，《国外社会服务发展历程及其启示》，《求是论衡》（理论版）

第 3 期。
李波、王宏丽、富强，2012，《江苏省流浪乞讨人员救助管理工作调研报告》，《中国民政》第 8 期。
李景治，2011，《中国社会形态的基本特征与社会管理创新》，《学术界》第 10 期。
李培林，2007，《加强社会建设理论和经验的研究》，《社会学研究》第 2 期。
李培林，2011，《我国发展新阶段的社会建设和社会管理》，《社会学研究》第 4 期。
李强，2002，《户籍分层和流动人口的社会地位》，《中国党政干部论坛》第 8 期。
李强，2007，《和谐社会与社会建设》，《中国特色社会主义研究》第 6 期。
李强彬，2012，《国外协商民主研究 30 年：路线、视角与议题》，《教学与研究》第 2 期。
李太斌，2007，《浅谈政府推动与社会工作机构之间的关系》，《上海青年干部管理学院学报》第 3 期。
李潇潇，2007，《中国志愿服务的理论反思与实践扩展——“中国志愿服务：回顾与展望”学术论坛综述》，《青年探索》第 6 期。
李学举主编，2008，《民政 30 年》，中国社会出版社。
李雪萍、陈伟东，2008，《论社会建设经由社区建设》，《社会科学研究》第 1 期。
李焱林，2011，《社会工作协会与政府关系探析》，《社会工作上半月》(实务) 第 9 期。
李迎生，2009，《对中国城市社区服务发展方向的思考》，《河北学刊》第 1 期。
李迎生，2011，《全球社会管理模式转型的中国对策》，《人民论坛》第 7 期。
李友梅，2012，《中国社会管理新格局下遭遇的问题——一种基于中观机制分析的视角》，《学术月刊》第 7 期。
李友梅、肖瑛、黄晓春，2012，《当代中国社会建设的公共性困境及其超越》，《中国社会科学》第 4 期。
李志强，2013，《从救助政策的转变谈社会救助文化体系的新构建——基于武汉市流浪乞讨人员救助的社会实践分析》,《华中师范大学学报》(人文社会科学版)第6期。

《联合早报》,2012,《清华大学教授:中国已深度老龄化　未富先老问题严重》,转引自搜狐,http://business.sohu.com/20121006/n354349383.shtml,最后访问日期:2016年6月22日。

梁树发,2005,《关于社会主义社会建设的几个问题》,《东岳论丛》第6期。

梁唐,2006,《美国社会企业运动》,《21世纪商业评论》第1期;

林海、彭劲松、梁中华,2010,《从NPO——到社会企业:非营利组织转型策略研究》,《科技管理研究》第18期;

林万亿,1994,《福利国家:历史比较的分析》,台北巨流图书公司。

刘德浩,2012,《社会保障公共服务体系建构:基于服务型政府的分析视角》,中国经济出版社。

刘继同,2006,《国家与社会:社会福利体系性变迁规律与制度框架特征》,《社会科学研究》第3期。

刘京希,2012,《从政治发展看社会建设》,《天津社会科学》第2期。

刘柳珍,2011,《论社会管理中的公众参与》,《求实》第8期。

刘润华,2012,《对中小企业在科研和技改方面投资给予减免税的建议》,《吉林人大》第7期。

刘少杰、王建民,2006,《现代社会的建构与反思——西方社会建设理论的来龙去脉》,《学习与探索》第3期。

刘旺洪,2011,《社会管理创新:概念界定、总体思路和体系建构》,《江海学刊》第5期。

刘铮、潘锦堂,2005,《世界各国退休年龄现状分析比较》,《甘肃社会科学》第5期。

卢谋华,2007,《社会工作的理论与实践》,中国社会出版社。

鲁鹏,2012,《论政治现代化视阈中的社会管理创新》,《山东社会科学》第3期。

陆学艺,2008,《关于社会建设的理论和实践》,《理论前沿》第1期。

陆学艺,2010,《当代中国社会结构变动中的社会建设》,《甘肃社会科学》第6期。

陆学艺，2011a，《目前形势和社会建设、社会管理》，《中共福建省委党校学报》第4期。

陆学艺，2011b，《社会建设就是建设社会现代化》，《社会学研究》第4期。

陆学艺，2012，《我国社会建设的主要任务及未来的发展趋势》，《探求》第3期。

罗尔斯，2000，《政治自由主义》，译林出版社。

罗兴佐，2006，《中国国家与社会关系研究述评》，《学术界》第4期。

马克思、恩格斯，1956，《马克思恩格斯全集》，中共中央马克思恩格斯列宁斯大林著作编译局译，人民出版社。

马丁·鲍威尔主编，2011，《理解福利混合经济》，钟晓慧译，北京大学出版社。

马英娟，2012，《公共服务：概念溯源与标准厘定》，《河北大学学报》（哲学社会科学版）第2期。

麦金尼斯，2000，《多中心体制与地方公共经济》，毛寿龙译，上海三联书店。

毛玉勇、黄奎，2013，《信访制度价值意义探析》，《当代经济》第10期。

米红、王丽郦，2010，《从覆盖到衔接：论中国和谐社会保障体系“三步走”战略》，《劳动保障世界》第1期。

苗贵山，2007，《马克思恩格斯的政府社会管理思想研究》，《理论与改革》第2期。

民政部，2006，《社会工作者职业水平评价暂行规定》。

民政部，2009，《关于促进民办社会工作机构发展的通知》。

民政部，《2011年社会服务发展统计报告》，2012，http://cws.mca.gov.cn/article/tjbg/201210/20121000362598.shtml，最后访问日期：2016年6月22日。

民政部2011年社会服务发展统计报告，http://cws.mca.gov.cn/article/tjbg/201210/20121000362598.shtml，最后访问日期：2016年6月22日。

民政部、财政部，2012，《关于政府购买社会工作服务的指导意见》。

民政部社会工作司，2011，《江苏省社会工作专业人才队伍建设情况》，http://mzzt.mca.gov.cn/article/shgzzyrcdwjs/jlcl/201112/20111200245880.shtml，最后访问日期：2016年6月22日。

民政部政策研究中心课题组，2011a，《关于社会服务发展演进与概念定义的探析》,《中国民政》第6期。

民政部政策研究中心课题组,2011b,《关于社会服务功能作用与体系建设的探析》,《中国民政》第7期。

牟国义,2008,《江苏年鉴》,江苏年鉴杂志社。

牟国义,2009,《江苏年鉴》,江苏年鉴杂志社。

牟国义,2010,《江苏年鉴》,江苏年鉴杂志社。

牟国义,2011,《江苏年鉴》,江苏年鉴杂志社。

牟国义,2012,《江苏年鉴》,江苏年鉴杂志社。

南京市信访局软科学课题组,2012,《社会矛盾化解方式多元化与新时期信访工作》。

南京视窗,2013,《南京南师附中、金中今年扩招》,http://news.nanjings.com/html/2013/0430/4168.html,最后访问日期:2016年6月22日。

倪佳,2011,《江苏启动第三方评估政府公益服务项目》,北方网,2011-12-21,http://www.enorth.com.cn,最后访问日期:2016年6月22日。

诺曼·巴里,2005,《福利》,储建国译,吉林人民出版社。

Neil Gilbert & Paul Terrell,2003,《社会福利政策导论》,黄晨熹等译,华东理工大学出版社。

欧黎明、朱秦,2009,《社会协同治理:信任关系与平台建设》,《中国行政管理》第5期。

潘泽泉,2004,《中国城市流动人口的发展困境与社会风险》,《战略与管理》第1期。

庞金友,2006,《近代西方国家与社会关系理论的逻辑与特点》,《天津社会科学》第6期。

彭华民,2006,《福利三角:一个社会政策分析的范式》,《社会学研究》第4期。

彭华民,2010,《论需要为本的社会福利转型的目标定位》,《南开学报》第4期。

彭华民,2010a,《论需要为本的中国社会福利转型的目标定位》,《南开学报》(哲学社会科学版)第4期。

彭华民,2010b,《中国组合式普惠型社会福利制度的构建》,《学术月刊》

第 10 期。

彭华民，2011，《中国适度普惠社会福利的理论辨析和制度构建》，《2011 中国社会学年会中国适度普惠福利社会与国际经验研究论坛论文集》。

彭华民、万国威，2010，《从沉寂到创新：中国社会福利 30 年学术轨迹审视》，《东岳论丛》第 8 期。

彭华民等，2009，《西方社会福利理论前沿》，中国社会出版社。

彭善民，2010，《上海社工机构生成轨迹与发展困境》，《社会科学》第 2 期；

彭希哲、郭秀云，2007，《权利回归与制度重构——对城市流动人口管理模式创新的思考》，《人口研究》第 4 期。

皮学军，2009，《红灯亮在求生之路——大跃进时期流民的收容遣送》，《当代中国研究》第 1 期。

青连斌，2011，《加强和创新社会管理的几个问题》，《中共石家庄市委党校学报》第 4 期。

全国人民代表大会，1956，《高级农业生产合作社示范章程》。

全国人民代表大会，1995，《中华人民共和国国民经济和社会发展“九五”计划和 2010 年远景目标纲要》。

人事部、民政部，2006，《助理社会工作师、社会工作师职业水平考试实施办法》。

桑玉成，2011，《官民协同治理视角下当代中国社会管理的创新与发展》，《山东大学学报》第 3 期。

尚晓援，2001，《“社会福利”与“社会保障”再认识》，《中国社会科学》第 3 期。

沈聪、朝组，2012，《朝阳全模式：探索社会服务管理新路径》，《前线》第 5 期。

沈文明、王晓映，2010，《以社区为依托，我省全面启动空巢老人关爱行动》，新华网江苏频道，http://www.js.xinhuanet.com/xin_wen_zhong_xin/2010-01/31/content_18917620.htm，最后访问日期：2016 年 6 月 26 日。

江苏省人社厅，2012，《2011 年度江苏省人力资源和社会保障事业发展统计公报》，http://www.jiangsu.gov.cn/xxgk/tjxx/tjgb/201205/t20120511_731559.html，最后访问日期：2016 年 6 月 26 日。

施巍巍、颜少君，2009，《国外社区参与社会管理的特点及其对我国的启示》，《学术交流》第2期。

时立荣，2003，《非营利组织运行机制的转变与社会性企业的公益效率》，《北京科技大学学报》（社会科学版）第19期。

斯廷博格编著，2007，《公民身份的条件》，郭台辉译，吉林出版集团有限责任公司。

宋林飞，2009，《社会建设的目标是社会和谐和社会进步》，《北京工业大学学报》（社会科学版）第2期。

苏明、贾西津、孙洁、韩俊魁，2010，《中国政府购买公共服务研究》，《财政研究》第1期。

苏珊·斯特兰奇，1990，《国家与市场——国际政治经济学导论》，杨宇光等译，经济科学出版社。

孙柏瑛，2012，《社会管理与政府能力建构》，《社会科学家》第8期。

孙本文，1948，《近代中国社会学》，胜利出版社。

孙本文主编，1944~1949，《社会建设》，《社会建设》发行社。

孙立平，2011，《走向积极的社会管理》，《社会学研究》第4期。

孙悦、郭松洋，2013，《走向柔性社会管理》，《兰州学刊》第7期。

谭晓辉，2010，《论我国建立普惠型社会保障制度的必要性》，《改革与战略》第8期。

唐钧，2012，《社会管理：疏浚还是堙堵》，《开放导报》第3期。

唐士其，1996，《“市民社会”、现代国家以及中国的国家与社会的关系》，《北京大学学报》（哲学社会科学版）第6期。

唐铁汉、李军鹏，2006，《西方社会建设的基本理论及其演变》，《新视野》第1期。

唐贤兴、肖方仁，2012，《社会资本积累：社会管理创新的逻辑起点》，《学术界》第4期。

陶孙进，2005，《调查显示：南京流动人口六大问题急需解决》，http://www.longhoo.net/gb/longhoo/news2004/photo/userobject1ai357041.html，最后访问日期：2005年5月10日。

田毅鹏，2001，《西学东渐与近代中国社会福利思想的勃兴》，《吉林大学社

会科学学报》第4期。

佟新，2010，《人口社会学》（第4版），北京大学出版社。

王从联，2012，《服务社会 照亮一方——访德国教会社会服务事工有感》，《天风》第8期。

王代月，2011，《马克思恩格斯社会管理思想的民本价值研究》，《社会主义研究》第2期。

王建生，2010，《西方国家与社会关系理论流变》，《河南大学学报》（社会科学版）第6期。

王堃、张扩振，2011，《西方协商民主的理论渊源》，《学术界》第11期。

王磊、胡鞍钢，2011，《中国社会管理创新的制度背景》，《探索与争鸣》第9期。

王明浩，2010，《北京市社会建设创新纪实：奋力站上新起点》，http://politics.people.com.cn/GB/14562/12937412.html，最后访问日期：2016年6月22日。

王思斌，2009，《我国适度普惠型社会福利制度的建构》，《北京大学学报》（哲学社会科学版）第3期。

王思斌，2011，《对社会服务的理解》，《中国民政》第5期。

王小章，2011，《“自由”和“共同体”之间——从西方社会理论看社会建设的价值取向和实践层面》，《浙江社会科学》第11期。

王义，2012，《从管制到多元治理：社会管理模式的转换》，《长白学刊》第4期。

王宇飞、赵毅纯，2012，《从政府因素思考我国信访制度的完善》，《中共山西省委党校学报》第3期。

魏礼群，2007，《加快推进以改善民生为重点的社会建设》，《求是》第22期。

魏礼群，2011，《加强和创新社会管理的几个问题》，《宏观经济管理》第7期。

吴建平，2012，《理解法团主义——兼论其在中国国家与社会关系研究中的适用性》，《社会学研究》第1期。

吴鹏森，2012，《论社会管理创新的理念与路径》，《南京师大学报》（社会科学版）第3期。

吴晓林、左高山，2010，《西方“协商民主”理论的三重困境——基于政治伦理的分析》，《人文杂志》第6期。

吴新叶，2008，《党对非政府组织的领导——以执政党的社会管理为视角》，《政治学研究》第2期。

希尔，2003，《理解社会政策》，刘升华译，商务印书馆。

夏禹龙、周罗庚，2011，《加强社会管理与培育公民社会——兼与周本顺先生商榷》，《探索与争鸣》第9期。

夏正林，2012，《我国信访制度的历史流变、困境及出路》，《南京工业大学学报》（社会科学版）第3期。

谢建社、朱明、谢宇，2012，《进城务工人员随迁子女升学问题的思考——以珠三角城镇为例》，《教育导刊》第10期。

徐艳阳，2011，《中国信访制度历史渊源考评》，《学术界》第12期。

许芸，2009，《从政府包办到政府购买——中国社会福利服务供给的新路径》，《南京社会科学》第7期。

宣朝庆、王铂辉，2009，《一九四〇年代中国社会建设思想的形成》，《中国社会科学》第6期。

亚里士多德，1965，《政治学》，吴寿彭译，商务印书馆。

闫文仙、张磊，2012，《政策网络理论的完善路径：与IAD的整合》，《云南行政学院学报》第5期。

严书翰，2009，《社会主义社会建设理论的形成及其重要意义》，《红旗文稿》第3期。

阎明，2010，《中国社会学史：一门学科与一个时代》，清华大学出版社。

晏森、王高社、杨克俊，2008，《我国人口抚养比指标探讨》，《陕西行政学院学报》第3期。

杨刚勇、杨友国，2011，《论党的社会建设理论与实践之发展》，《求实》第10期。

杨弘、肖克，2009，《论西方协商民主理论的逻辑基础及启示》，《学习与探索》第3期。

杨惠亭，2013，《如何完善我国流浪人口救助制度》，《统计与管理》第1期。

杨小军，2011，《中国共产党社会建设思想的历史演进及其基本经验》，《中

共中央党校学报》第7期。
叶南客、陈金城，2010，《我国“三社联动”的模式选择与策略研究》，《南京社会科学》第12期。
应星，2005，《国外社会建设理论述评》，《高校理论战线》第11期。
于常有，2008，《政策网络：概念、类型及发展前景》，《行政论坛》第1期。
于建嵘，2005，《中国信访制度批判》，《中国改革》第2期。
俞可平，2000，《治理与善治》，社会科学文献出版社。
俞可平，2006，《中国公民社会：概念、分类与制度环境》，《中国社会科学》第1期。
俞可平，2007，《中国公民社会研究的若干问题》，《中共中央党校学报》第6期。
郁建兴、任泽涛，2012，《当代中国社会建设中的协同治理——一个分析框架》，《学术月刊》第8期。
郁建兴、周俊，2002，《论当代资本主义国家与社会关系的变迁》，《中国社会科学》第6期。
袁方，2005，《列宁论社会主义社会建设和管理》，《东岳论丛》第11期。
袁琳，2011，《马克思恩格斯社会建设理论与人的解放》，《社会主义研究》第5期。
岳经纶、邓智平，2011，《社会管理创新的理论与行动框架——以社会政策学为视角》，《探索与争鸣》第10期。
臧其胜，2011，《社会管理视阈下南通安置型社区建设的内在困境与消解策略》，《南通职业大学学报》第3期。
曾鹏、陈剩勇，2011，《如何促进社会团结？——新加坡促进社会团结的社会管理经验及其启示》，《浙江社会科学》第6期。
张宝娟，2012，《公益性社会组织培育发展研究——基于江苏省的实证分析》，《社团管理研究》第3期。
张宝娟，2012，《公益性社会组织培育发展研究——基于江苏省的实证分析》，《社团管理研究》第3期。
张大维，2011，《香港的社区服务怎样做到位》，《社区》第5期。
张海波，2012，《柔性社会管理——可能与可为》，《中国行政管理》第6期。

张海波、童星，2012，《社会管理创新与信访制度改革》，《天津社会科学》第3期。

张红、李栋，2012，《中国信访制度：困境与变革》，《华中科技大学》（社会科学版）第6期。

张开云、张兴杰，2012，《社会管理体制的困境及其未来框架建构》，《江海学刊》第1期。

张敏杰，2011，《西方发达国家社会管理的新趋势及其启示》，《浙江社会科学》第6期。

张新华、王文涛，1993，《〈周礼〉等早期文献中反映的社会福利思想》，《中国青年政治学院学报》第6期。

张翼，2011，《社会服务与政府部门的职责》，《求是论衡》第5期。

张永光，2011，《毛泽东对社会主义社会建设规律的探索》，《科学社会主义》第6期。

张永光、刘云华，2012，《论胡锦涛的社会建设思想》，《求实》第6期。

赵春丽，2012，《新媒体时代政府社会管理思维的新转变》，《社会主义研究》第1期。

赵立彬，2008，《孙中山政治设计中的社会建设考量》，《广东社会科学》第1期。

赵萌，2009，《社会企业战略：英国政府经验及其对中国的启示》，《经济社会体制比较》第4期。

赵顺盘，2007，《民生：和谐社会的根基》，中国社会出版社。

珍妮特·V. 登哈特，罗伯特·B. 登哈特，2004，《新公共服务：服务，而不是掌舵》，丁煌译，中国人民大学出版社。

郑功成，2010，《中国社会保障改革与未来发展》，《中国人民大学学报》第5期。

郑杭生，2003，《社会学概论新修》，中国人民大学出版社。

郑杭生，2006，《社会学视野中的社会建设与社会管理》，《中国人民大学学报》第2期。

郑杭生，2011a，《社会建设和社会管理研究与中国社会学使命》，《社会学研究》第4期。

郑杭生：2011b，《从社会学角度看社会服务》，《求是论衡》第5期。

中共江苏省委、江苏省人民政府，2011，《江苏省国民经济和社会发展第十二个五年规划纲要》，中国江苏网，2011年3月22日，http://www.jiangsu.gov.cn/shouye/jsyw/201103/t20110322_576322.html，最后访问日期：2016年6月22日。

中共滕州市委、滕州市人民政府，2007，《关于进一步加强和改进社区工作的意见》，中国滕州网，2007年9月30日，http://www.tengzhou.gov.cn/newtzzw/fggw/zfwk/t20071010_167289.htm，最后访问日期：2016年6月22日。

中共中央，1956，《1956年到1967年全国农业发展纲要（草案）》，人民出版社。

中共中央，1958，《关于人民公社若干问题的决议》。

中国江苏网，2012，《江苏社会组织数量全国领先，成长提升尚待政府支持》，http://jsnews.jschina.com.cn/system/2012/06/07/013503267.shtml，最后访问日期：2016年6月22日。

中国江苏网－新华日报，2012，《江苏社会组织数量全国领先　成长提升尚待政府支持》，http://jsnews.jschina.com.cn/system/2012/06/07/013503267.shtml，最后访问日期：2016年6月22日。

《中国民政》，2011，《社会服务与民政》，《中国民政》第5期。

中国网，2007，《窦玉沛：一个转变三个结合推动中国福利事业发展》，2007－10－17，http://www.china.com.cn/17da/2007－10/17/content_9071917.htm，最后访问日期：2016年6月22日。

中央人民政府教育部编印，1950，《高等学校课程草案》。

中央组织部、民政部等18个部门，2011，《关于加强社会工作专业人才队伍建设的意见》。

中央组织部、民政部等19个部委，2010，《社会工作专业人才队伍建设中长期规划（2011～2020年）》。

钟伟军，2011，《地方政府在社会管理中的“不出事”逻辑：一个分析框架》，《浙江社会科学》第9期。

周航、赵连章，2011，《社会组织发展与社会管理创新》，《东北师大学报》

（哲学社会科学版）第6期。

周沛，2010，《残疾人社会福利体系研究》，《江苏社会科学》第5期。

朱涛，2012，《美国经验对当前中国社会建设的启示》，《国家行政学院学报》第3期。

朱亚鹏，2006《公共政策研究的政策网络分析视角》，《中山大学学报》（社会科学版）第3期。

朱亚鹏，2008，《政策网络分析：发展脉络与理论构建》，《中山大学学报》（社会科学版）第5期。

邹农俭，2007，《从以经济建设为中心到以社会建设为中心》，《社会科学》第7期。

Alcock, Pete, Margaret May, and Sharon Wright. 2012. *The students companion to social policy*, edited by Petc Alcock, Margaret May, and Sharon Wright (4th ed.). John Wiley & Sons Ltd.: 255 - 256

Aoki, M. 2001. *Toward A Comparative Institutional Analysis*, Cambridge, Mass.: MIT Press.

Barber, Robert L. ed. 1999. *The Social Work Dictionary 4th Edition*, Washington D. C.: NASW Press.

Bessette J. 1980. "Deliberative Democracy: The Majority Principle in Republican Government," Robert A. Goldwin, William A. Schambra. *How Democratic is the Constitution*. Washington: American Enterprise Institute, 102 - 116.

Bradshaw, J. 1977. "The Concept of Social Need," in Fitzgerald, M., Halmos, P., Muncie, J. & Zeldin, D. (eds.), *Welfare in Action*, London: Routledge & K. Paul in association with the Open University Press.

David M. Van Slyke. 2002. "The Public Management Challenges of Contracting with Nonprofits for Social Services," *International Journal of Public Administration*, Vol. 25, No. 4.

Doyal, L. & Gough, I. 1991. *A Theory of Human Need*, Basingstoke: Macmillan.

Edwards, J. 1987. *Positive Discrimination, Social Justice and Social Policy: Moral Scrutiny of A Policy Practice*, London: Tavistock.

Esping-Andersen G. 1990. *The three Worlds of Welfare Capitalism*. Cambridge:

Polity press.

Evers, A. 1990. "Shifts in the Welfare Mix: Introducing A New Approach For the Study of Transformations in Welfare and Social Policy," in A. Evers & H. Wintersberger (eds.), *Shifts in the Welfare Mix: Their Impact on Work, Social Services and Welfare Policies.* Bloomington: Campus Verlag, pp. 7 – 30.

Goodman, Roger, Huck-Ju Kwon, and Gordon White, eds. 2002. *The East Asian welfare model: Welfare Orientalism and the State.* Routledge.

Guo, C. & Musso, J. A. 2007. "Representation in Nonprofit and Voluntary Organizations: A Conceptual Framework", *Nonprofit and Voluntary Sector Quarterly*, 36 (2)

Islam, R. 1995. "Rural Institutions and Poverty," In Rodger, van der Hoeven, R. (eds.), *Asia*, *New Approaches in Poverty Analysis and Policy-II*, Geneva, International Institute for Labour Studies, ILO.

Johnson, S. 2000. "Literature Review on Social Entrepreneurship, Canadian Centre for Social Entrepreneurship," http://www. bus. ualberta. ca/ccse/Publieations/Publieations/Lit

Jordan, B. 1996. *A Theory of Poverty and Social Exclusion*, Cambridge, MA: Polity Press.

Katzenstein P J. 1997. *Between Power and Plenty: Foreign Economic Policies of Advanced Industrial States.* Madison: University of Wisconsin Press.

Kerlin, J. A. 2006. *Social Enter Prisein the United States and Europe: Undemanding and Learning from the difference*, volume 17.

Lin Nan. 1999. "Building a Network Theory of Social Capital," *Connections* 22 (1).

Lin Nan. 2001. *Social Capital: A Theory of Social Structure and Action.* Cambridge: Cambridge University Press.

Marshall, T. H. 1965. *Class, Citizenship and Social Development*, New York: Anchor Books.

Midgley J. 1995. *Social Development: The Developmental Perspective in Social Welfare.* Sage.

Midgley, J. 2000. "The Institutional Approach in Social Policy", in Midgley, J., Martin B. & Livermore, T. M. (eds.), *The Handbook of Social Policy*, Sage Publications, Inc.

Musgrave, R. A. 1959. *The Theory of Public Finance: A Study of Public Economy*. New York: McGraw-Hill Book Company: 15 - 18.

North, D. C. 1990. *Institutions, Institutional Change and Economic Performance*, Cambridge: Cambridge University Press.

Parsons, T. 1951. *Social System*, Glencoe, Ill.: Free Press.

Parsons, T. 1982. *Talcott Parsons on Institutions and Social Evolution: Selected Writings*, Mayhew, L. H. (ed.), Chicago: University of Chicago Press.

Putnam, Robert D. 1993. "The Prosperous Community: Social Capital and Public Life," *American Prospect* 13.

Smith, J. D. 2009. 《What is volunteering?》, http://www.volunteering.org.uk/, 最后访问日期：2009年11月11日。

Smith, G. 1990. *Ideologies, Beliefs and Patterns of Administration in the Organisation of Social Work Practice: A Study with Special Reference to the Concept of Social Need*, West Yorkshire, U. K.: British Library.

Taylor, R. 1977. "Measuring Need in the Social Services," In Gilbert, N. & Specht, H. (eds.), *Planning for Social Welfare: Issues, Models and Tasks*, Englewood, Cliffs, NJ: Prentice Hall: 297 - 310.

Titmuss, R. M. 1974. *Social Policy: An Introduction*, London: Allen & Unwin.

Townsend, P. 1993. *The International Analysis of Poverty*, New York: Harvester Wheatsheaf.

Walker, A. & Wong, C. K. 2005. *East Asian Welfare Regimes in Transition: From Confucianism to Globalization*, Bristol: Policy Press.

Wilensky, H. L. & Lebeaux, C. N. 1965. *Industrial Society and Social Welfare*, New York: The Free Press.

Wong, C. K. 2003. "An Institutional Analysis of Poverty," In Tang, K. L. & Wong C. K. (eds.), *Poverty Monitoring and Alleviation in Asia*, New York: Nova Science Publisher.

后　记

伟大转型的个人体验：高考四十年记

2017 年，中国恢复高考四十年。在这个特殊意义的时间节点上，我带领的团队立足中国、研究社会，撰写的《民生为本的社会建设》即将由社会科学文献出版社出版。这本具有政策和实践意义的专著使得我思绪纷飞。从某种意义上说，我的学术生涯是从四十年前高考开始的。在此，我决定用叙事笔法把自己四十年前经历的中国高考改革部分片段记录下来，将这个伟大转型瞬间中的个人体验呈现给大家。

著名的社会学家皮特·布劳（Peter Blau）构建了社会流动和社会分层模型，其中教育是重要因素。德国威廉·冯·洪堡先生（Wilhelm von Humboldt）创立了号称现代大学之母的德国柏林洪堡大学，建立了系统的大学教育和管理制度，其教研合一、学术自由、教学自由、学习自由的洪堡精神引导了数代优秀学者和学子。其后，各个国家大学纷纷仿效。进入大学学习乃年轻人的梦想。入学考试制度虽然细节有所不同，但无一例外成为大学选择优秀人才入学的标准。大学毕业生成为社会中最活跃、最有思想的群体，无论战争或内乱、意识形态分歧、经济繁荣或萧条，都未改变。但这个制度在中国 1949 年后特别是“文化大革命”期间，发生了扭曲。中国当时特殊的社会经济结构形成高压，大学停止高考招生，蹉跎了多少优秀学子的青春。最严重的是，这堵塞了社会流动的教育通道，固化了中国社会结构。1981 年，我坐在南开大学主楼三楼的教室里，聆听布劳教授给我们讲授社会学理论，思潮澎湃。因为教育能够改变社会不公平，给社会各个阶层的人带来向上流动的机会，显示一个社会的活力，它一直是社会学的核心议题。教育的作用并非绝对，社会结构与制度决定了教育的功能，也决定了教育在社会流动和社会分层中的作用。在一个固化的社会结构框架中，个人社会流动的选择范围是很小的。当这个固化的社会结构框架有一点改变时，积聚的能量就会喷发而出，个人就能寻找到新的向上流动机会。中国这个改变最好的案例就是1977年的高考改革，它极其有力地说明了社会学理论强大的解释力。在川大老同学们的督促和鼓励下，我终于拾起记忆沙滩上的贝壳，写下自己与高考的故事。

个人是社会结构中的个人。个人的过去和未来都会深深烙上社会的印记。我从小在四川日报大院长大。童年生活中有很多四川日报的故事，对四川日报有很深的感情。父辈们“百姓疾苦笔底波澜”，给我留下了深刻印象，也激励着我认真读书。四川日报自设图书馆，藏书种类丰富，部分来自四川日报的前身——重庆新华日报社、华西日报社，部分来自当时内部出版的书籍，还有的是新购买的。文化大革命中我半懂不懂地悄悄看了内部出版的《朱可夫传》等书，跟着四川日报看了不少内部电影如《山本五十六》《红帆》等，也像一个小大人似地看《人民日报》《光明日报》，看当时还是内部刊物的《参考消息》，还经历了父母分别到五七干校学习，我独自带着两个弟弟在家做饭洗衣服的日子。为了让在干校的父母放心，我带着弟弟去照相馆照了一张三寸照片邮寄给他们，这在当时真是有点奢侈之举。我虽然有“文化大革命”中断学业之痛，但在四川日报这个得天独厚的文化环境中，可以读书，童年成长也因此受益匪浅。

1964年我从成都市第三幼儿园毕业，通过严格的海选面试（2000多考生），考入百年老校成都商业场小学。就读五年一贯制二部制试点班。适逢小学教育体制改革，压缩学制时间，增加课外活动。我参加了半导体小组，担任成都市红领巾鼓乐队小鼓手，多次参加成都市重大活动。班主任刘非英、李慎吾、周世德老师对我厚爱有加，冯朝文、周绍雄老师也是关爱多多。“文化大革命”中学校停课“闹革命”，我被父母送回老家山西临汾，在泊庄小学插班学习半年。那里民风纯朴，学习氛围极佳。高考语文最后一道题是默写毛泽东诗词《蝶恋花》，我一字未错，这完全得益于泊庄小学插班学习。“文化大革命”后期，成都商业场小学整班升入文化宫中学。聂世超、杨孝慈、刘洵生、商老师、许老师等老师对我们也是鼓励、培养。

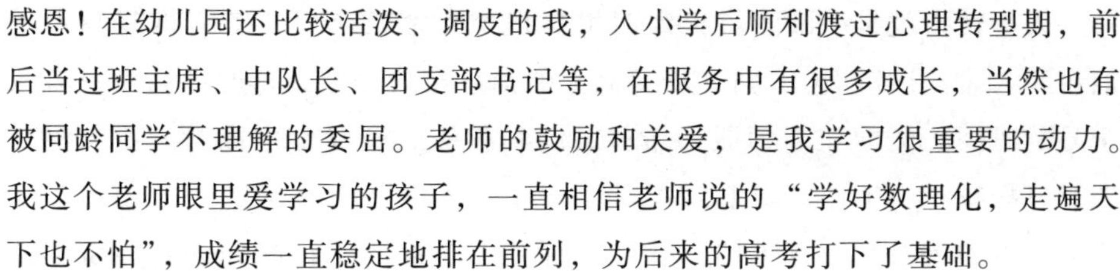

感恩！在幼儿园还比较活泼、调皮的我，入小学后顺利渡过心理转型期，前后当过班主席、中队长、团支部书记等，在服务中有很多成长，当然也有被同龄同学不理解的委屈。老师的鼓励和关爱，是我学习很重要的动力。我这个老师眼里爱学习的孩子，一直相信老师说的“学好数理化，走遍天下也不怕”，成绩一直稳定地排在前列，为后来的高考打下了基础。

“文化大革命”时期的意识形态决定了个人命运。1972 年我上高中。中学时我们议论和期盼的大学恢复高考没有来临。1974 年 8 月 24 日，17 岁的我去四川德阳孝感公社和平大队二队插队。离开成都时没有不舍，觉得自己会有机会上大学。张静宜阿姨有车，顺路把行李很多的我送到德阳。我刚刚去插队时没有住房，生产队安排我住存粮仓库，屋里放有一张大床，房间又大又空，老鼠叽叽喳喳，到处乱窜。在我的要求下，后来搬入一位非常善良的杜阿姨家中，住在那儿数月有余，很是温暖。我当时担任会计，天天出工，养鸡种田，插秧打谷，春节不回家，被评为“德阳优秀知识青年”。那时也有开心时光，我组织社员晚上挑灯学习，吹拉弹唱，搞文艺活动。我一心希望争取到推荐上大学的机会，完成未了的读书梦。父亲专门来到乡下找我谈话，动员我放弃上大学的想法，早点工作。我心里痛了好长时间。从中学起，我一直有记日记的习惯。看到这段时间的日记，仍然不敢看下去。今天，我们都不再抱怨。时代就是个人命运的终结者。

1976 年 12 月我获得到四川日报社工作的指标。机会难得，我开始办回成都到四川日报工作的手续。因为工作指标必须当年用完，过期作废，我跑上跑下忙个不停。一天晚上，回到自己住处，枕头上放了 10 个鸡蛋……后来才知道是生产队保管员杨守福送的。那时一个工分 8 分钱，每天只有一顿饭能吃米饭。这是很重的礼物。陈敦和队长、杜队长、夏叔叔、杜阿姨……大家都舍不得我走，一片纯纯的、真真的感情。2011 年我由南京大学推荐参加中组部等六部委教学科研干部学习班，到中央党校学习。开班典礼上，时任中央党校校长的习近平同志做报告，他强调要学习和总结历史文化，借鉴和运用历史经验。中断大学教育十年，让千千万万青年学子上山下乡就是历史，就是特别值得我们反思的经验。学习最后一个阶段，我们集体到四川地震灾区考察。火车路过德阳孝感公社时，站在车窗前的我眼睛突然就湿了……

人生转折就是一瞬间。我到四川日报工作才几个月，就有恢复高考的消息满天飞。1977 年 10 月，恢复高考的消息正式公布，这时离高考只有两个月的时间。父母和老师殷切希望、同学积极鼓励我参加高考。我当时在四川日报校对组工作，晚上 12 点起床上班工作到黎明 5 点。每一篇稿子都要通过五遍校对，一点不能出错。这种黑白颠倒的工作时间和费心费力的校对任务导致我根本没有精力复习。由于刚刚工作，顾及各方面关系，自己也不好意思请假。母亲为了给我留出时间复习，一人忙里忙外，承担了全部家务。我就这样边工作边复习。有时看着看着，疲倦地一头栽在桌子上，趴在桌子上就睡着了。一觉醒来，洗把冷水脸又开始复习。最后发现自己原来准备考理工科的复习材料根本复习不完。绝望之中，我一人孤独地坐在成都东郊河畔，望着滔滔不停的河水发呆。考理工科复习材料看不完，转向考文科复习材料也来不及看完，一时悲从心来，思来想去，最后决定用我积累的知识来考文科，即使复习不完也要去冲一冲。我天天看报纸，阅读广泛，政治考试应该没有问题；数学基础好，考试也没有问题；语文一直是我的强项，也没有大问题；倒是地理、历史需要抓紧时间复习。回到家里，我为了节省时间，把长长的辫子剪去，变成短发。我一边通知父母我要改考文科，一边通报给老师我要改方向。结果都能想到，大家都觉得太可惜了，一片叹息声。我有那么好的成绩和基础，而且理工科名额多，文科名额极少，这等于自己减少了上大学的机会。父亲在外地，除了嘱咐母亲多多关心我，还漏夜给我写了一封长信。其中一句话我至今记得："文科看似容易，实则很难。"这句话我牢记了终身，也受益了终身。

我的背影，亲人的目光。高考那天早上，父亲在外地出差，母亲没有送我去考场。出门时我向母亲挥挥手说"再见"，虽然没有回头，但一直觉得母亲在身后看着我走远。经历"文化大革命"，父母亲已有白发，身体也不如从前。我骑了父亲的 28 自行车去成都 26 中考场。一是心急，二是技术不好，红灯亮了，我刹车没有刹住，直接撞上前面一位大爷的三轮车。车上的蔬菜洒落一地。我摔了一跤，膝盖和手都流血了。我不顾疼痛，一骨碌爬起来赶快给大爷道歉，还打算赔大爷钱。白发飘飘的大爷知道我去参加高考，说"没得事，没得事，赶快走嘛，赶快走你得哈……"

是四川日报还是川大？高考结束后，同事、朋友齐齐和我打赌，赌我

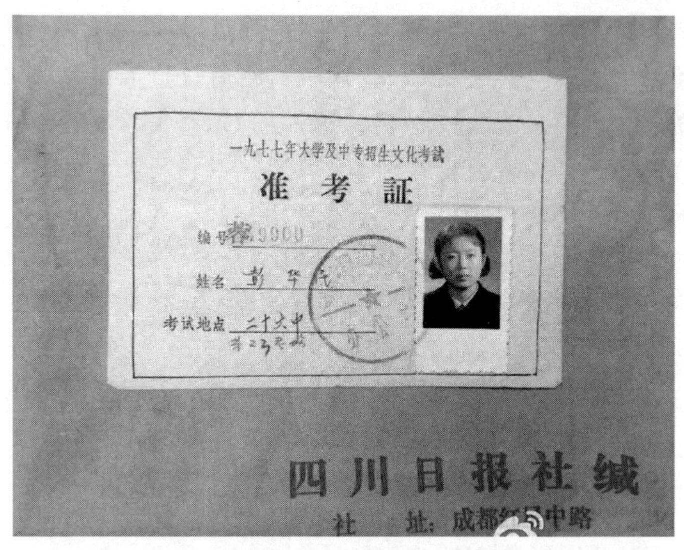

图1　珍藏四十年的1977年四川省大学及中专招生文化考试准考证（蓉49900号）

考上大学就请他们吃饭。1978年2月5号，我下夜班后在单位宿舍休息。同办公室的钱伯伯手里高举一封牛皮纸信封，站在楼下大声喊着我的名字："华…华…民，通知书到了！通…知…书…到…了！"我是四川日报考生中最早收到录取通知书的。拆开信封，看到通知书后，我沮丧了一阵，因为我没有填四川大学政治经济学专业。"文化大革命"历年不断的政治运动让人身心疲惫，互相排斥，互相仇视。我特别不喜欢"政治"二字，当时真想放弃，再考一次。后来负责招生的吴老师告诉我，因为我总分高，特别是数学分数高，他认为适合学经济，一把抓住我的档案不放。原来我与经济学结缘就是这位老师牵的红线。得知我收到录取通知书后，李半黎伯伯等长辈都笑着开我的玩笑，说读了大学还是可能回四川日报工作，问我还需要去读吗。校对组组长张泉叔叔知道我最后决定去读书了，组织了一个欢送会。复旦高才生谢志安叔叔仿徐迟的《歌德巴赫猜想》，抑扬顿挫地朗诵了一首他写的长诗，鼓励我发奋学习求新上进。

迈出四川日报到川大。1978年2月22日，我最后决定去川大报到。从梧桐树大道走进川大校园，冷冷清清。我心生疑惑，翻来覆去把通知书看了好多遍，不得其解。最后找到一位和蔼可亲的女老师，她也把录取通知书看了几遍，莞尔一笑告知，是23日。因为手写"23"的"3"太潦草，看起来像2。如今录取通知书都是机打，这样的故事就真真成为不可复制的历史。1978年2月26日前三天，我才不到四川日报上班了，搬进学生宿舍，大学新生活正式开始。经济学系领导在迎新会上讲话，解释了政治经济学和经济学的关系，强调我们是学经济学的，这也让我释怀了。七七经济，强手如林。高考故事，悲喜交加。结识同学，共同成长。大学毕业后我没有回四川日报，继续拓展我的学习领域，成长为中国社会的研究者。

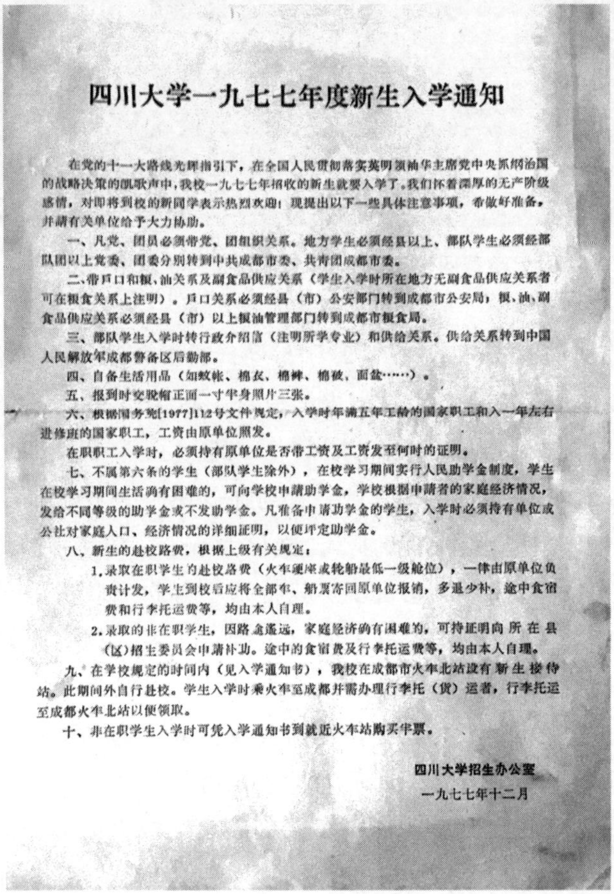

四川大学一九七七年度新生入学通知

在党的十一大路线光辉指引下，在全国人民贯彻落实英明领袖华主席党中央抓纲治国的战略决策的凯歌声中，我校一九七七年招收的新生就要入学了。我们怀着深厚的无产阶级感情，对即将到校的新同学表示热烈欢迎！现提出以下一些具体注意事项，希做好准备，并请有关单位给予大力协助。

一、凡党、团员必须带党、团组织关系。地方学生必须经县以上、部队学生必须经部队团以上党委、团委分别转到中共成都市委、共青团成都市委。

二、带户口和粮、油关系及副食品供应关系（学生入学时所在地方无副食品供应关系者可在粮食关系上注明）。户口关系必须经县（市）公安部门转到成都市公安局，粮、油、副食品供应关系必须经县（市）以上粮油管理部门转到成都市粮食局。

三、部队学生入学时转行政介绍信（注明所学专业）和供给关系。供给关系转到中国人民解放军成都警备区后勤部。

四、自备生活用品（如蚊帐、棉衣、棉裤、棉被、面盆……）。

五、报到时交脱帽正面一寸半身照片三张。

六、根据国务院[1977]112号文件规定，入学时年满五年工龄的国家职工和入一年左右进修班的国家职工，工资由原单位照发。

在职职工入学时，必须持有原单位是否带工资及工资发至何时的证明。

七、不属第六条的学生（部队学生除外），在校学习期间实行人民助学金制度，学生在校学习期间生活确有困难的，可向学校申请助学金，学校根据申请者的家庭经济情况，发给不同等级的助学金或不发助学金。凡准备申请助学金的学生，入学时必须持有单位或公社对家庭人口、经济情况的详细证明，以便评定助学金。

八、新生的赴校路费，根据上级有关规定：

1. 录取在职学生的赴校路费（火车硬座或轮船最低一级舱位），一律由原单位负责计发，学生到校后应将全部车、船票寄回原单位报销，多退少补，途中食宿费和行李托运费等，均由本人自理。

2. 录取的非在职学生，因路途遥远，家庭经济确有困难的，可持证明向所在县（区）招生委员会申请补助。途中的食宿费及行李托运费等，均由本人自理。

九、在学校规定的时间内（见入学通知书），我校在成都市火车北站设有新生接待站。此期间外自行赴校。学生入学时乘火车至成都并需办理行李托（货）运者，行李托运至成都火车北站以便领取。

十、非在职学生入学时可凭入学通知书到就近火车站购买半票。

四川大学招生办公室
一九七七年十二月

图2　1977年12月四川大学发出高考改革后第一批录取通知书

高考改变了很多人的命运。高考打开了中国社会向上流动的通道，打破了固化的中国社会结构，形成了具有活力的中国社会新分层。其意义，远远不能用几段文字来概括。我后来由四川大学推荐到南开大学社会学专

业班学习社会学，从经济学转向社会学。师从著名社会学家费孝通等，获得南开大学首届社会学硕士学位。南开社会学专业班号称中国社会学的“黄埔军校”，培养出了中国改革开放后第一代社会学学人，一个班走出20多位教授，多位是本领域的领军学者。其辉煌历史已经载入史册，一位北京大学社会学系的研究生还把这段历史写成研究生论文。后来我又由南开大学推荐到香港中文大学攻读博士学位。吐露港畔，凤凰树下，我在周健林教授（时任香港中文大学社会科学院院长）和王卓祺教授（后任香港“中央政策组”全职顾问）的指导下安静读书和研究，开拓国际视野，奠定了我今天学术成就的基础。

天开教泽，吾道无穷。对于个人，教育机会固然是给有准备的人，但如果社会结构固化，有准备的人就只有噩梦。高考四十年，对于个人，是一个不断学习回报社会的过程。学习有苦有乐，苦乐相交，才是人生。对于国家，恢复高考是中国大学教育价值重新回归，也是中国社会结构重组走向世界的起点之一。恢复高考是文化大革命的结束和改革开放新时代到来的标志。高考一小步，中国大发展！此时此刻，登高望远，把酒临风，心旷神怡，宠辱皆忘。祝福我的祖国！

彭华民

2017年5月14日于金陵古城

图书在版编目(CIP)数据

民生为本的社会建设/彭华民主编. -- 北京：社会科学文献出版社，2018.5
(民生智库丛书)
ISBN 978-7-5201-2026-5

Ⅰ.①民… Ⅱ.①彭… Ⅲ.①社会保障-研究-中国
Ⅳ.①D632.1

中国版本图书馆CIP数据核字(2017)第314550号

民生智库丛书
民生为本的社会建设

主　　编/彭华民

出 版 人/谢寿光
项目统筹/谢蕊芬
责任编辑/胡庆英

出　　版/社会科学文献出版社·社会学出版中心(010)59367159
地址：北京市北三环中路甲29号院华龙大厦　邮编：100029
网址：www.ssap.com.cn
发　　行/市场营销中心(010)59367081　59367018
印　　装/三河市龙林印务有限公司

规　　格/开　本：787mm×1092mm　1/16
印　张：18.75　字　数：295千字
版　　次/2018年5月第1版　2018年5月第1次印刷
书　　号/ISBN 978-7-5201-2026-5
定　　价/89.00元

本书如有印装质量问题，请与读者服务中心(010-59367028)联系